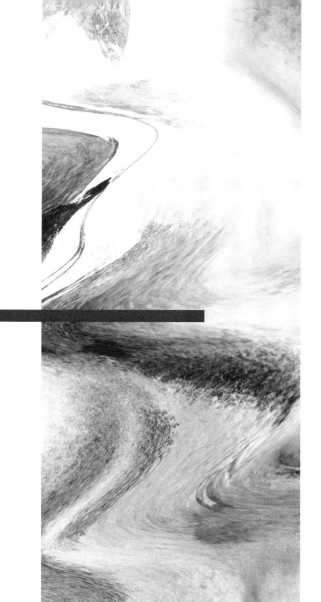

教名师的

修炼之路

邱飞岳 杜国标 郭海东 著

ZHIJIAO MINGSHI DE
XIULIAN ZHI LU

中国财经出版传媒集团
经济科学出版社
Economic Science Press

图书在版编目（CIP）数据

职教名师的修炼之路／邱飞岳，杜国标，郭海东著.
—北京：经济科学出版社，2021.12
ISBN 978 – 7 – 5218 – 2435 – 3

Ⅰ. ①职⋯　Ⅱ. ①邱⋯ ②杜⋯ ③郭⋯　Ⅲ. ①中等
专业学校 – 师资培养 – 研究　Ⅳ. ①G718.3

中国版本图书馆 CIP 数据核字（2021）第 044497 号

责任编辑：周胜婷
责任校对：刘　昕
责任印制：张佳裕

职教名师的修炼之路

邱飞岳　杜国标　郭海东　著
经济科学出版社出版、发行　新华书店经销
社址：北京市海淀区阜成路甲 28 号　邮编：100142
总编部电话：010 – 88191217　发行部电话：010 – 88191522
网址：www. esp. com. cn
电子邮箱：esp@ esp. com. cn
天猫网店：经济科学出版社旗舰店
网址：http：// jjkxcbs. tmall. com
固安华明印业有限公司印装
710 × 1000　16 开　14.5 印张　230000 字
2022 年 3 月第 1 版　2022 年 3 月第 1 次印刷
ISBN 978 – 7 – 5218 – 2435 – 3　定价：79.00 元
（图书出现印装问题，本社负责调换。电话：010 – 88191510）
（版权所有　侵权必究　打击盗版　举报热线：010 – 88191661
QQ：2242791300　营销中心电话：010 – 88191537
电子邮箱：dbts@ esp. com. cn）

序 一

　　一个人遇到好老师是人生的幸运，一个学校拥有好老师是学校的光荣，一个民族源源不断涌现出一批又一批好老师则是民族的希望。在职业学校能够遇到师德高尚、技术精湛、教学理念先进，求真务实的老师是职教学生的幸运，让一大批教师成长为这样的教师，是职业学校教师培养的头等大事。《职教名师的修炼之路》一书，是对职业学校教师专业成长的一种总结，它为职教师资培养和教师自我成长提供了理论、方法与途径，书中涵盖了各类专业的青年教师到特级教师的三十多个成长案例，为职教教师成长提供了可复制、可借鉴的经验和方法。

一、职教名师的成长应该是教师自觉的行为

　　高人指路、环境助力、平台促进、个人努力是教师成长不可或缺的要素，最关键起决定作用的还是个人对所从事职业的热爱、发展的愿望和付出的努力。当今各种助推教师成长的平台很多，进入平台是否能快速成长最终成为名师与教师的自觉行为密切相关。本书案例中的职业学校教师，无一例外都有着强烈的专业成长愿望，并通过孜孜不倦的学习和坚持不懈的实践，最终成长为特级教师。这其中的不少教师，成长道路十分曲折，但他们从不轻言放弃，而是在积极争取、主动参与和不懈努力下，实现了一次又一次的华丽转身，最终走上了名师之路。对于职业学校教师来说，社会是课堂，实践是砺石，他人是吾师，自身是关键，案例展现的是职教名师个人专业成长真实的足迹，尽管当今社会对职业教育认可的大环境还不尽如人意，但只要教师自己坚持坚守、务实肯干、积极进取、开拓创新，就能创造出茁壮成长的空间，并以自己的成长促进事业发展，带动和影响周围人。我们正处在知

识爆炸和社会快速变革的时代，新技术、新设备、新产品迭代可谓日新月异，人们的理念和社会的发展方式也在快速更新，教师只有把更新理念、优化知识、提升能力、适应变革作为自觉，才能为成为学生心中的"好"老师、校长眼中的"能"老师、社会认可的"名"教师奠定基础。

二、职教名师的成长是工匠精神锤炼的过程

为国家迈向创造和制造业强国培养大国工匠是时代赋予职教名师的责任。职教名师要担当起这一重任，首先必须要锤炼个人的工匠精神。长期以来，由于缺乏对精品的追求和坚持，我们教师的个人成长之路崎岖坎坷。这种缺乏也让持久创新变得异常艰难，因而提倡工匠精神、重塑工匠精神，是名师生存、发展的必经之路。本书案例中的职教名师虽然专业和经历各不相同，但他们身上都有着共同的特质，那就是对事业的专注、对责任的担当、对技能的珍视、对信誉的尊重和对匠心的传承。在当今浮躁气未全退却的时代，要想成长为职教名师，必须要能平心静气地扎根于职业教育，成长于工匠精神，坚守立德树人信念，专注数年乃至数十年，无论顺境逆境，始终笃定地向上向好，让这种高贵的品质沉淀于匠心，造就成功，赢得尊重。职教名师要精益求精，不满足于一般好，不止步于过得去，崇尚突出好、过得硬，舍得为一点点进步下十倍百倍的功夫，一丝不苟，追求极致，力求超凡，止于至善。职教名师要立足岗位，勤思善学，博学实干，踏实肯干，把心思和精力全部用在教育教学钻研上，心无旁骛、苦练内功，专思专精，耐得住寂寞，练就炉火纯青的本领，在量变中实现质变，在学习实践中十年磨一剑，在推陈出新中坚持尽善尽美。

三、职教名师的成长要找准自身成长的平台

有的名师擅长于科研，有的名师擅长于技能，有的名师擅长于课堂教学，有的名师擅长于班级管理，等等，教师成长的关键在于找到适合自身成长的阶梯和平台。学校是教师赖以生存的场所，学校的发展是教师成长的基础，因此职业学校教师的个人发展要与学校的发展特色和目标相契合，善于借力、借势、借机，让个人成长与学校和专业发展双飞。借力，就是要瞄准学校的重点发展方向，借助于学校已有的或将要打造的高能级平台，争取快

速向上发展；借势，就是要分析看准国家及省在自己所在专业领域技术发展或教育教学的新方向，搭上时代职教发展的"高铁"，实现弯道超车；借机，任何事业和个人发展都有机遇期，要时刻保持敏锐，善于捕捉机会，埋头拉车同时，时刻保持抬头看路。职教教师要善于分析反思自己，清晰自身优势与弱势，学会扬长避短；要善于学习、吸收和转换，保持对职业教育、所在专业领域技术和职业发展变化的敏锐性，在坚守信念同时保持适应时代发展的灵活性；要培养大职教观，登高才能望远，厚积才能淡定，要培养战略眼光，心有国家发展大略，才能坚守住职业教育小阵地。厚积的路径就是学习、学习、再学习，实践、实践、再实践，向名师学、向工匠学、向社会学，潜心课堂、研究学生、深入企业、服务社会，在教育教学中寻找和创造自我发展的平台。

四、职教名师的成长要适应时代对职业教育的要求

职业教育是与企业发展、科技进步、社会繁荣紧密关联的教育类型。职业教育需要一大批师德高尚、教育理念先进、专业理论基础功底深厚，专业技术技能精湛，教学水平高，在专业建设、教学改革、人才培养和社会服务等方面业绩突出，在区域内、行业内具有较高知名度、美誉度的职教名师来引领。随着职业教育课程改革、教学改革的不断深化，以及大数据时代的到来，教育教学方法的"个性化""精准化"成为名师修炼的又一重要方面。职教名师需要认真研究每位个体的学习基础、学习动机、学习能力，遵循其不同的身心发展特点，创造性地实施因时、因地、因人的优质、个性化教育，确保每位学习者都能在原有基础上有所进步、有所收获。这就需要职教名师掌握尽可能丰富多样的教学方法，同时也需要其充分细致地了解学生的学习能力、学习习惯、思维特质和性格特点等尽可能完整的个体特质。只有立足于职业教育的特点和教师自身特质，持续深入教学过程，不断总结符合学生、符合自我的教学策略，将观察、设计、尝试、实践、反思、调整构建成一条行动研究链，教师才能适应时代对职业教育的要求。

五、职教名师的成长过程是自身境界修炼的过程

当今世界正处于百年未有之大变局，伴生着百年未有之不确定性和百年未有之机遇。站在新时代的关口，习近平总书记勉励广大教师要做有理想信念、有道德情操、有扎实学识、有仁爱之心的"四有"好老师。韩愈《师说》云："师者，所以传道授业解惑也"，我认为一名优秀的教师不仅要传授知识，帮助学生解开迷茫和困惑，更重要的是帮助职教学生重塑正确的人生观和价值观。这就需要教师不断提高自身修养，修炼自己的人生境界、思想境界，才能给予学生正面的教育和自信的正能量，引导他们树立正确的价值观和人生观，帮助学生用科学的方法和思维方式来化解他们遇到的困惑和危机。职教名师提升自身境界的修炼不仅要适应今天的社会，更要具备预判未来问题的能力，以发展的眼光看待世界，思考新时代、新世界的需求，拓宽自己的胸襟，涵养自己的气质，以昂扬进取的锐气、百折不挠的毅力、无私无畏的勇气去拥抱职业教育的未来。

在国家经济、社会发展中，职业教育的发展越来越被重视，作用也越来越大，教师素质的提升是职业教育发展的核心问题。职教名师成长依然任重而道远，职教名师应志存高远，担起培育迈向制造业强国的大国工匠的使命，不断修炼自己，一步一步走向卓越。

庄华洁

2022 年 1 月 28 日

序 二

当前，我国生产要素相对优势发生深刻变化，构建新发展格局、实现高水平的自立自强，已成为在国际竞争中赢得主动的关键。"十四五"规划和2035年远景目标纲要提出，坚持把发展经济着力点放在实体经济上，加快推进制造强国、质量强国建设。如何在国际局势风云变幻之际和中国经济朝着高质量方向发展的背景下，实现从"中国制造"到"中国质造"和"中国智造"的飞跃，这不仅需要拔尖创新人才，也需要数以亿计的高素质技术技能人才，把先进的技术设备转化为生产力，提高劳动生产率，进而增强我国在全球产业链供应链创新链中的安全性和影响力。然而，我国教育仍然面临结构性矛盾，办综合性大学、培养研究型人才的积极性普遍较高，培养应用型技能型人才的热情不足，造成我国劳动人口的素质、结构还难以适应高端制造业和现代服务业发展需要，提升劳动者职业适应能力的要求十分紧迫。党的十九届五中全会提出要建成文化强国、教育强国、人才强国、体育强国、健康中国，进入创新型国家前列。职业教育是构建教育强国、人才强国的重要一环，是促进人的全面发展的有效途径，对促进教育资源合理配置，推动不同类型教育配套衔接，构建与新发展格局相适应的教育结构、学科专业结构、人才培养结构具有重要意义。实践证明，职业教育是推动国家高质量发展的重要支撑，是推动产业转型、区域发展的重要力量，发展职业教育是以人民为中心理念的体现，对实现普惠化、均衡化、终身化具有独特优势和对实现共同富裕具有特别意义。

加快发展现代职业教育是塑造国际竞争新优势的战略之举，国家要大力发展职业教育，同时职业教育也要主动适应科技发展和产业变革，适应大规模培养技术技能人才的需要，适应建设技能型社会的要求，更好地服务高质量发展。近年来，国家对职业教育的投入巨大，一座座新校园拔地而起，一台台崭新的实训设备陆续到位，一个个有利于职业教育发展的国家政策密集出台，职业教育改革已进入了深水区，如何进一步提质培优、全面深化改革，成为摆在我们面前的新课题。"有关教育与教学的问题中，没有一个问题不总是与师资培养问题有联系的。如果得不到足够数量的合格教师，任何最使人钦佩的改革也势必要在实践中失败"（皮亚杰，1981）。美国著名教育家威廉·亚瑟·沃德（1963）认为，平庸的教师在说教，好的教师在解惑，更好的教师在示范，卓越的教师在启迪。可见，职业教育的高质量高水平发展关键在于高素质的教师队伍，尤其是职教名师的缺乏将制约着学校、专业的发展。"山不在高，有仙则灵"，最终引领一所学校发展的一定是名师，名师在哪里？职业院校教师与普通学校教师有许多共性，也有很多的不同点，最大区别在哪里？这是一个值得我们职教界深入思考和研究的问题。我认为，职教教师不仅要有普教教师共有的特质，还一定要有对职业的梦想，要有创新的思想架构，有国际化的前瞻视野和宽阔胸怀；要有社会、经济和职业教育相融合的独特思维，要有教育家、企业家和社会活动家的能力水平，还要有虚心学习、与时俱进、不断创新的工作态度。因而，职业学校教师要站稳讲台，成为合格的教师，需要从专业性、师范性、职业性、学术性四个维度去对照努力。

人们常说，做老师难，做中职学校的老师更难。然而中职教师不是神，每一位中职教师在新入职时都满怀梦想，但是工作一段时间后，会发现理想和现实是有差距的，难免产生落差感。如果未得到及时的舒缓调节，两三年后就渐渐失去了奋斗的动力，甚至对学校有怨气。究其原因，可能有学校的原因，有学生的原因，也有可能是教师个人的原因。那么，如何让职业学校的教师，规划好自己的职业生涯，消除职业倦怠感，甚至脱颖而出，从教书匠蜕变为独树一帜的双师型名师？如何在职业教育领域中自我实现？这些都是值得思考的问题。

我从事职业教育二十多年，参与或作为组长参加过浙江省乃至全国中高职学校的评优、正高职称的评审、项目与成果的评价，也作为全国职业院校培训专家工作组成员深度参与了教育部、财政部的教师素质提高计划的评价、询导与项目实践。在这些经历中，我及我们团队与职业院校的教师产生了深厚的感情，切身感受到国家对职业教育教师发展的重视，我有愿望也有责任为职业学校教师的专业发展与成长提供一些帮助。教师职业生涯规划如何顺应职业教育发展？职业学校教师如何获得专业发展？如何成长？这都是职业学校教师普遍关心的问题。

我一直在思考是否能有这样一本书，能让一个青年教师按图索骥，找到一条属于自己的路径加速自我成长？能够有效地促进中职学校教师的专业发展，从职教名师的身上找到这样的钥匙或密码，让名师来引领青年教师成长？于是我们撰写了此书，希望通过阅读本书，教师能精准定位自身的发展阶段及努力方向，快速提升整体素质，明晰职业生涯的整体规划，未来的成长与发展之路能卓有成效。

但是职教名师的声音特别少，在准备整个著书和调研计划时，我们查阅了大量中小学特级教师的成长案例和中职教师、高职教师标准与规范等。很多内容要么是纯理论的研究，要么是宣传性质多一些的案例书籍。能够体现职业教育教师成长路径、方法的内容比较缺乏。幸运的是，在近二十年里，我站在学者的角度，以一个旁观者的视角深入细致了解身边中职教师成长故事，感受到了一些在名师职业生涯成长过程中有价值的东西：从本科毕业入职成为青年教师，经过二三十年的专业发展成为一名优秀教师，再成为特级教师或正高级教师，他们身上有着让人动容的经历，能够体现名师特色的东西，能为广大教师的发展提供助力。

本书从职教名师成长要素、成长阶段、成长路径、成长机制、锤炼之道五个方面来讨论如何成就职业学校教师专业发展。通过对特级教师、正高级名师的深度访谈，在发现名师特色的同时与需求者对接，试图找出一条从优秀教师到卓越教师到职教名师、正高级教师的途径。每位名师都有其自身的特色与专业发展的侧重点，他们经过长期不懈的努力与创新，树立了自己的教学特色、教学理念、专业能力等名师个人特质。因此，我们从教师发展的不同维度，以一个个鲜活的典型案例，帮助青年教师克服缺点，满足其专业成长需要。名师成长之路最重要的不是模仿他们的外形，而是学习他们的内涵，抓住关键性成功要素，在和个性特点结合的前提下将这些关键要素迁移到自己身上，发展出自己的模式，创造出自己的特色。

　　习近平总书记号召广大教师做"四有好老师"、做学生的"四个引路人"、做到"四个相统一"，对教师提出了具体要求。我希望通过这本书的梳理，能够对教师发展和引领教师有所帮助，能够激发每位教师在专业上的"成长性"发展需要，能够助力每位教师在专业成长的道路上积极地奔跑，最终成为师德的楷模、教学的专家、课改的先锋、管理的行家，成为一流教育排头兵和领航者，为大国经济转型贡献一分力量。

邱飞岳

2022 年 1 月 18 日

目 录

第1章

职教名师成长要素

兴国必先强师。党的十八大以来，习近平总书记就教师工作曾做出一系列重要指示：在教师地位上，强调教师是立教之本、兴教之源，承载着传播知识、传播思想、传播真理，塑造灵魂、塑造生命、塑造新人的时代重任；一个人遇到好老师是人生的幸运，一所学校拥有好老师是学校的光荣，一个民族源源不断涌现出一批又一批好老师则是民族的希望；在教师标准上，强调要做有理想信念、有道德情操、有扎实学识、有仁爱之心的好老师，做学生锤炼品格、学习知识、创新思维、奉献祖国的引路人，坚持教书与育人相统一、言传与身教相统一、潜心问道与关注社会相统一、学术自由与学术规范相统一，做到政治要强、情怀要深、思维要新、视野要广、自律要严、人格要正，努力成为先进思想文化的传播者、党执政的坚定支持者，更好担起学生健康成长指导者和引路人的责任[①]。这些重要论述，是习近平新时代中国特色社会主义思想的重要组成部分，也是一名好老师的根本遵循。

百年大计，教育为本；教育大计，教师为本。2018年，我国首次颁布专门针对教师队伍建设的政策文件《全面深化新时代教师队伍建设改革的意见》，该文件阐述了全面深化新时代教师队伍建设改革的战略意义、指导思

---

① 中共教育部党组关于学习贯彻习近平总书记等中央领导同志教师节重要讲话精神的通知 [EB/OL]. http：//www.moe.gov.cn/srcsite/A10/s7058/201909/t20190925_400803.html.

想、基本原则和目标任务。2019 年《国务院关于印发国家职业教育改革实施方案的通知》指出，职业教育与普通教育是两种不同教育类型，具有同等重要地位。改革开放以来，职业教育为我国经济社会发展提供了有力的人才和智力支撑。《人力资源和社会保障部 教育部关于深化中等职业学校教师职称制度改革的指导意见》指出，职业学校教师是我国专业技术人才队伍的重要组成部分，是加快建设现代职业教育体系、培养高素质技术技能人才、提高职业教育质量的重要力量。因此职业学校教师被寄予厚望，而职教名师更不止于此。随着教育改革的深入开展，呼唤职教名师、造就职教名师成为教育界一致的期许和追求，名师就是好老师中的名老师。职业院校要评职教名师，是时代和业界的呼唤，2009 年 5 月初，"职成教在线"网站发布了一则关于开展"上海职业院校教学职教名师"评选及首届"中国职业院校教学职教名师"推荐活动的通知。评选虽由上海市职业教育协会这一民间机构组织，但仍引起各中职学校的强烈反响和积极参与，与此同时，人们对职教名师标准的讨论也引发了更深层次问题的思考。中职职教名师应该有三个衡量标准，一是专业理论和技术功底深厚，二是教育教学特色鲜明，三是在全国同行中有一定知名度。出于扩大评选范围的考虑，上海市教育委员会原教研室副主任林德芳曾定下以上三个衡量标准。起初，是本着放宽要求的想法定下这三个大纲性的标准，时至今日，随着职业院校的发展越来越受重视，职教名师的标准应更体系化、系统化。

许多青年教师都渴望成为名师，却苦于找不到走向名师的路径，在职业发展的道路上不得要领，流于形式。因此，厘清名师概念，清楚内涵，了解名师特质和要素，能够有效帮助教师成长为真正的名师，让他们提升有道，成长有路。以下从职教名师成长要素的角度出发，遵循《中共中央国务院关于全面深化新时代教师队伍建设改革的意见》《国家职业教育改革实施方案》《关于推动现代职业教育高质量发展的意见》《中国教育现代化 2035》《深化新时代职业教育"双师型"教师队伍建设改革实施方案》《职业教育提质培优行动计划》《中共中央办公厅 国务院办公厅关于深化职称制度改革的意见》，以及全国各地职教名师评选文件精神的要求，梳理出职教名师的评价要素标准。

1.1　职教名师的概念

何谓职教名师？各地教育主管部门评选条件、评选标准及培养方法都有谈及，综合其共性特点，总体上是指德才兼备，具备高超的教学技能和先进的教育思想和理念，在同行中具有较高声誉和影响力的优秀职业院校教师，他们是其所在学校教育传统和教师团队集体智慧的传承者、创新者和发展者。职教名师既是教师个人渴望得到的名誉认同，又是学校内涵发展的必需。就职业生涯发展而言，每位职业院校教师都应立志于从新手型教师、胜任型教师成长为熟练型教师、专家型教师，乃至职教名师。纵观职教名师的成长路径，从各阶段教师发展的能力来看，职教名师均从有较好的专业潜质、教师素质以及具有职业教育情怀的教师群体中发展而来。他们从普通教师发展为教学能手，在教学能手的基础上吸纳经验，发展能力，在工作中稳定教学成绩，在教学改革上出谋划策，成为科研能力强、信息技术与课程整合能力强的教学骨干；在教学骨干的基础上，进一步提升组织能力和管理能力，对于产教融合有自主深刻的理解，并带领教科研团队推进专业发展，将其理念付诸实践，这就成长为学科带头人；在此基础上进一步提升，达到有区域辐射力和影响力、教科研成果丰硕且成果应用效果好的高度，就成为名副其实的职教名师了。

总的来说，名师就是要工作出色，教育教学的效果好，学生欢迎，家长认同，同行熟知，社会认可，有一定名气和威望，整体素质好，专业知识丰富，教学经验足，教学质量高，具备较强的实践能力、创新能力以及改革精神，能结合具体实践工作，归纳先进的职业教育思想，形成自己的职业教学理念。职教名师本质是"双师型"名师，既精通理论知识和实践技能的教育教学，也具备很强的专业技术与职业能力，还能够从事教学改革与面向企业的应用科研，科研反哺教学，能够形成自身独特的职业教育思想和教学主张。作为职教名师，最主要的职责就是教书育人，而最重要的就是立德树人。

1.2　职教名师的特质

职教名师是一群高素质、专业化的教师队伍，与基础教育学校和高等教育学校教师存在着显著的区别。相比普通中学，职业学校和学生对其老师有不一样的期许和要求，职业学校教师需要牢固树立新发展理念，承担着围绕区域经济社会发展需要培养新时代技能型人才的重任，职业学校这样的土壤也给了他们不一样的新时代职教使命。因此，职教名师本质上是"双师型"名师，这个群体有其自身固有的特质，他们道德高尚，他们会理论教学，会实践教学，会技术技能，会科研，懂理论，知前沿，追求工匠精神。基于对职教名师的主观把握，对于职教名师的特质归结如图1-1所示。

图1-1　职教名师的六个特质

1.2.1　道 德 楷 模

学高为师，身正为范，一日为师，终身楷模，相比于其他职业，教师对于一个人的影响重大且深远。道德楷模是名师的第一特质。如果教师的道德素养和人文素质浅薄，就难以肩负学生人格导师的重任，也难以引领学生健康、全方位发展。社会和学校要求职教名师在政治上立场坚定，坚持真理，拥有正确的世界观、人生观和价值观；在事业上精益求精和乐于奉献；在教学上以丰富的专业知识和娴熟的职业技能展示高超的职业素养，能认真钻研业务；在学术上能够诚实，坚决杜绝造假、抄袭。职教名师绝不是刻板顽固的形象，而是一个心理健康，充满阳光的老师，更是学生的朋友。

职教名师要满足习总书记提出的"四有"好老师标准，以及 2018 年教育部在《关于开展"三全育人"综合改革试点工作的通知》中提出的"三全育人"标准。"四有"好老师即"有理想信念、有道德情操、有扎实学识、有仁爱之心"的职教好老师，职教名师们要发挥蜡烛精神，热爱学生，有事业心和较强的荣誉感；"三全育人"即"全员育人、全程育人、全方位育人"，职教名师要以这样的观念，全心全意为学生，真心真意搞教育。

1.2.2 教学能手

职教名师在教学上要能为学生"传道、授业、解惑"，他们必定具有完善的知识结构和专业素养，且具备"双师"教学的能力，这是职教名师与其他老师的区别性特质。在知识结构上，要具有文化知识和实践知识，以及教改实践中特别强调的条件性知识，也就是教师所具有的教育学、心理学知识，这种知识正是广大教师所忽略且格外缺乏的。同时，随着"互联网＋教育"、人工智能时代的到来，面对我们的教育教学对象，职教教师信息化教学能力既是时代的要求也是新时代教师必须具备的素质。

名师来源于课堂，行走于课堂，更成就于课堂，因此名师的首要工作还是要做好教学，这是名师成长最根本的内部条件。职教名师教学理念时时更新，他们不仅要及时掌握了解有关教学方面的新动态，也要勇于尝试一些最新的教学方法，以学生最能接受的方式传授知识，让课堂有活力、有魔力。在课堂上，职教名师应表现得成熟、庄重、大气，作为一名教学经验丰富的老师，名师能将课堂牢牢掌控在手中。而在日常班级授课任务之外，名师也要担任学校一门或多门精品课程的教学，除了不断磨砺自身，也帮助其他青年教师学习模仿。

1.2.3 行业先锋

承担一线工作的技术型人才是职业教育的主要培养目标。职业教育直接服务于社会，向社会持续输出技能型人才。因此，职教名师在行业中应该是该职业领域的技能佼佼者。他们的知识结构不是静态的、一成不变的。职教名师的知识结构要在优化已有的知识结构的基础上，在不断发展和不断完善的动态过程中得到更新。职教名师洞悉所教学科的前沿动态，与所教专业的行业企业联系紧密，能积极到企业去交流、学习，掌握行业动态。对于行业发展，具有深刻的了解和长远眼光，自发地思考和发现行业中存在的问题和不足，对行业发展可以在宏观的角度及时、准确地做出预测。

1.2.4 技术专家

技术专家是指作为职教名师不仅应具有扎实的专业理论基础，对专业技术有深刻的理解，还应有娴熟的操作技能、极大的工作热情和钻研精神；能进行项目方案分析、设计与评审；能帮助企业解决实际产品开发、设计、故障解决和生产工艺改进与优化等技术难题；思维活跃，逻辑表达能力强，有良好的沟通表达能力及团队合作能力，擅于与人探讨并引导解决问题，得到同行的认可，得到行业和企业的认可。

职业学校的人才培养目标最终要落实到熟练的实践操作技能与职业能力上，因此，作为职业学校的专业教师必须具备与各专业人才培养目标相符的技术操作与职业能力。

职教名师作为技术专家需在具备特定岗位群技术技能的基础上，进一步熟悉面向工作岗位的实际生产实践流程，能从事相关专业开发和专业服务的工作，具备较强的职业教育理论和专业知识理论的迁移能力，具有多岗位资格证书或技能证书，并在实践中成长，能及时掌握本专业群的最新技术技能。

职教名师作为技术专家，技术方面要出色，对所从事的行业要非常精通，理论与实际操作能熟练结合，对技术上出现的问题能准确判断，能够分析问题，解决问题，成为同行中的佼佼者。

1.2.5 科研精英

科研精英是指作为职教名师应该成为职业教育教学科研的引领者，应致力于追求教育艺术的臻境，针对教育中的问题能持续深入地研究，逐步形成特色的教育科研，研究成果丰硕。

职教名师一定是与时俱进、勇于实践、敢于创新，注重理论与实际相结合，将教育研究渗透到日常教育教学活动中。职教名师的科研不是空头形成，是对日常教学工作的问题分析、总结，反思、提炼和升华，他们做到深挖深钻，挖出名堂，挖出建树，为职业教育的改革与发展做出贡献。

对职业教育来说教学和科研是相辅相成的，科研具有很强的教育性，科研能反哺教学。通过对教改科研、技术技能应用研究，总结提炼，形成经验模式、教学成果、论文专著、专利、科研项目、教学资源等，从而对教学起到有效反哺作用。让一流的科研成果很好地转化为教学内容是职教名师的重要任务。

人才培养与科研是高度辩证统一的，职业学校教师职业的专业特性和职业教育的特色，注定了职业教育教师的科研成果要转化为职业教育的教学内容、专业课程，要将工作场景与学习情境结合起来，将工作任务与学习任务结合起来，将科研问题转化为教学问题。职业教育名师是教学能手，更是技能大师与技术专家，也是科研精英。

教师的创新之火激发学生的无限潜能

某省"春蚕奖"获得者、中职高级教师黄老师对于科研有着深刻的理解，他认为，教师的创新之火能激发学生的无限潜能。他成立了创新团队，将创新教程引入课堂，把创新的思维运用到课堂教学中。针对钳工实训课存在学生多而指导教师少的问题，并考虑到锉削技能特点和用力特点，他领导创新制作小组利用平行双曲柄机构原理做出了第一代钳工锉削训练器。训练器严格控制了锉刀的上下摆动，锉刀只能水平前后运动，保证了锉刀运动的直线度，从而保证锉削平面的平面度，帮助不会做的学生体会锉削时的用力技巧。学生找到锉削准确的感觉后，就可离开训练器。这个创新作品对钳工锉削初学者有很好的帮助作用。之后又在钳工集训队学生的参与制作下，与校企合作单位工程师交流，进行了五次改良，最终完成悬臂式钳工锉削训练器。该作品不管从锉削的灵活性、结构的简易性和实用性都有了大的提高。教师和学生从五次的试制过程中学到了许多课本中没有的技能和知识，同时也大大解放了实训指导教师的手脚，有效地提高了学生对锉削技能的掌握。

钻孔是钳工实训中一项比较重要的技能，也是该工种的员工经常要做的工作。学生在钳工实训中需要用钻孔的方法来去除多余材料，钻床易产生许多铁屑，存在安全隐患。如果用手直接压住钻又违反安全操作规程，并且工件易飞出伤到人。针对这种问题，创新小组从零开始，针对学校钳工实训时所用的钢板和多种钻床夹具的特点，通过三次试制和试用，最终发明了结构简单、安装方便的台钻简易防护装置，使压板的间距相对固定，杜绝了工件由于安装不紧而飞出伤人的危险，保障学生安全钻孔。在每台钻床上安装了此防护装置后，指导老师就可以放心地去指导其他学生。

教师的创新之火能激发学生的潜能。如有位学生小童，刚进入学校模具专业时，对该专业非常迷茫，不知道要干什么，经过多次接触，黄老师发现小童头脑反应较快，常突发奇想，创新意识较多，动手能力超强；但性格内向，不善表达自己的想法。针对小童的特点，在高一的时候，黄老师让他加入钳工集训队，不时点拨鼓励他坚持不懈。同时常常告诉他"刀手合一，心系一锉"，每锉一刀，要做到心中有数，才能加工出完美的工件。经过一年的认真学习、摸爬滚打，小童坚持参加装配钳工、手工制茶和机器人应用技术的技能集训，获得了创新发明省级一等奖、手工制茶省级二等奖、机器人比赛省级三等奖的好成绩，为其之后的发展奠定了坚实的基础。

黄老师致力于创新教学与科研，获得国家专利15项，其中发明专利3项，被评为市级名师、市机械学科带头人、感动县教育年度人物、县"优秀技能人才"等。

1.2.6　匠人初心

自我国进入新时代以来，"高质量发展"已经成为指引我们建设社会主义强国的一个方向。"匠人初心"是实现高质量发展的支撑。匠人初心也就是工匠精神这个初心，为匠者须以工匠精神融进血肉，对待工艺和技术虔诚且热爱。职业学校培养的是技术人才和行业人才，因此"匠人初心"是现代职业教育的精神标杆和灵魂所在，匠人初心是职教名师的重要特质之一，也是新时代赋予职教名师的新特质。将工匠精神的传承融入职业院校人才培养的过程之中意义重大。党的十九大报告强调，要弘扬劳模精神和工匠精神，营造劳动光荣的社会风尚和精益求精的敬业风气。2018年中共中央和国务院印发的《新时期产业工人队伍建设改革方案》亦要求：用正确的世界观、人生观、价值观引领产业工人，大力弘扬劳模精神、劳动精神、工匠精神。培养职业学校学生工匠精神是职教名师的时代使命，教育者不仅仅是教授学识的老师，还是教授技能技工的师傅，职教名师作为从业者和传道者，自身必须具备工匠精神。除了时代对于人才强国的诉求，还有职业学校办学的文化诉求，这两个诉求归根结底就是匠人初心，作为职教名师，得守住这个初心。

一颗匠心成就一番青瓷佳话

作为一名青瓷工艺专业教师，江老师用千锤百炼的品格不断提升自我，用陶冶成器的品格服务社会，用冰心玉洁的品格传播青瓷文化内涵，努力让每位学生如青瓷般璀璨！在成就学生的同时，她也成就了自己，短短三年时间，多件作品获国家级金奖，并被某省博物馆收藏，成为一名知名的工艺美术师和市级"十佳高技能人才培训指导师"。

千锤百炼：崇尚技能。青瓷原料千锤百炼出深山，在一道道的粉碎、淘洗、沉淀中得以用之。而每一个光彩照人的青春也需要在千锤百炼中提升自我。江老师作为一名青年教师，在任教青瓷专业课程中，深知技艺的重要性，每时每刻都为技艺提升而努力。要给学生一杯水，自我要有一桶水。而江老师认为，老师更应该是一道泉，是一道时时奔涌出清新的、闪烁着斑斓色彩的泉水，是一道不竭之泉，并由泉水淌出绵绵的溪流。在青春渴求光彩的动力下，她把自己活成了一道泉。她拜工艺美术大师为师，充分利用课余时间，一有空就往师父家里跑，勤学勤练勤问，不仅是学习青瓷技艺，更是学习前辈们的工匠精神和对艺术的追求。同时，她又将学习到的知识和理念与学生们一起分享，培养学生的工匠精神和职业素养。

陶冶成器：匠心培养。面对每一种青瓷材料，只有熟悉它，运用它，发挥其最大作用，才能制作出精美的青瓷作品。无论是面对在校学生还是企业学员，认识他们、了解他们，因材施教，循循善诱，江老师就像热爱青瓷一样热爱他们，就像对待青瓷一样对待他们。"天生我材必有用"，她经常鼓励学生和学员们，只有更好地发现自己，找到自己的定位，才能更好地发挥自己的潜力。她不仅教他们怎么做，还要教他们为什么要这么做，怎样才能做得更好，怎样的技法适合怎样的人等。在企业培训中，她根据学员不同层次，进行个性化教学，积极探索新的教学法，培养学员扎实的青瓷制作工艺基础，同时尽可能多地融入美的教育、日用产品设计知识和艺术瓷创作理念，使学员不仅能制作青瓷产品，更能创作青瓷产品。面对优秀的学员，她重在培养他们对审美的认识与理解，或将几种或者多种造型技艺进行综合运用的能力，并让他们对中国传统文化深入认知和继承创新。江教师还注重培养学生具备一定的现代设计意识和现代经营观念。

冰心玉洁：与时俱进。任何一件精美青瓷作品的诞生，都需要在成型施釉后在1300多度的高温炉中烧制20多个小时。在不断地与企业、行业深入融合中，她明白，这些年当地青瓷技艺传承发展得越来越好，与打开自我，走向世界，在世界陶艺的大熔炉里交流、发展是分不开的。她积极参与"守艺·匠心——青瓷教育、创新中外交流会"文化沙龙系列活动、"从深山走向大海"文化交流活动、"传承启合"创新交流活动，为爱好青瓷的年轻人提供一个实践、交流、成长的平台。同时，积极与企业共同开展技术研发，在原有的单一的装饰技法中融入综合装饰技法，为企业产品创新提供了装饰新方向，丰富了产品的装饰语言，提升了青瓷产品的艺术效果。

传承创新：初心使命。为地方传统特色产业培养合格技能人才，传承与创新非遗技艺与文化是职业教育人不变的初心与使命。在学生作品如何提升为产品，产品如何转化为商品，从而带动特色专业人才培养方面，江老师进行了各种探索与实践。她带队与企业共同组织和参与省内外的创意集市，如"春华雅集""春秋大集"等活动。在"清风廉韵""浙西南革命精神""和合文化"等活动的作品评比中，她指导的学员斩获多项大奖。为了能进一步培养青瓷新生代及中职校学习青瓷专业的青年学生的艺术涵养、技艺传承、匠心培育等艺术修为，她以现代审美演绎龙泉青瓷，助推青瓷产业、青瓷教育、艺术设计和创新领域的发展。她参与组织"现代柴烧"国际工作营，邀请国内外柴烧艺术家、国内青瓷行业大师、学校的师生们共同参与活动，并将"现代柴烧"在行业有效地推广。

专研精进：共生发展。江老师以工匠精神推动教学与科研"共生"发展，近两年她主持"传统手工业（非遗）——龙泉青瓷"国家资源库的课程建设，邀请行业大师、企业师傅、学校教师、青瓷学者共同拍摄350个视频、100多个文本资料、4个动画，涵盖教学设计、教学实施、教学记录过程、教学评价等所有教学环节的资源，建成了集先进、实用、标准化、普适性于一体的开放性、共享性、可持续发展的资源库，为企业管理、行业发展和企业培训服务，为继续教育和终身教育提供了学习平台。她积极参加陶瓷行业评比和教学研究，作品多次获得各类大奖；三件作品被相关单位收藏；撰写10余篇论文，参与课题多次在省、市获奖，在省级立项并结题。

综上，职教名师是多个身份的重组。他们师德高尚，严谨治学、爱岗敬业，是职业院校教师群体的道德楷模；他们教育科学素养深厚，能遵循教育规律解决教育教学与实践的实际问题，运用教学技巧和教学机制完成规定教学内容，并能恰当选择信息化评价工具，是职业教育教师群体中的教学能手；他们科研意识和科研精神较强，一方面能准确抓到实际教育教学过程中遇到的真问题，刻苦钻研，为解决职业教育教学问题提供创新性思路，另一方面还能积极申报课题项目，在与同行切磋的过程中增强科研能力，成为职业学校教师群体中的科研精英；他们实际操作能力较强，熟悉各专业特定岗位的生产实践过程，能从事相关技术开发和技术服务工作，积极解决产教融合中行业企业遇到的实际问题，是职业学校教师群体中的技术专家；他们时刻关注各专业前沿动态，对各专业发展趋势和现实性教育问题保持敏感性，能够在专业领域内从事试验、生产、开发、科研等工作，是职业学校教师群体中的行业先锋；最后，他们始终保持匠人初心，热爱职业教育事业，在教育教学工作上追求极致。

1.3　职教名师的要素

职教名师之所以为职教名师，对其精确的诠释是"传道、授业、解惑"，但是更为重要的是要培养和引导出全面和谐发展的人。职教名师的"名"从何来？这就不得不探讨一下职教名师的要素，职业学校老师能满足五大要素，便让"职教名师"的"名"实至名归，五要素即职教名师的五大素质要求，也是五大衡量准则，职教名师五要素的框架如图 1－2 所示。名师成长要素主要为职教名师的高尚师德和职教名师的专业性、师范性、职业性、学术性（简称职教名师"四性"要素），职教名师的高尚师德是最为重要的要素，领衔"四性"要素的发展，职教名师"四性"要素的养成以名师高尚师德这一要素为基本准则。

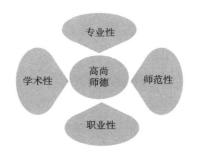

图 1 – 2　职教名师的成长要素

1.3.1　高尚的师德

教师是教育之本，师德是教师之本，高尚的师德是对名师的本质要求。师德不仅仅是教师崇高人格的体现，更是教师的职业之魂和立师之本。提升教师师德水平是提升教师队伍整体素质的首要目标。党的十八大以来，习近平总书记反复强调要把师德师风建设作为提升新时代教师素质、办好人民满意教育的首要任务，提出了一系列师德建设的标准和要求，先后用"大先生""筑梦人""系扣人""引路人"等表现力极强的称谓表达对广大教师的殷切期望，并提出"三个牢固树立""四个标准""四个引路人""四个相统一"等师德建设标准和要求。习主席号召广大教师要以德立身、以德立学、以德施教。

教师专业发展所强调的"自主、反思、参与、研究"都离不开良好的师德作为动力与导向。随着智能化时代的到来，职业学校教师专业发展越来越重要，教师劳动也变得更加复杂，对教师的技能要求、劳动难度和强度比普通中学更高，需要教师付出更多的艰辛和努力。只有具有高尚的师德，教师才能将专业发展的基本要求转化为自身内在的行为需要，并形成巨大的号召力，促进教师主动地加强自我修养、提升自身素质、陶冶道德情感，形成良好的行为习惯、高尚的道德品质和高水平的专业素质。职业学校教师的高尚师德包含正确的职业价值观、教师观、以人为本的职业教育观等方面。

1.3.1.1　正确的职业价值观

为何从业？不同的回答有不同的从业体验，如果将从业作为养家糊口的手段，只是为了得到物质回报，那么在从业中也绝不会体验到任何精神愉悦。教育是一种特殊的职业，而如果将工作任务作为施展才华、奉献他人的平台，赋予工作除获得物质报酬外的意义，那工作者就会在从业中获得成就感和幸福感。为何当教师？不同的回答自然折射不同的意义，或无奈所迫，或主动选择，或妄想清闲，或羡慕荣耀。作为一职业学校老师，应扪心自问，为何自己会选择教师职业。职业观念摆不正肯定当不好老师，更别妄图名师。裴斯泰洛齐认为，教育者的"爱"是陶冶学生品格的最大推动力，职教名师要清楚这一点，并怀揣着教育事业的使命感和光荣感去工作，去育人，永葆纯粹的教育初心，心怀对教育事业的无比敬畏，不负国家使命和社会责任，在用爱心滋润学生的过程中，成就自我，体验幸福。

职业教育是一种在目标、层次、形式、内容等方面为学生提供多种选择、满足多种学习和发展需要的教育，其本质属性是职业导向性。职业教育面向就业的特性决定了职业学校的学生除了要学习专业基础理论知识，更要突出专业实践技能的培养，这就使得职业学校教师的教育工作负荷大大增加。所以，职业院校教师相比其他类型学校的教师，有着诸多的"特殊要求"：既要有专业的学科知识和教育教学的"教师"素养，又要有企业工作的经历和指导实践教学的"师傅"素养；既要具备指导学生完成课业的教育教学能力，又要具备指导学生完成工作项目的能力；既要把握课堂教学的一般规律，又要把握由于职业院校生源文化程度、学习兴趣和习惯、专业背景参差不齐等诸多因素导致的学生个性化需求。在职教的特殊环境下，职教名师要充分地展示自己的价值理念和个人信仰，并得到肯定，这样才能在今后的发展中获得永恒的动力和源泉。教师坚定的职业理想、强烈的职业认同感以及良好的职业态度才能为教师自身专业发展提供有力支撑。

1.3.1.2 正确的教师观

杜威说，教育就是生活，教育就是生长，教育的目的就是引导和训练每一个自然人成为社会成员。在 2019 年的全国教育大会上，习近平指出，教师承载着传播知识、传播思想、传播真理，塑造灵魂、塑造生命、塑造新人的时代重任①。教师的使命感和责任感是教师发展的内在动力，要从"教育是国之大计，党之大计，教师是立教之本，兴教之源"的高度，把握教师职业对社会发展与个人成长的重要价值与意义，教师不仅传道授业解惑，也对学生的个人成长有着重要意义和价值，教师的个人魅力对学生的发展有着潜移默化的作用。2019 年，《教育部关于深化中等职业学校教师职称制度改革的指导意见》中指出，在职称评定标准方面，坚持把师德放在评价的首位。坚持教书与育人相统一，言传与身教相统一，潜心问道与关注社会相统一，学术自由与学术规范相统一，引导教师以德立身，以德立学，以德施教，立德树人，爱岗敬业，为人师表。强化师德考评，实行师德问题"一票否决"。立德树人是教师的根本，职教名师应秉持立德树人的教师观，德行要正、立身要稳，言行一致、表里如一，做到以德立身、以德立学、以德施教、以德育德。

此外，职业学校的学生普遍存在家庭经济条件和家庭文化氛围比较弱的现象，因此职教名师需扮演着"父母"的角色，关心爱护学生，尊重学生的差异，尊重学生的个性，用心与他们交流，客观地鼓励与评价，使他们学到一技之长，能够在社会上立足。

1.3.1.3　以人为本的职业教育观

职业教育观是对职业教育、人的发展和社会发展的价值的观点和看法，是对职业教育意义和作用的评价。张桂春教授职业院校名师做过一项专门的调查问卷，调查对象是 355 名由中国职业技术教育学会和辽宁省职业技术教育学会评选表彰的职教教学名师，研究发现这些职教名师对职教及其本质属性，特别是对职教的价值和意义的认识和理解，往往比其他人要深刻得多，他们坚信职业技术教育对于经济与社会发展和人的全面发展具有非常重要的地位、作用和价值。职业教育教师首先要树立正确的教育观，要以人为本，从尊重生命开始，从提高人的综合素质出发，促使人的心灵净化和觉醒，使人性向善；做到具体问题具体分析，身体力行、言传身教，唤起美好的"善

---

① 习近平：坚持中国特色社会主义教育发展道路，培养德智体美劳全面发展的社会主义建设者和接班人［EB/OL］. http://www.xinhuanet.com/politics/leaders/2018－09/10/c_1123408400.htm.

根"。各级各类人才，包括技能人才在内，在党和国家事业中都有着不可替代的作用。职业教育与人的生存和发展关系最为密切且直接，对促进就业，开展精准扶贫，改善国计民生和全面建设小康社会有巨大的作用。以人为本的职业教育观就是要有高远的教育理想，有独特风格的教育智慧，并能开拓创新用新观念新理念培养创新型职教人才。

1. 教育理想

教师，是一个神圣的职业，但是教师也面临着许多压力——来自学校、家庭、社会等多方面，职业倦怠的现象普遍，而职教名师的工作更重、压力更大。如果没有教育上的远大理想和精神追求作为内部驱动力，职校教师之路将更加难走，更不用说育人为乐、以职业为己任、成为学校的一面旗帜、勇立潮头、成为职教名师了。坚守以人为本的教育理想是职业教育的核心目标。作为现代职业教育领航人的职教名师，必须坚守教育理想，教学生求真知，学真本领，养真道德，说真话，识真才，办真事，追求真理，做真人。以"真"字作为自己的立教之本，教好书育好人。

2. 教育智慧

如何形成教育智慧？那是职教名师在其广学博览、增长才干的过程中不断积累的，也离不开其自身教学的实践。教师的教育智慧在于，能让学生在轻松愉悦的状态下学到知识和本领，如沐春风。职业学校学生素质各异，心态各异，职教名师对于这些学生能拿出自己的方法，不丢一个学生，不舍一棵苗子。人的智力潜能巨大，人的智力多元。基于这两方面的认识，职教教师要有足够的理由相信人人有才。面对学业基础薄弱的职业学校学生状况，职业学校教师尤其是职教名师的责任是及时发现，并珍惜存在于他们身上的各种潜能，只要有爱心、信心和教育智慧，相信他们的潜在力量终能被开发，真正让学生人人成才。

3. 创新教育

职教新课改为我们带来了许多新的教学思想和新的课程理念。在新时代的经济高质量发展背景下，需引导职业学校的学生学会质疑和思辨，在质疑中学习，在学习中质疑，在思辨中提升思维能力。教出因循守旧、人云亦云的学生不是成功的教育；培养有问题意识并敢发质疑之声的学生，有创新精神的现代职业人，才是教育的使命。发展是第一要务，人才是第一资源，创新是第一动力。特别是我国现在进入了新时代，我们比以往任何时候都迫切需要创新型人才。《中国教育现代化2035》中提出，要加强创新人才特别是拔尖创新人才的培养，加大应用型、复合型、技术技能型人才培养比重，强化实践动手能力、合作能力、创新能力的培养。职教名师善于引导学生在学习中找问题，找发散点，学会解决问题，从而引领教育教学创新，构建新的教育途径和方法，培养出的是富有创造活力的社会主力军。

一片丹心向阳开

师德在左，责任在右。曾获得××省中职最美教师、××省中小学教坛新秀的杨老师在教书育人的路上始终坚持精心播种，春风化雨，丹心育苗，静待花开，将学子的成长之旅点缀得花香弥漫。她甘愿做学子成功路上的坚强堡垒，筑梦路上的最美太阳，灵魂的守护者，学业的引领者。她始终坚信"没有爱的教育不能称之为教育"。所以杨老师一直用她温暖的心去关爱每个学生，用宽容的心去对待学生的每一个小过失，用欣赏的目光去关注学生的每一个闪光点。所以带班四届，她收获了更多的"柳暗花明又一村"。"心中有爱，肩上有责"是杨老师带班的一贯准则，也深深影响着她爱的学子们。

第一届，幼师专业。虽然经验不足，但她满腔热情，极尽用心，像孕育生命一样呵护她们成长。2007年7月，已临近预产期的杨老师为给学生的毕业画上圆满的句号，坚持参加了学生们的毕业典礼，直到羊水破裂，才由同事们直接送到医院分娩。直至如今，亦是全校广为流传的佳话。

第二届，机械班，53人清一色的"和尚班"。吸烟赌博、打架斗殴、早恋逃学时有发生。在常人眼里只会一度着急上火，除了规劝、惩罚和处分无计可施，发怒会成为常态。可杨老师劝诫自己：发怒是用别人的错误来惩罚自己，要相信只有爱才可以改变一切。

高三市二模后，班上有两学生出现了厌学现象，甚至抽烟喝酒、偷爬围墙溜出上网，还提出了退出高考的要求。怎么办？杨老师并没有急着为他们的"不良行为"定性，而是展开了调查，通过观察、谈话、家访，三天便找出了他们的"苦衷"。家庭的变故、亲人的离世是这些孩子生命中不能承受之重，因为害怕，所以逃避。最终，在杨老师的帮助下，两人稳定下来继续备战高考，可带给杨老师的思索很沉重：爱与责任！

第三届、第四届，都是幼师专业。之前男生是明着犯错，女生们却是"暗流涌动"。有天上午几个学生前后来请假要回家，被杨老师婉拒。中午班长来报其中一学生身体不舒服，又呕吐，杨老师立马到寝室，并联系家长。事后才知道这学生居然施行"苦肉计"，故意吃错药引发副作用。自己的善心和信任被利用，任何人都可能怒火中烧，可她居然冷静下来思考学生荒唐行为背后的动机。通过调查才知道当天是该生的生日，为了回家不惜当"小白鼠"。对此事，杨老师没有责怪学生，还带着鲜花去家访，叮嘱乱吃药这种行为是要制止的。从此，杨老师的通讯录备忘单里就多了一项内容，在孩子的生日当天为她（他）准备一份亲笔祝福贺卡。谁能抵挡那种被在乎、被祝福的美好呢？

没有爱就没有教育，没有高尚的师德就无法成为一名优秀的教师。从"最美学生"到"最美教师"，她们都是秉执这份"爱与责任"。这里的"爱"是从情感上接纳犯错误的学生，这里的"责任"是对学生进行宽容而不失严格的教育。杨老师便是将"心中有爱，肩上有责"视为人生信条、育人准则，致力做学子、同仁的良师益友。学高为师，德高为范！"立师德，铸师魂，练师功，树师表"是这个时代的召唤。

———————————————————◆◆◆◆◆◆——

总之，要把以人为本的职业教育观落实到具体教学工作中。从宏观上来说，职业教育必须始终服务于国家产业转型升级和经济高质量发展的总方向；从微观上来看，职业教育对象是既具体又抽象的个体，必须把培养德才兼备的"劳动者"作为目标，发挥每位学生的学习积极性和主观能动性，激发内心力量，突破人生冰河。面对学业基础薄弱、成绩参差不齐的学生状况，名师的伟大之处在于比普通教师更能及时发现学生的各种潜能，并帮助学生开发自身的潜能，引导他们懂得学做人重于学做事的道理。通过质量标准的多样化设计，满足社会需求和学习者需求的多样性。在教学过程和学生学习选择上下工夫，使教学过程更具弹性和学习过程更具自主性，从而促使"人人都可以成才"的观念得到落实。在以人为本的思想指导下考察和对待职业教育的价值，能够使职业学校教师更深入地认识职业教育、理解职业教育和更客观地评价职业教育，更有效地服务于职业教育，办好人民满意的职业教育。

1.3.2 专 业 性

教师职业的专业性由学科专业与教育专业双专业性构成，而职业学校教师还应具备企业生产、管理方面的相关实践经验，并伴随着职业学校教师的整个职业生涯。职业教育是培养面向生产、建设、管理、服务一线的技术型人才的教育，因而职业能力的培养是职业教育的基本任务。在立德树人的基础上，落实德技并修、工学结合的育人机制，要求教师要有很好的专业理论和专业技能，这便是职教名师的专业性要素。职教名师要将专业性作为自己职业发展的步梯，职教名师不仅要有很好的专业理论和技能，还要对职业教育有着极为深刻的认知和把握，而且必须要有公开讲学能力和教学能力，职教名师的专业性强调名师在职业教育上的专业性和技术性，专业性体现在名师的专业精神和专业知识上，而技术性则体现在名师的专业能力上。

1.3.2.1 教师的专业精神

教师的专业精神是教师在信念、道德、修养等方面表现出来的风范与活力，是基于对所从事专业的价值、意义深刻理解的基础上，形成的奋斗不息、追求不止的精神。

职教名师往往有坚定的理想信念，心有大我和大爱，有至诚报国的爱国情怀，有淡泊名利、甘于奉献的高尚情操。职教名师要在教学中自觉地将思政元素融入课程，融入专业技能教学，要自觉地以新观点、新知识和新视野去构建新的教育途径和方法，引领教育教学改革，用教育去激扬生命，善于培养和引导学生树立正确的道德观、价值观和世界观，培养全面和谐发展的人。职教名师要从教育的视角和民族的高度，审视教育的灵魂与发展的方向，以长远的眼光思考、践行和建构新的课程体系。

1.3.2.2 教师的专业知识

职教名师需要有完善的知识结构和专业素养，这种知识结构不再是"学科知识＋教与学知识"的传统模式，而是一个由若干层次组成的知识网络系统。第一层，条件性知识；第二层，实践知识；第三层，文化知识。这三个层面的知识，并不是孤立的，而是相互支持、相互渗透、有机整合的，呈现出多元复合的特点。整个知识网络系统的知识结构也不是静态的，而是不断发展和完善的。教师的专业知识和专业能力除了在理论和书本方面得到提升，也要通过挂职锻炼的方式得到锻炼。教师需带着教学中的课题，进入企业，与企业中有丰富经验的专业人员（管理人员和技术人员）沟通与合作，在合作中学习实践经验，也可以带着问题向他们请教，寻求帮助，从而丰富和优化知识结构，提升专业素养。

职教名师要潜心学习，教学领先。伴随着知识、技术更新速度的加快，产业行业结构的不断调整，职业院校专业设置需要不断调整，人才培养方案、课程标准需要不断修正，为此，职教名师要做终身学习的楷模，不断更新自身的知识结构，始终占据最前沿知识，要谨记习总书记"牢固树立终身学习理念，加强学习，拓宽视野"[1] 的要求，通过脱产进修、系统自学、选修网络课程等途径，加强教育理论知识、本体性知识、教育实践知识等相关知识的学习，确保传给学生的是活水，也是长流水。

职教名师要经常作教学反思，反思对于教学工作的帮助巨大。叶澜教授曾特别指出，一个教师写一辈子教案不一定能成为名师，但如果坚持写三年教学反思，就有可能成为名师。时常反思教学的教师必然对自己的失误与错误有深刻理解，在此基础上，教师研究教学方法、反思的方式可以是撰写反思日记、开展教育叙事、举行集体研讨、探索行动研究等。对自己的不足加以改进，每反思一次，每直面自己一次，就会提升一个台阶。明确改进的方

---

① 姜萍萍，秦华．习近平向全国广大教师致慰问信［N］．人民日报，2013－09－10（01）．

向、厘清改进的思路，同样需要职教名师能广泛吸纳不同风格、不同流派名师的先进思想与理念，接受来自大学教授的理论指导、生产一线的技能培训、职教名家的大师点化，通过"博采众师之长"超越前贤，从而成就自己的独特教学理念和思想。因此，为了让自己成为教学理念先进、课堂教学设计出彩、课堂实效突出的职教名师，就需要在实践中不断反思。

1.3.2.3 教师的专业能力

职业教育教师的专业能力的评价，一方面看教师所取得的职业资格证书情况，职业资格证书是教师从事职业教育所必备的学识和技能的证明，这是基本要求；另一方面看"双师"教学的能力。

"双师"型职校教师指的是同时具备理论教学和实践教学能力的教师。2019 年，《国务院关于印发国家职业教育改革实施方案的通知》中指出，我国职业院校有 132 万专职教师，其中"双师型"45 万人，占比不到 40%。由此可见，国家经济技术的发展需要高素质"双师型"教师，时代呼唤"双师型"教师。作为职教名师，就要响应国家和社会需求，具备"双师"能力，勇立潮头。

职教名师需重视并参与"双师型"教师队伍的建设，吸引行业企业一线技术骨干积极参与教学，充实教师队伍构成，提升双师素质。同时，要对专业教师及时给予教学指导，安排专业教师下企业锻炼、参与企业实际项目或定期参与专业新技能培训，使专业教师队伍能不断适应行业企业对职业学校教师的岗位技能要求。

◆◆◆◆◆

不能拥有"三板斧" 只有牢牢抓住"三根筋"

黄老师的为师之"道"是"任性学习""佛性比赛""花样教学"，这是她牢牢抓住的"三根筋"。她积极宣扬正能量，努力对接学校与社区，为学生在"三业"间牵线搭桥，为中职学生参与服务海岛建设而努力。

任性学习，为合格也为优秀。某省 A 市的一个海岛县，在五岛连桥通车以前，岛与岛之间、与 A 市之间唯一的交通工具便是轮渡，由于交通不便和经济落后，岛上渔民对子女接受教育改变命运的心愿十分恳切。当岛上唯一的中职学校因需要旅游专业教师而对只有大专学历的黄教师抛出橄榄枝时，学历不够、不懂教学、没有教师资格证的她对自己说：不努力怎么行？当时的她暗下决心：一定不能辜负校长的信任，一定要站稳这"三尺讲台"，先求合格，再创优秀。十几年来，她就像一只任性的八爪鱼，什么都学；她是同事口中"豪横的富婆"，想学什么就去报什么，从来不问能不能报销，"自费也光荣"！从本科学士到MTA旅游管理硕士研究生，学历提升不遗余力；从餐厅服务员、公关员到茶艺师、调酒师、急救师技能证书，证证在手；日常"读无用书，做有用人"。无论是驱赶迷茫，还是对抗平庸，学习都是最简单也是最实用的方法，她永远保持"背双肩包"的姿态，学习在路上！

佛性比赛，为自己也为学生。2006年，黄老师接到教英语的任务。为了教好学生，她自费去上海集训了一个月中级口译。三年里，她的每一节课都比别人花更多的时间备课，每个新单词、词组、固定搭配、考点都在课本上做了不同颜色注释和举例。三年后，她用一篇A市教科研评比一等奖的英语教学论文为自己的英语教学画上了一个圆满的句号。2009年，学校决定重新招收旅游专业学生，而她，也再次成了全校唯一的旅游专业教师，所有的旅游专业课，她"全包"了！就这样，她开始了跌跌撞撞的专业教学之路。"唯一""全能"带给她的除了充实忙碌，还有沉甸甸的责任。为真正成为学生职业生涯里的导航者、专业学习上的好师傅、区域发展中的服务者，她开始了最原始的"产教融合"，积极挖掘海岛本土资源，将专业理论与民俗文化相结合，进行海岛旅游专业课程本土化建设和专业课程的优化整合；针对学生职业体验弱、行业了解少、本土文化缺乏等现状，积极对接区旅委专家、区资深导游、优秀学长等，将"行家里手"请进课堂，面对面与学生畅谈海岛旅游规划、导游业务、海岛民俗及旅游行业从业心得；针对海岛渔家乐行业特点、现状及中职旅游专业学生学情，编写渔家乐经营服务相关校本教材。

花样教学，为强基也为提升。"术为基"，在客房服务、餐厅服务等技能课教学中设定的目标是"毫厘不失终得术"，而在模拟导游、旅游文化等课程教学中设定的目标则是"运筹斗室始闻道"。在教学中，她倾向于运用"四轮任务进阶教学"（如景点推荐、景点讲解、特殊团队导游、线路策划推介）来帮助学生走出旅游专业学习的误区，提升学习适岗性的同时，更注重培养学生可持续性发展能力。每月利用各种"综艺元素进课堂"的活动提升旅游专业学生综合素养，如"请到我的家乡来"、"城市规划我也谈"、旅游方案推介会、我是"私人订制师"、"奇葩说"进课堂、"获取旅途中的美"等主题活动，她让每次活动都成为学生展示的舞台，并为他们在朋友圈呐喊助力，因此，她也成了学生眼中"又爱搞事情又爱炫耀"的老师。职业教育不应是封闭的象牙塔而应助力区域经济，专业教师更应是区域经济发展的服务者，应注重鼓励学生发挥专业优势，为海岛教育事业、旅游事业的发展添力，为此，黄老师为区域旅游产业发展建言献策、为海岛导游培训贡献智慧力量。旅行社、渔家乐、民宿从业者也都开始成了她在学校外的"学生"，红色讲解员培训、"餐饮服务礼仪"讲座、做电视访谈串场主持……"以前，讲台在哪里我就在哪里；现在，我在哪里讲台就在哪里！"

黄老师用自己的经历证明：没有一份努力会是无用功！在专业上的全力以赴和持续精进，馈赠她的是纷至沓来的荣誉：基本功竞赛市级一等奖、课件评比市级一等奖、教学论文市级一等奖、规划课题省级三等奖、校本教材评比省级二等奖……她扎根在海岛，反哺给海岛，成为区名教师、区教坛中坚、市优秀教师。

1.3.3 师范性

师范性是反映教师的思想、道德、行为、素养和技能等方面的因素。它体现的是一个教师的教育专业化程度，主要问题是"怎么教"，职教名师的师范性体现在名师对学生和其他青年教师的专业引领和示范辐射作用，以及师范教学的能力。

1.3.3.1　专业引领和示范辐射作用

师范性是职教名师的重要要素。师则为范，名师者为"名范"。名师为学校学生的范，学生对待职教名师，怀揣更为崇敬的心情。因此，名师要保持良好作风，以身作则。对于素质高教学强的老师，学生们都会看在眼里，记在心里，在不知不觉中效仿，向名师靠拢。当然，名师的师范性也体现在对于同行中年轻教师的影响上。通过职教名师的引领、示范和辐射作用，以点带面，推动职教师资的成长与壮大，推进职业教育高质量发展。职教名师的师范性还体现在教师团队文化的建设上，名师要以身作则倡导和培养精诚团结协作的精神，以良好的师德教风关爱青年教师的成长，促进教师职业素质的养成，形成良好的"传、帮、带"团队文化。一枝独秀不是春，百花齐放春满园，职教名师成长不应只着眼于名师自己个人的成长，更重要的是要带动一批教师的成长。职教名师在提升自我的同时，还需要通过职教名师课堂教学示范、职教名师专题讲座、职教名师教学点评、名师面对面、名师带你学、名师送教、课堂教学反思等主题研究活动，通过名师工作室的平台，凝聚一批优秀教师，唤醒他们的集体发展自觉，实现教师教学、教研、研训的一体化成长，并引领其他教师成长。此外，职教名师要努力促成教育与技术的深度融合，开发活页式、立体化的优质数字化课程资源，进一步拓宽职教名师资源获取途径，实现职教名师资源共享。发挥职教名师的引领、辐射作用，通过吸收一些、发展一些、壮大一些、带动一些、影响一些的方式，带动教师共同发展，体现职教名师的价值，成为真正的教师群体发展的"辐射源"和"助推器"，使得职教名师理念和职教名师经验得到传承与发扬。

1.3.3.2　师范教学能力

职教名师的师范能力体现在教学能力强，具备理实一体（实训）教学的能力，职业教学的说课、讲课能力，信息技术与课程整合的能力，教学系统设计、开发、利用与评价的能力。职教名师先进的教育理念与实践经验，通过职教名师工作室研究活动持续开展；并通过公开课和教学技能比赛、职业竞赛的方式让自己得到进步和提升，以赛促教。职教名师能积极研究职业教育教学的特点与规律，将以职业能力为本位、以工作过程为导向的职业教育教学理念融入专业发展规划和课程改革设计中。针对职业学校学生的个体特点，能因材施教，让每个不同背景的学生都学到知识和技能，提高教学的针对性和实效性；将新技术、新工艺、新规范及时纳入教学，把企业的典型案例及时引入教学，把职业资格证书、职业技能等级证书内容及时融入教学，结合自身实际，充实改造提升相应的课程和专业，将项目教学、理实一体教学、案例教学、模拟教学、情景教学、"头脑风暴"教学法、工作过程导向教学等灵活运用于教学中，充分激发学生的学习兴趣，促进学生思维能力的提升，提高学生自主学习的能力，开发学习潜能。职教名师要善于运用网络资源和现代教育技术，建立理、虚、实一体化的教学环境，将教学活动置于真实的模拟环境中。

学生要走的路，教师自己先去走走

一路追求，一路奉献，她用自己的言行诠释：学习着、探索着、付出着、奉献着，快乐着！文化和旅游部金牌导游、某省"百千万"高技能领军人才、T市教育局大师（名师）工作室领衔人杨老师说，"学生要走的路，我先去走走看。"

她是考霸，也是学生前行的引路人。杨老师爱考学生，更爱考验自己。打铁还需自身硬，教师只有自身考过证、比过赛，才有"干货"教给学生，正如她所说："学生要考的证，我先去考考看，学生要走的路，我先去走走看。"自2003年考取了普通话导游证后，杨老师就给自己定下一个小目标：要把导游方面的证考齐了！目标一定，杨老师便踏上漫漫考证之旅。2004年考取英语导游证，成了当地唯一的英语导游员。2005年考取餐厅服务员高级证，2011年成为中级导游，2013年获得海外领队证，2014年晋升高级导游，2015年取得旅行社经理证，2019年又将高级茶艺师证书收入囊中，一次次考试，一本本证书，见证了杨老师的一步步成长。除了考证，杨老师一直在追求更广阔的平台，那就是参加教师职业能力大赛、导游大赛，斩获一个又一个省级以上大奖。考证路上坚持不懈、专业大赛上披荆斩棘，杨老师的努力与成就赢得学生们的由衷敬佩，他们封杨老师为"考霸"，也在潜移默化中追随她的脚步,很多学生考取了英语导游证或者获得 A 市优秀领队、第一批赴台湾旅游领队的资格;还有些学生获得优秀市级电台主播、T 市金牌导游等称号。

她是导师,更是学生成长的护航者。杨老师努力挖掘出学生的最大潜能,打磨出学生最光亮的一面,让他们在台上为自己而自豪。专业教师不仅是教授专业知识的老师,更是"专业导师",因此每每见新生的第一节课,杨老师总会带上厚厚一叠证书,与同学分享自己考试、参赛的经历,给学生上一堂旅游专业的职业规划课,希望每个学生都能拥有清晰的规划与满满的正能量,去实现自己的职业理想。杨老师主动挑起重任,辅导学生参加导游大赛,她把能挤的时间都挤出来,加班熬夜是常事,数不清多少个夜晚,杨老师陪着学生在空旷的教室反复训练。每当看到学生笑意满满地站上领奖台时,杨老师总会泪流满面,她相信这些付出是值得的。她说,当学生自信地在台上比拼的时候,那就是花开的样子。令杨老师最印象深刻的是 2012 年 4 月辅导学生参加全国职业院校导游大赛。由于得知比赛消息时已是报名的最后一天,要想通过短时间的准备取得佳绩,只能向夜晚要时间、向周末要时间、向节假日要时间,于是,她和学生们又开启了一场和时间的赛跑。最终,声带出血、带病坚持的两位学生获得了国赛三等奖。

1.3.4 职业性

职业性是教师职业区别于其他职业的特色标志,包括职业道德、学科相关课程和基本技能、技巧与组织管理能力等。而职业学校教师既具有与普通中学教师一样的职业性,也有其特殊的职业性,包括对职业活动的了解,对职业活动所涉及知识和技能的掌握等。职业教育教学活动的重要特征在于职业活动的完整性而不是学科知识体系的完整性。职业学校教师不仅要具备讲授职业技术相关科学理论知识的能力,更要具备指导学生开展职业技术实践的能力,还应充分了解产业文化和企业文化,了解产品所含技术要素、生产流程、工艺要求，岗位职责和专业人才需求等。职业教育与普通教育是两种不同教育类型，职业教育注重于定向性、直接性和实践性，这些特点的核心意义在于教育中要充分体现职业性，这个职业性不仅应该包含精湛的职业技能，更应该能体现职业素养。职业教育的目的在本质上是区别于基础教育和高等教育的，职业教育是培养工匠的职业，是强调产教融合、面向职业岗位的教育，职教名师在教学中要做到知行合一、工学结合，培养新型的技能型人才。

1.3.4.1　做好职业规划

理想是人生远航的灯塔。职教名师要克服路径依赖与职业倦怠，要主动投身于两个百年奋斗目标的大背景下，研究职教名师该承担的历史使命与责任担当；主动调查研究不同地区职教名师和职教先贤们的成长轨迹与成才路径，并根据职业教育改革与发展需要，学校发展需求以及个人特色优势，合理规划生涯发展目标，并据此细化实现这个宏伟目标的途径与方略；并以自己强烈的进取精神感染学生，教化学生，引导他们学会职业决策、职业经营与职业调适，做学生职业生涯发展路上的幸福引路人。在满足学生职业发展和职业需求的基础上，职教名师应给予学生关于今后职业的指导性意见，其对于职业意见的发表要具有一定的职业领域视野。

1.3.4.2　培育工匠精神

工匠精神是职业学校教师的必备素养，职教名师更需要注重对自身工匠精神的培育，力求精雕细琢、精益求精，使自己匠心独具，将工匠精神化内化为从优秀迈向卓越的强大动力。职教名师不论何时都要能对教师职业保持旺盛的热情，树立正确的观念和态度。只有"知之深"，方能"爱之切"，作为职教名师就应具备攻坚克难、精益求精的工作态度，对待教育事业不能马虎。教师对待职业的态度直接影响学生的学习效果。作为职教名师就应具备执着专注、勇于担当的工作情怀，真正做到"做一行，爱一行"，不将产教融合和工学结合当作口头教条和任务，而应真正把教育做到实处，为学生今后的职业发展做铺垫和规划，为学生的未来发展积蓄力量。

1.3.4.3　关注职业热点

职教名师要广泛涉猎经典名著，通过宏观产业政策学习、参观考察行业企业等方式，明晰职业教育对满足学生个性化和多元化发展的需要，以及促进农村劳动力转移和人力资源开发的价值和意义，明确职业教育作为一种面向就业的教育类型应有的地位与特色，珍惜职业教育高质量发展背景下的机遇，积极作为，增强对职业教育工作的把握，与时俱进，贴近行业，紧抓动态，跟踪把握职业岗位任职要求的更新及变化，调整教学内容，形成职业技术专业的全局性视野。思想先进，工作主动，勤于学习，抓热点问题剖析，对当下的"1＋X"证书制度试点、"双师型"教师培养、"三教"改革、"三名工程"建设等热点问题有自己的思考。

教职融合 跨界赋能

　　教师专业提升的最佳途径是"内升型"的，其强调教师内在职业精神的生长，尤其需要通过获取相应职业资格建构起积极的专业自信。当我们不断探寻教师职业内涵、追寻教师职业价值时，更加需要专业教师在跨界融合的创造性实践中，拿出足够的教与学的勇气。A省"5522"工程名师培养对象王老师在回忆自身的职业发展时，用了三个关键词："考证、实战、跨界"。

　　考证，开启导游职业之旅。1994年，对王老师来说，是教学生涯的转折年。她从A市来到B市，从中职历史教师转行旅游专业教师。凭借二十几年的探索和努力，初级导游证、中级导游证、高级导游证、餐厅技师、餐厅高级技师、出境领队证、国家公关员资格、调酒初级证……一张又一张专业证书见证了她的转行之路。记得2000年的那个夏天，为了鼓励同学们积极报考全国导游资格考试，她毅然决定和大家一起参考，将一周岁孩子送回了老家，她的这一举动极大地激发了同学们的斗志，在她的带领下，那一年全班参加考试的同学80%顺利通过，而她更是以优异的成绩一次性通过了全国导游资格考试，取得了初级导游证。她坚信"一个教师能走多远，她的学生就能走多远"。四年后，她有了中级导游证，2010年她再次辛苦备战，考取了国家旅游局中断十二年之久的高级导游资格。在一次又一次的自我挑战中，让她在导游老师这条路上越走越自信，同时也使她在专业教学上更加游刃有余。

实战，提升导游专业技能。2003 年的 B 市导游大赛让王老师至今有点"后怕"。这次比赛，B 市各大旅行社、景区都十分重视，把它作为宣传自我形象的一次良机，纷纷派出了最优秀的导游（讲解员）参赛，而她是唯一来自学校的教师选手。大赛有笔试、抽签答题、才艺比拼，还要进行随机选取的现场景点讲解。虽然，她最终凭借理论考试的微弱优势获得了一等奖，但她并没有骄傲，而是深刻意识到作为一名导游教师，必须要走出学校课堂，投身岗位实践。从那以后，她经常利用节假日真正参与一线导游，及时总结反思，并改进课堂教学。海德格尔说过"存在是一种显现，一种绽放"，作为职业学校的专业教师，不仅需要在学校课堂进行教育实践，更需要在企业岗位实践中显现自身作为专业教师的存在和行业价值。

跨界，融合职业与专业优势。2010 年，对于王老师来说，注定是不平凡的一年。那年暑假她接待了一个特殊的团队——来自韩国的 24 名世界合唱节参赛团员。第一次带外宾团服务过程险象环生，接站人数有误、排练走错场地、讲解诗词困难……只能以哑巴英语勉强应对。这次经历促使她再次加入考证一族，奋战数月强化英语，终于考取了出境领队资格。导游工作很辛苦，王老师清晰记得很多次出团的早晨，街灯闪亮周围寂静，唯有手中拉杆箱与地面的摩擦声；导游工作很惊险，荒无人烟的夜晚，高海拔的祁连山上，车轮与地面磨出的阵阵火光，车厢里弥散刺鼻焦味；导游工作很委屈，等候的车辆意外抛锚，在寒夜的路灯下她替出团社挨着游客的骂，却还得安慰游客，联系解决车辆。导游工作让她学会了宽容与谦卑，改变了她的处事方式，改变了她的学习方式，更改变了她的工作方式。她的模拟导游课堂，也在无数次与真实职业场景的亲密接触中悄悄发生着转变。渐渐地，她与导游行业走得越来越近，并在一次次地历练中慢慢构建起一个具有专业尊严的导游教师形象。教师的形象不是外在的规定，它是我们"干"出来的。

1.3.5 学术性

学术性是指在前人研究的基础上，集中探讨教育教学中的某个问题，将研究向前推进一步，提出新的概念，开展新的教育实验，揭示某现象的成因，或两个因素之间的关系，或某教育发展变化的规律；具有理论性、历史性、抽象性、规律性、范式性、创新性和方法论等特点。职业教育的职教名师，如果仅仅在自己所学专业和教学中深入自我探讨，是远远不够的，搞不搞学术是"教书先生"和"专家型教师"的分水岭。没有做学术的能力，就不是真正意义上的职教名师，职教名师要有高素质的学术性，职教名师的学术能力就是科教研的能力。

1.3.5.1 教科研能力

对于职业院校教师来说，在"做中教，做中学，做中研"是最佳做学术的方法，在真学实练中，实现教科研一体。职教名师有较强的研究意识，对职业院校的教师来说，研究就是直面实践问题，动手实践，追寻"答案"，探求规律。职教名师应以研究的态度、研究的方法、研究的眼光对待日常教育教学实践中的诸多问题，实现研究能力、研究精神以及人格品质的同步提升，开展教育研究，走向科研前台，养成独立科研能力，从而形成自己的独特建树。

对职业院校教师来说，其学术能力就是其教科研（即教育科研）的能力，也就是要求职教名师的教学理念先进，学科理论基础扎实，与企业合作密切，创新能力突出，主动分析、研究教育现象，挖掘新问题，由表及里，将个人思考推广开来，在实践中检验、修正、提升。做好教科研的意义非凡，有助于提升教师的专业地位；有助于教师积累职业知识和能力，实现专业成长；研究性教学能更好地处理教学中的问题，提升教学效率；深入做研究，取得较好的科研成果能得到教师评价机制认可，得到同行的关注和敬重；通过产教融合、工艺改善、专利转让、横向科研项目、产品开发的方式，为行业与企业解决技术难题，争取在（省部级）国家教学成果奖、全国教材建设奖、全国职业院校技能大赛方面取得卓有成效的成绩。

对于教育科学研究，不同对象理解不同。政府部门的研究着眼于政策实施；研究机构的学者注重理论创新；而职业学校教师强调改善实践的研究，在直面实践问题中追寻"答案"，在探求规律中走向科研前台，培养独立科研能力。职业学校教师研究的定位，要有鲜明的针对性和应用性，应是直面职业学校改革实践和学校的内涵发展、学生的实际和发展要求、教师自身的发展需要，在反思性教学管理实践中研究和探求规律，要直接为职业教育行政管理部门和学校办学提供参考，改善并提升实践。

1.3.5.2 提升学术性的三种能力

科研学术能力已成为衡量名师的重要评价指标，要充分发挥教科研工作在教师本职工作中的作用，促进人才培养质量的提高；应围绕专业建设、课程改革、实践教学、终身学习等方面开展教学研究。要提高教学科研项目选题申报与研究设计能力，完善研究方法，提升写作水平，推进教育教学学术研究，服务教学改革实践，提升教学改革成效。在学术性上，职教名师应做好以下三方面：

1. 教学资源开发

教学资源开发是职教名师的一大重要任务，开发过程中必须通过校企合作途径，在企业师傅的指导下进行教学环境的建设，特别是实训环境的改善及建设，包括对实训仪器设备等硬件升级改造和软件的升级和二次开发等，使学校的设备与企业设备保持技术同步。同时，要努力促成企业的先进设备搬进学校课堂，将企业车间搬到学校，让学生能在真实的工作环境下，实现工学结合。职教名师要针对学校实训条件的实际情况，组织教师有针对性进行工作项目开发和校本教材编写，以适应教学与实训的实际需要。职教名师还要积极开展教学标准的制定、课程体系的模块化一体化开发，并对教学内容、教学案例、教学课件、实训项目、教学指导、试题题库、学习评价等教学资源进行数字化建设。

2. 职业教育课程教学改革

近几年来，为了提高职业教育培养人才的质量，建立职业教育特有的类型体系，名师要积极参加高职教学改革，努力发展专业建设，将"工学结合""教学做一体化"及"以工作过程为导向"等先进的教学理念充分融入专业建设、课程建设之中，名师经过多年的探索与实践，积极参加各种教育科研活动，能够将科研工作与教学工作相结合，用先进的理论和方法指导教学实践，不断探索教育教学改革的新办法，转变教学观念，努力实践素质教育，大胆创新，为职业教育教学改革贡献力量，努力发展专业建设，做好新时代的研究型教师。

3. 课题与项目开发

职教名师必须争取承担一些具有鲜明针对性和应用性的课题和项目研究，这些课题与项目可以来自校本教学教育实践，如办学模式、培养目标、课程改革、学生发展、教师发展、专业建设、课程（教材）开发、课堂教学方法、教学与实训环境、评价机制、校企合作、产教深度融合、教育管理、教育保障、招生就业等；也可以来自改革与发展中的政策、实践与探索，如《国家职业教育改革实施方案》《中国教育现代化 2035》"三名工程"建设工作中的实际问题等。职教名师不求课题和项目有多少，但如果有课题和项目获批了，便认认真真地将其完成，保持一颗科研进取的心带领青年教师和学生超前超额完成任务，不止于前。职教名师带着科研团队承担课题和项目，要与企业结合，勇于实践，并不断开拓创新，将科研成果应用于实际场景中，并不断反思完善，学有所用，这是进行科研工作最大的成就。在课题与项目开发中，科研论文的选题具有新颖性和价值性，从问题出发，聚焦职业教育宏观问题，在深入探讨下提出名师独到的见解，为推动工作和解决实际问题提供思路，直接推动职业教育事业规范化、制度化，将研究成果转化为政策创新。

1.3.5.3 避免学术科研能力误区

为了促进教师教科研的能力的提升，鼓励多出成果、出好成果，提高整体教育研究实力、学术地位和知名度，更好地为学校改革发展与经济建设服务，许多职业学校都制定了教科研工作量化考评办法和奖励措施。但教师在积极开展教科研工作时还存在一些问题。比如：有些教师过于满足于现成经验，缺乏理论提高；或是过分追求理论成果，而忽略实践性应用性；或是做课题与研究脱离教学实践，脱离原有积累，脱离自己所熟悉的领域，做空洞的主观研究，没有数据支撑，缺乏研究效果的评价，缺少应用；有些教师盲目跟风，紧跟研究"热点""重点"，紧跟时代潮流固然好，但必须要有研究基础；有的教师在研究中缺少方法，研究过程与方法不规范，无依据和无事实地胡乱拼凑资料，材料"无序"堆积，缺少结构，缺乏问题的逻辑起点与主线。

为避免这些误区职业学校教师的研究要立足校本，基于实践，基于问题，讲效果；要改进教学实践，解决学校自身问题，形成可持续发展机制；要紧贴学校生活和教育过程，从学校实际出发，以学校的文化环境和资源为基础，其核心是以教育教学为中心，以促进学生发展和教师发展为目标。最后切忌简单模仿，要在国内外研究现状的基础上有创新，要区别于他人的研究或者实践。

在技能辅导中夯实课程开发之路

　　教坛新秀、A市名师、A市计算机学科带头人周老师，连续五年获得省优秀指导教师荣誉称号，连续多年参加B省微课名师专题类微课程和省网络同步课程的开发等，主编了4本中等职业学校"十三五"规划创新系列教材，在技能辅导中夯实了课程开发之路。他根据自身对课程开发、微资源建设的积累，进行了系列课题研究，主持省级以上课题7项，走出了一条有效的教育科研之路。

　　进入职校后，周老师承担了计算机专业课教学及生活指导工作，他全身心投入教学钻研与班主任管理工作中，同时负责学校的信息类竞赛辅导工作。他发现，很多知识对他来说是全新的课题，为了让自己的教学更充实，在白天繁重工作后，他坚持晚上学习到凌晨。他还利用晚上时间，在家将自己学习的新内容录制成微视频，第二天再让学生学习，与学生一起学习，共同探讨。他秉承"以技能培养促德育成长"的教育理念，认为改变传统教学模式，就要突出学生技能培养。他强调以学生技能上的成功来重新树立学生的自信，从而打破了中职生因学不好而"破罐子破摔"的怪圈，引导他们各方面都向好的方向发展。另外，他还每年策划一系列的校级技能大赛，比如，校园"微思"杯平面创意大赛、"键中跃起，键速论英雄"速录比赛等。同时，他根据中职生的特点，通过反思竞赛辅导，更新学校专业课程的设置与教学，跟进相关职业证书的考取，成为"赛课合一，赛证合一"的创建者。

　　周老师善于反思，勤于业务，一直把工作当成事业而不是任务，将自身对专业的热爱，融入教学业务中，在保证教学工作的同时不断在业务上进行拓展，致力于课程的微资源建设、项目化和任务化开发。他将自己平时教学与兴趣小组辅导过程中积累下来的案例，经过二次开发，编写成教材案例。为了力求编写的教材及开发的课程能让中职生容易上手、没有操作性错误及理解歧义，他利用业余时间和所带班级的学生，将编写的每个章节分批次让不同层次的学生去学习，去操作实践，从学生的角度去验证本章节内容是否正确，文字表述上对于中职学生来说是否浅显易懂，专业知识上难易度是否把控得当。通过不同层次学生的测试与验证，再进行整理完善定稿。同时，为了保证书稿中相关数字资源的质量，他除了自身进行不断测试外，还让不同层次的学生进行数字资源的练习，记载下练习过程中产生的问题及困惑，然后再一一修正，以保证数字资源的正确性。

　　职教名师的要素是一杆秤，职业学校教师想成为名师，这些要素或可为其指示方向而帮助其成长，然而要素是死的，如果教师特别优秀，或在能力上尤其突出，学历和职称就不能成为其发展的限制条件。为营造"崇尚一技之长、不唯学历凭能力"的社会环境，教育部等四部门印发了《深化新时代职业教育"双师型"队伍建设改革实施方案》（简称"职教师资12条"），该方案指出，要改革职业院校专业教师晋升和评价机制，破除"五唯"导向，将企业生产项目实践经历、业绩成果等纳入评价标准。教师要有真才实学，有真材实料，才能突破自身，在职业教育中大放异彩，成为职业教育的名师。

第 2 章

职业学校名师成长的阶段论

教师因德才学识的不同，可以分为不同的层次，从而产生不同的境界，这实际上是有迹可循的，是教师专业化发展的不同结果。"双师型"是对中等职业学校教师的基本要求，在教学理念、教育对象、教学环境、教学能力、教学方法、教学手段，专业成长途径方面与普通中学教师有较大的差别。职业学校是以就业为导向的教学，一切教学是为就业做准备；在教学方法和手段上需要理论实践一体化，不仅要传授理论知识，更要传授实践技能，强化实训教学能力；这些使得教师的教育劳动强度增大，老师付出得更多，因而职业学校的教学更具有挑战性。而教学对象，相比普通高中学生，职教学生文化基础相对欠缺，明显缺乏明确的学习目标，学习内在动力没有得到有效激发，因此，如何增强教学效率、效果和提升教学互动性，需要教师进行精心设计，更重要的是在技能学习的同时，需要培养学生的职业素养。显然中职教师需要更多教育热情，付出更多的努力与汗水。因而，职业学校名师的成长会表现出鲜明的特质。

2.1 职业学校教师专业化发展

"教师专业化"是当今世界对教师职业成长关注的焦点，各国教育管理部门都认识到教师专业化对教师职业发展的重要性，把提升教师专业化水平作为教师教育改革与发展的重要内容，并把其作为教师质量管理的重要目标。《国家中长期教育改革与发展规划纲要（2010—2020）》中提出，要"努力造就一支师德高尚、业务精湛、结构合理、充满活力的高素质专业化教师队伍"。教师专业化是职业专业化的一种类型，是指教师"个人成为教学专业的成员并且在教学中具有越来越成熟的作用这样一种转变过程"。

2.1.1　我国中等职业学校教师专业发展标准

教师职业不是一般性职业，而是一种专门性职业，是需要经过专门的教师教育训练、掌握专门的知识和技能、通过培养人才为社会服务的职业，是指社会学意义的专业，即专门性职业。简单地说，教师专业标准就是教师职业标准，标准中所有"专业"均指"职业"，而非教育学意义的办学专业。2013年教育部颁布了《中等职业学校教师专业标准（试行）》（以下简称《标准》），为中等职业学校教师专业发展提供了基本依据。《标准》设置了三个维度。第一部分是专业理念与师德方面，这是对所有教师的共同要求，以德为先，立德树人是最根本的任务；第二部分是对教师专业知识的要求，这部分与普通中学教师的要求有很大的不同，更多强调为学生就业准备的专业要求；第三部分是专业能力的要求，除了教师共性能力之外，同时突出职教教师的实训实习组织与管理能力。《标准》是各级教育行政部门对中等职业学校教师队伍建设的基本依据，如制定教师准入标准，聘任（聘用）、考核、退出等管理制度；是教师培养培训的主要依据；是中职学校对教师管理的依据，如对教师职业规划、教师岗位职责和考核评价、绩效评价等；是教师自身专业发展的基本依据，如自我评价、自我研修，提高专业化水平；也是对教师教学行为的基本规范。它不仅明确了中等职业学校教师的成长方向，还明确了合格中等职业学校教师专业素质的基本要求，这是跨入职业学校教师队伍门槛的最起码要求。

2.1.1.1　专业理念和师德

"理念"就是对事物的看法与思想，师德是教师的职业道德最核心的内容。因而，理念与师德是教师对待职业、对待学生、对待教育教学和对待自身发展的总纲，是一名"教师"成为"好教师"的根本性前提。教师是提高职业教育办学水平和教学质量的关键，专业理念与师德在教师专业发展过程中具有不可替代的核心作用，它是促进职业学校教师专业发展的内在动力和引导力量，是教师专业素质的灵魂与核心。教师专业发展首要的就是德行素养的发展，"核心素养时代"的优秀教师必须是德行素养高的教师，教师的专业发展理应包含其德行素养的提升。专业理念与师德包含四个方面的内容，即教师对职业的理解与认识、对待学生的态度、教育教学态度与行为以及个人修养与行为四个方面。

1. 职业理解与认识

习近平总书记围绕"培养社会主义建设者和接班人"做出了一系列重要论述，深刻回答了"培养什么人、怎样培养人、为谁培养人"这一根本性问题，这为中国特色社会主义中等职业教育事业发展指明了方向，也为中职教师专业发展指明了方向。对于中职教师来说，贯彻党和国家教育方针政策，遵守教育法律法规是对职业理解与认识的第一步；要理解职业教育工作的意义在于培养人，把立德树人作为职业教育的根本任务；区别于普通高中，中等职业学校教师要深刻理解其专业性和独特性，注重自身专业发展；注重团队合作，积极开展协作与交流。

2. 对学生的态度与行为

《标准》要求教师关爱学生，重视学生身心健康发展，保护学生人身与生命安全；教师要尊重学生，维护学生合法权益，平等对待每一个学生，采用正确的方式方法引导和教育学生；信任学生，积极创造条件，促进学生的自主发展。教师职业是塑造灵魂的职业，爱学生是一切教育的起点。关心学生，做到胸中装着学生，心中想着学生，服务于学生，教师不仅要记在心上，说在嘴上，而且要落实在行动上。

3. 教育教学态度与行为

《标准》要求教师树立育人为本、德育为先、能力为重的理念，将学生的知识学习、技能训练与品德养成相结合，重视学生的全面发展。遵循职业教育规律、技术技能人才成长规律和学生身心发展规律，促进学生职业能力的形成。营造勇于探索、积极实践、敢于创新的氛围，培养学生的动手能力、人文素养、规范意识和创新意识。引导学生自主学习、自强自立，养成良好的学习习惯和职业习惯。这里更注重的是对学生职业能力养成的教育，为学生的进一步发展打下基础。

4. 个人修养与行为

《标准》提出了教师个人修养和行为方面的诸多要求，如必须富有爱心、责任心，要具有让每一个学生都能成为有用之才的坚定信念；坚持实践导向，身体力行，做中教，做中学；善于自我调节，保持平和心态，乐观向上、细心耐心，有亲和力；同时，要注重外在形象，保持衣着整洁得体，语言规范健康，举止文明礼貌。这些要求更多反映出教师作为平凡的人，首先应具有的心性、品质和行为规范，其次才将教师作为"教育者"特有的心性、品质和行为要求融入进来。中职教师的个人修养是属于个体品德的范畴，是社会道德要求转化为个体品质的产物，需通过持续不断地内化和外化的过程建构，必须依靠教师自身不懈的努力，自觉地进行修养和锻炼，才能形成良好的师德风尚。

2.1.1.2 专业知识

《标准》从职业学校学生发展和经济、技术发展需求所要求的职业学校教师必须具备的教育知识、职业背景知识、课程教学知识、通识性知识四个领域对中职教师的专业知识提出具体要求，体现出鲜明的时代精神、职业教育特点和职业教育发展特点。

1. 教育知识

《标准》要求教师熟悉技术技能人才成长规律，掌握学生身心发展规律与特点；了解学生思想品德和职业道德形成的过程及其教育方法；了解学生不同教育阶段以及从学校到工作岗位过渡阶段的心理特点和学习特点并掌握相关教育方法；了解学生集体活动特点和组织管理方式。这就要求职教教师不仅仅要掌握学科的教学知识，更要从职业人的角度对学生开展职业化的培养，实现学生从学生到职业人角色的转变。

2. 职业背景知识

《标准》要求教师了解所在区域经济发展情况、相关行业现状趋势与人才需求、世界技术技能前沿水平等基本情况；了解所教专业与相关职业的关系；掌握所教专业涉及的职业资格及其标准；了解学校毕业生对口单位的用人标准、岗位职责等情况；掌握所教专业的知识体系和基本规律。教师必须牢牢把握职业教育为地方经济建设发展服务这一主线，自觉掌握区域经济发展趋势和行业企业对技能人才的要求，做到有的放矢。

3. 课程教学知识

《标准》要求教师熟悉所教课程在专业人才培养中的地位和作用；掌握所教课程的理论体系、实践体系及课程标准；掌握学生专业学习认知特点和技术技能形成的过程及特点；掌握所教课程的教学方法与策略。职业教育是面向就业的教育，本质是技能的教学，而技能教学的载体就是课程，选择合适的课程内容是培养学生关键技能的必要条件，职教教师必须要有针对性地整合相关课程内容，培养学生的关键技能。

4. 通识性知识

《标准》要求教师具有相应的自然科学和人文社会科学知识，能够了解中国经济、社会及教育发展的基本情况；具有一定的艺术欣赏与表现能力；具有适应教育现代化的信息技术知识。大量中职学生中存在着自我认知模糊，自信心缺乏问题，对自身前途迷茫，需要教师运用通识教育的理念、方法，在传授专业知识和技能的同时，兼顾培养学生的基本素养和健全的人格，形成对国家文化价值的认同，提升学生的文化自信心，引导学生树立正确的历史观、民族观、文化观。

2.1.1.3　专业能力

职业学校教师的专业能力的内涵比普通中学教师的内涵更为丰富，《标准》不仅提出了教学设计、教学实施、班级管理与教育活动、教育教学评价、沟通与合作等常规的专业能力要求，还提出职业教育所特有的实训实习组织和教学研究与专业发展等中职教师的专业能力要求，体现了鲜明的时代精神和职业教育发展的特点。

1. 教学设计

《标准》要求教师能根据培养目标设计教学目标和教学计划，开展基于职业岗位工作过程设计教学过程和教学情境，引导和帮助学生制订个性化的学习计划；参与校本课程开发。这是对职教教师大课程开发能力的要求，强调面向岗位的职业能力开发包含课程目标职业能力化、课程内容工作过程化、课程建设校企合作化、教学方法行动导向化、教学手段模拟情境化以及对教学对象精准的学习指导。

2. 教学实施

《标准》要求教师能营造良好的学习环境与氛围，培养学生的职业兴趣、学习兴趣和自信心；运用讲练结合、工学结合等多种理论与实践相结合的方式方法，有效实施教学；指导学生主动学习和技术技能训练，有效调控教学过程；应用现代教育技术手段实施教学。

3. 实训实习组织

《标准》要求教师掌握组织学生进行校内外实训实习的方法，安排好实训实习计划，保证实训实习效果；具有与实训实习单位沟通合作的能力，全程参与实训实习；熟悉有关法律和规章制度，保护学生的人身安全，维护学生的合法权益。

4. 班级管理与教育活动

职业学校教师结合课程教学并根据学生思想品德和职业道德形成的特点开展育人和德育活动；发挥共青团和各类学生组织自我教育、管理与服务作用，开展有益于学生身心健康的教育活动；为学生提供必要的职业生涯规划、就业创业指导；为学生提供学习和生活方面的心理疏导；妥善应对突发事件。

5. 教育教学评价

职业学校教师运用多元评价方法，结合技术技能人才培养规律，多视角、全过程评价学生发展。引导学生进行自我评价和相互评价。开展自我评价、相互评价以及学生对教师的评价，及时调整和改进教育教学工作。

6. 沟通与合作

职业学校教师了解学生，平等地与学生进行沟通交流，建立良好的师生关系。与同事合作交流，分享经验和资源，共同发展。与家长进行沟通合作，共同促进学生发展。配合和推动学校与企业、社区建立合作互助的关系，促进校企合作，提供社会服务。

7. 教学研究与专业发展

职业学校教师主动收集分析毕业生就业信息和行业企业用人需求等相关

信息，不断反思和改进教育教学工作；针对教育教学工作中的现实需要与问题，进行探索和研究；参加校本教学研究和教学改革；结合行业企业需求和专业发展需要，制定个人专业发展规划，通过参加专业培训和企业实践等多种途径，不断提高自身专业素质。

职业教育承担着培养社会主义现代化建设急需的高素质劳动者和技能型人才的任务，是实现高质量发展的基础性保证。没有高水平的中职教师队伍，就不可能有高质量的职业教育。《标准》为中等职业学校教师专业发展和师资队伍建设提出了根本要求。因此，中等职业学校教师专业发展和队伍专业化建设，要从加强师德教育、增加专业知识和提升专业能力三方面入手。对教师而言，应该根据《标准》要求，制订个人专业发展规划，增强专业发展的自觉性；主动参加教师培训和自主研修，提升专业素质水平；针对教育教学一线实际，积极开展教育教学改革创新，专业课教师和实习指导教师还应具有加强企业实践经验的积累、提升职业技能水平的能力。职业学校要落实《标准》的要求，强化教师教育教学活动规范化，通过健全教师岗位职责、教师绩效管理与考核制度，制订和完善教师专业发展规划，并创造条件为教师开展校本研修、项目开发等，提供发展平台和途径，帮助教师更新职业教育理念、增强教书育人的责任感与使命感、丰富专业知识、提升专业能力，促进教师专业发展。

2.1.2 职业教育"双师型"教师的专业化发展

当前和未来一段时期，是我国职业教育改革攻坚的关键期，也是职业教育教师队伍提质增效、增值赋能的机遇期。那么，该如何提升职业院校教师教书育人的本领，夯实职业教育发展之基呢？教师队伍是发展职业教育的第一资源，是支撑新时代国家职业教育改革的关键力量。建设高素质"双师型"教师队伍（含技工院校"一体化"教师）是加快推进职业教育现代化的基础性工作。双师型教师是职业教育师资队伍建设的特色和重点，大力加强"双师型"教师队伍建设，已经成为社会和教育界的共同呼声。教育部明确指出，要以推动教师专业化为引领，推动"双师型"教师队伍建设为重点，建成一支师德高尚、素质优良、技艺精湛、结构合理、专兼结合的高素质专业化"双师型"教师队伍。

因此，"双师型"教师队伍建设要落实立德树人的根本任务，加强师德师风建设，突出"双师型"教师个体成长和"双师型"教学团队建设相结合，提高教师教育教学能力和专业实践能力，优化专兼职教师队伍结构，为实现我国职业教育现代化、培养大批高素质技术技能人才提供有力的师资保障。

为大力推进职业教育"双师型"教师队伍建设，教育部、财政部共同出台了《关于职业院校教师素质提高计划的意见》《深化新时代职业教育"双师型"教师队伍建设改革实施方案》等多个文件，设立了骨干教师培训项目、中职教师企业实践项目、兼职教师聘任推进项目和师资培养培训体系建设项目；后期又设立了课程实施能力、信息技术应用能力、公共基础课教学能力提升项目，1+X证书制度种子教师培训、访学研修等"三教"改革研修项目，注重研修，服务改革；名校长（书记）培育、名师（名匠）团队培育、培训者团队建设等名师名校长培育项目，注重引领引导、实践推进；教师企业实践、产业导师特聘等校企双向交流项目，强化实践、企业助力。通过国培、省培项目来支持职业院校"双师型"教师队伍建设。

2.1.2.1 "双师型"教师的内涵

什么是"双师型"教师，还没有一个统一的权威性的科学解释，典型的有"双证书论""双能力论""双融合论"，甚至不同部门对同一概念还有不同的说法，比如教育部门叫"双师型"教师，人社部门（原劳动部门）叫"一体化"教师。对于"双师型"教师的认定，一般中职学校通行的做法是既强调教师持有"双证"，又强调教师"双能力"，即将持有教师资格证书和中级以上国家职业资格证书双证书的教师称为"双师型"教师，并要求"双师型"教师既能胜任理论教学，又能指导学生实践。"双师型"教师是职业教育对专业课教师的一种特殊要求，要求专业课教师具备两方面的素质和能力：既要有类似文化课教师那样具有较高的文化和专业理论水平，有较强的教育教学能力、教研能力和素质；又要类似工程技术人员那样具有广博的专业基础知识，熟练的专业实践技能，一定的组织生产经营和管理能力，以及指导学生就业创业的能力和素质。

纵观当前职业教育的现实，中等职业学校"双师型"教师，应从具备的基本素质和能力着手，对"双师型"教师概念进行理性的综合解释。"双师型"教师应同时具备以下几个方面的素质和能力。首先必须必备良好的职业道德，既具有教书育人又具有进行职业指导等方面的素质和能力；二是具备与讲授专业相对应的行业、职业素质，具备与其专业技术职务（职业资格）相对应的职业能力，具备所教课程相关"宽厚"的行业、职业基本理论、基础知识和实践能力；三是"双师型"教师应能开展相关专业岗位职业能力调研和分析，及时掌握行业动态，进行专业课程开发和改造，调整和改进培养目标、教学内容、教学方法、教学手段，能将行业中的应用性技能传授给学生，注重学生行业、职业知识的传授和实践技能的培养，使学生能很快适应工作岗位的需要等；四是要具备相当的社会沟通、交往、组织和协调能力，即：既能在校园内交往与协调，又能在企业与行业从业人员进行交流和沟通，沟通、交往、协调等能力是"双师型"教师基础的、基本的能力，是必备素质和能力；五是要具备相当的学生企业实践管理能力，即：在具备良好的班级管理、教学管理能力的同时，更要具备管理学生在企业、行业实践的能力，懂得企业和行业管理规律，并具备指导学生参与企业、行业管理的能力；六是"双师型"教师应具备学生技能大赛指导能力。总之，教师要不断优化自身专业知识结构，提升理论知识水平和实践操作能力，以及专业知识的应用能力，能通过情境模拟等环节使得教师分析问题、解决问题的能力以及创新意识得到进一步提升。

2.1.2.2 "双师型"教师的分类

"双师型"教师按中职学校专业大类分为人文社科类（企业管理、市场营销、财会、旅游、物流、商务等）与技术应用类（机械制造、应用化工、电子信息技术、数控加工、电气工程等）两大类。人文社科类"双师型"教师应具备：社会实践经验的积累和应用；良好的沟通、协调和组织能力；信息社会、市场经济和全球化的适应和引导能力；扎实的专业知识水平和专业应用能力；与时俱进的创新能力等素质。技术应用类的"双师型"教师则应了解并掌握所授专业相对应行业企业的应用技术动态，能够通过专业授课、实训、实习，使学生掌握就业岗位所需的应用技术和职业技能；具备肯动手、勤动手、会动手的操作习惯和实践修养，引领学生走"从书本到实践，再从实践到书本"的技能提升之路；能够教育学生形成相关行业的职业素养，如维修技术人员"不怕苦、不怕脏"的品质等；能够指导学生参加技能大赛，应用项目开发等创新活动，培养学生的技术创新、技术革新意识和能力。

与职业学校教师职称相匹配，中职"双师型"教师按照专业理论水平和实践能力，可分为初级、中级和高级，分别对应助理讲师、讲师和副高级讲师以上三个层面。初级的"双师型"教师，主要以讲授理论课为主，同时能够指导实训，在实践应用方面，他们一般不够全面和深入，但对所授专业相关的社会实践有整体的了解；他们必须通过学校实验、实训和参加更多的社会实践，丰富实践经验，提高实践技能。讲师层次的"双师型"教师是中职学校的中坚力量，应具备扎实的专业知识、专业技能，掌握所教专业相关行业动态和职业技能；同时能够根据行业和职业的发展变化，对本专业建设提出有价值的建议和开展技能大赛指导。副高层次的"双师型"教师应具备课程开发能力，能够通过参加高级专业研讨会、参加行业企业实践、进行行业（职业）调查和专业分析以及主持课题研究等一系列活动，对专业的社会适用性、专业课程的设置和调整、专业的变化方向及实践教学创新等提出建设性意见，从而为学校专业开发和建设做出较大的贡献。

2.1.2.3 "双师型"教师的必要性

习总书记指出，职业教育是国民教育体系和人力资源开发的重要组成部分，是广大青年打开通往成功成才大门的重要途径，肩负着培养多样化人才、传承技术技能、促进就业创业的重要职责，必须高度重视，加快发展[①]。要树立正确人才观，培育和践行社会主义核心价值观，着力提高人才培养质量，弘扬劳动光荣、技能宝贵、创造伟大的时代风尚，营造人人皆可成才、人人尽展其才的良好环境，努力培养数以亿计的高素质劳动者和技术技能人

---

① 鲁昕．高质量发展现代职业教育为强国建设提供坚实人才支撑［N］．人民政协报，2020－12－09．

才。要牢牢把握服务发展、促进就业的办学方向，深化体制机制改革，创新各层次各类型职业教育模式，坚持产教融合、校企合作，坚持工学结合、知行合一，引导社会各界特别是行业企业积极支持职业教育，努力建设中国特色职业教育体系。随着《中国制造2025》国家战略的实施，"智能制造"成为中国制造业转型的主攻方向和重要抓手，越来越多的企业已由原来的劳动密集型向知识密集型转变，对员工的知识、素质和能力的要求越来越高，对培养技术应用型人才的职业教育提出了更高的要求，尤其是对专业课教师的要求更高了。

当前，全国已基本建立了职业教育教师培养培训体系，教师管理制度逐步健全，教师素质能力显著提升，为职业教育改革发展提供了有力的人才保障和智力支撑。但是，与新时代国家职业教育改革的新要求相比，职业教育教师队伍还存在着数量不足、来源单一、校企双向流动不畅、结构性矛盾突出、管理体制机制不灵活、专业化水平偏低的问题，尤其是同时具备理论教学和实践教学能力的"双师型"教师和教学团队严重短缺，已成为制约职业教育改革发展的瓶颈。教育部原部长周济曾强调指出，提高职业教育的关键在于切实加强技能性和实践性环节，要加快建设一支"双师型"的职业学校教师队伍[1]。中等职业学校的教师一定要既能从事理论教学，又能从事实践教学，而且具有一定的动手能力，这样才能更好地开展教学工作，培养出符合企业需求的实用型人才。因此，职业教育教师，尤其是专业课教师必须适应经济社会发展和现代科技的飞速发展，及时转变观念，根据学生的实际状况，积极采用现代化教育手段，开展个性化精准教学，提高学生的学习效率、学习质量和与企业技术水平的匹配度，保证毕业生的就业质量。为了实现这一目标，中职教育必须以培养能力为中心，突出技能训练，使学生不但能掌握基本的专业理论知识，还能熟练掌握本专业的实践技能，使学生在校期间完成上岗前的实践训练，毕业后便能顶岗工作。要达到这一培养目标，学校必须拥有一支既能讲授专业理

---

① 以服务为宗旨以就业为导向实现职业教育的快速健康持续发展——周济部长在全国职业教育工作会议上的讲话 [EB/OL]. http://www.moe.gov.cn/srcsite/A07/moe_950/200408/t20040809_79134.html.

论，又有较强实践经验，能在生产现场动手示范、指导学生掌握生产技能的"双师型"教师队伍。

2.1.2.4 "双师型"教师的专业发展模式

"双师型"教师专业发展是多种因素相互作用的结果，是一个"专业性、师范性、职业性和学术性"相融合的文化发展过程，是一个学术体系与教学体系、理论知识与实践技能、应用与创新的文化生态融合发展的过程。依据"双师型"教师专业发展所侧重的价值追求和发展路径，结合第1章中的职教名师要素的阐述，我们认为，职业教育双师型教师专业发展存在四种模式，分别是"学术理性"模式、"专业训练"模式、"主体塑造"模式和"文化生态"模式。

1. "学术理性"模式

"学术理性"模式包含两层含义。首先是学术输入，即"双师型"教师素质的知识结构的形成；其次是学术输出，即创作能力，达到源于实践、高于实践的理性层面。"双师型"教师素质是由专业知识、教育知识和职业知识共同构成的复合型知识结构，因而"双师型"教师专业发展过程是一个教师知识和技能获得的过程，是对教育教学规律掌握的过程，是由感性认识逐步上升到理性的过程。职业教育教学过程就是向学生传递基本理论知识和技能的过程，因而需要强调"双师型"教师的理论水平和学术素养，需要强调"双师型"教师在教学过程中传播理论知识的水平和素养。

因此，"双师型"教师的专业发展首先体现在其理论知识素养之上。"双师型"教师专业发展就意味着其专业知识、教育知识和职业知识的增长和获得，重点是知识获得和行为变化，其过程是一个知识过程。职业院校"双师型"教师所获得的专业知识是其专业发展的基础，教师只有通过全面掌握专业和教育理论知识才能将其转化成良好的专业教育实践能力。对教师进行学术理论教育是其专业成长的主要途径，进行学科专业知识和教育专业知识的教育，对于其专业发展具有重要的意义。但实际中发现一些职业教育教师的知识理论虽然非常扎实，但是他们在实践中缺乏相应的技能，也难以指导学生的实训环节。

"学术"是一种探索真理的社会实践活动及其成果，是有系统的、较专门的学问。"双师型"教师学术能力是从事学术研究的相关素质，体现在问题的发现与提出能力、文献的收集与整理能力、概念的生成与厘定能力、做出学术命题的能力、设计研究过程的能力以及对学术前沿的敏锐感知能力。这些能力的获得是在学习中积聚、引领中提升、活动中形成的，其内化生成不是一蹴而就、自发自觉的，而是需要在"浸润、博学、明辨、慎思、笃行"中感悟理性之美、培育理性之智、掌握理性之器、培养理性思维、践行理性素养。"双师型"教师的培育必须扎根实践，基于行动，在砥砺笃行中不断丰富发展。

2. "专业训练"模式

"专业训练"模式是指将"双师型"教师视为改造的对象和客体，运用教师培养的相关流程对其进行程序化训练，强化在从事职业教育教学活动之前和之后持续不断跟进的专门性的技术性训练，包括大量的教学技能训练和职业技能训练，使"双师型"教师同时具备教师技能和职业技能。教师的专业发展首先是教师必须掌握和学会运用教育教学中的专业技术问题。职教教师专业发展尚没有摆脱传统的岗前培训方式和 5 年 1 轮 360 学时的在岗培训，这类传统模式仍是以教师为主体的灌输式教学，是一种被动受训过程，缺乏个体针对性的训练，训练效果一般，教师专业发展得不到有效提升。"双师型"教师"专业训练"模式旨在扭转这种局面。

教师的专业性在于其娴熟的专业技能基础，它假设知识基础的获得是行为变化的依据，专业实践就是所学知识的运用过程。"双师型"教师是一种专门化的教师，其专业技术知识与专业技术能力是开展教学的必备条件，也是开展教学的主要内容，而教育科学知识与教学技能是教师将这些教学内容转化为学生知识经验的主要手段。因此，"双师型"教师的专业能力受到基于教育学与心理学的科学原理与技术的制约，是按照特定的要求通过反复练习而形成的。"双师型"教师的专业成长是教师把行业、职业知识及实践能力用于教育教学的融合过程，是在合理利用教学论、心理学的原理与技术开展教育实践中逐步熟练掌握并运用的过程。

3. "自我塑造"模式

"学术理性"模式和"专业训练"模式更多地表现为从外在角度对教师

的塑造。外因是事物变化的条件，决定事物发展方向的是内因。事实上"双师型"教师对其专业活动的认识、理解和信念除了从外部获得之外，更多的是从内部构建的，构建的途径通过多种形式的反思实现。通过反思，"双师型"教师可以对自己及专业活动甚至相关的职业教育活动有更深入的理解，发现其中的职业教育意义和价值。"双师型"教师不仅仅是储存已有教育观念的"容器"，也不仅仅是把所获得的专业理论和教育理论应用于职业教育实践；更多的是要主动探究和自我持续改进内隐于教师实践之中的、行动之中的个体知识，突出教师自身在其专业发展中的主体地位和价值，是一种自我理解、自我成长的专业发展过程。通过各种形式的反思促进教师对于自己专业活动的理解和对自己的教学行为进行反思性的观察。

影响教学的最大因素既不是教育理论，也不是技能训练，而是教师对教学的有效理解。反思性的观察是一种教师主动学习和成长的途径，"双师型"教师专业发展是一种鼓励认知、尝试、分享和推广合理性实践的个人内心的加工过程。教师专业发展的目的不仅仅在于外在的、技术性知识的获取，更在于通过各种形式促使教师对于自己、自己的专业活动直至相关的物和事有更深入的"理解"，发现其中的"意义"，以促成"反思性实践"。实践性知识和实践性智慧是教师专业化发展的重要基础，从教育教学活动的实践需求出发，通过自主学习和自我活动，把理论和实践紧密结合起来，突出教师个人主体性和个性化实践经验。从根本上说，职业教育教学活动是一种个性化的艺术活动，因此我们很难通过程式化和模式化的规范去约束教学行为，而是需要通过自己的个性化经验进行创造和实践，职业教育教学过程是教师个体生命意义的一种体验过程，教师的专业发展是一种自我反思、自我理解和意义体验的过程。

4. "文化生态"模式

"文化生态"发展模式是指，教师专业发展依赖于群体性的教学文化生态环境，是个人、群体、文化生态交融的结果。教师专业知识与能力并不全然依靠自己，并非孤立的形成教学策略和风格。"双师型"教师专业发展既是理性、技术和实践的，更是需要文化关怀和文化关切，个体发展是个体与文化相互建构的"参与中转变"过程。人类发展是在参与文化活动中获得发展，"双师型"教师发展离不开特定的社会文化环境，离不开周围的教师以及教师之间的相互影响和社会活动。"双师型"教师的专业发展正是在参与职业文化活动过程与社会群体相协调的各种变化过程中得到发展的，教师是作为职业文化活动的参与者，通过"参与中转变"而不断获得发展的。

教师专业发展并不全然依靠自己，而更应该从其所处的环境中寻求发展动力。"双师型"教师专业发展是个人、群体、文化生态的交互过程，教师个人通过参与文化活动构筑教育观念、知能结构和文化性格，并在与同伴之间的合作交往中获得教师专业发展的重要养料，最后在职业教育文化生态环境层面获得专业发展的动力。因此，职业教育"双师型"教师专业发展的最理想方式是一种合作的发展方式。"文化生态"发展模式聚焦于建构开放、合作、共享的教师文化，在合作互助中促进教师的发展，在校企合作、工学结合、产教融合、理论与实践、个人与群体等多方面交融的过程。因此，"双师型"教师专业发展需要构建校企融合的学校文化，将企业文化融入学校，在学校营造企业化的氛围，校中厂、厂中校，构建一体化教室，实行一体化教学，通过产教结合，培养学生，以推动和促进"双师型"教师专业发展水平的快速提升。

2.1.3 "双师型"教师专业发展途径与措施

职业学校教育应使学生在掌握必需的文化知识和专业知识的同时，还具有熟练的操作技能。基于这个目标，如何建立一支"双师型"的教师队伍，就成为当前职业学校必须解决的一个问题。职业教育对"双师型"教师的要求是兼有教师资格和其他相关专业技术资格，既能从事理论教学，也能从事实践教学；既能担任教学任务，也能担任专业技术指导，这也是职业学校的专业教师和中小学教师重要的区别。为此，对于专业课教师来说，不仅要加强课堂教学技能的培养，积极参加职业资格证与岗位执业资格证的培训与考核，更重要的是要到企业挂职顶岗锻炼，并积极开展应用技术项目开发与服务，积累教学所需的职业技能、专业技术和实践经验，达到"双师型"教师的标准。对于中等职业学校来说，专业课教师的培养是专业可持续发展的关键，专业课教师队伍的建设水平决定着职业学校专业建设的水平，教师也应从自身的角度来不断提高自身的专业素养。"双师型"教师专业发展途径与措施主要可以从以下几个方面入手。

2.1.3.1 加强培养制度建设，完善队伍激励机制

"双师型"教师队伍建设应放到关系学校发展、关系职业教育发展前途的高度，使教师培养政策有扶持、资金有保障，为教师参加继续教育创造良好的制度环境，以促使中等职业学校教师终生学习，不断进行继续教育的良性循环。学校可以考虑采用长效发展机制和刺激性的政策鼓励教师取得各种专业资格证书；完善专业实践课指导教师任职资格制度，推动教师向"双师型"发展，在选拔培养学科带头人、出国进修、申报高一级职称时优先考虑"双师型"教师，把教师的实际工作阅历和效果作为教师职称晋升的重要条件之一；对于参加全国性执业资格考试获取全国注册执业资格的教师，如考取注册会计师等，在经济上给予奖励（如可以由学校承担报名费和考试费，在学校经费充足的前提下可以每月给予适当的补助），这样可以提高教师不断学习的积极性。通过科学合理安排教学任务，使广大教师有一定的时间进行充电，不断完善自己的知识结构，提高教学水平。

2.1.3.2 深度推进校企合作，落实教师下企业锻炼

多年来，职业学校引进的教师依然是普通高校毕业生为主，没有实际工作经验，在学习期间技能方面没有专门的训练，工作后教学工作又比较重，单靠教师本人利用课余时间，不可能提高实际岗位工作能力，因此需要学校安排较长时间的培训或定岗实践锻炼的机会。大多教师只局限于校园内的教学，缺乏了解企业的实际应用和需求，授课自然无法切合实际，更谈不上针对性，这样势必会增加学生到企业后的适应时间。学校要搭建更多平台使教师深入企业实践，改变职前培训中严重的学科化倾向，提高企业的参与度，引入现代企业的新技术、新工艺、新方法，跟上科学技术的发展，加大实践技能教学环节；在职后培训中，明确企业与职业学校合作的义务性，允许职校教师、学生能真正到企业实习锻炼，接触和掌握新技术、新方法、新工艺，从而提高教师的专业实践能力。

但是，校企合作一直以来未达到深层次的状态，教师在企业实践中参与企业项目有难度，教师真正到企业实践的机会很少。因此，必须深化校企合作，尽一切努力推进校企合作，真正落实专业课教师定期到企业实践的制度，完善配套支持措施，开阔教师视野；重点熟悉相关行业企业先进技术、生产工艺与流程、管理制度与文化、岗位规范、用人要求等。在教学中及时补充新技术、新工艺、新知识和新方法。让教师带着教学中的问题，向有实践经验的工程技术人员请教，并在今后的教学过程中，结合一些实际生产中的事例进行讲授，增加教学的生动性与趣味性，使教学内容不再枯燥乏味，激发学生的学习兴趣，为企事业单位培养出高素质人才。

2.1.3.3　以现代学徒制为抓手，建设兼职教师队伍

以现代学徒制试点为契机，把企业的用人需求和学校的人才培养紧密地结合起来，不仅让学生与企业师傅建立师徒关系，还要建立教师与企业技术骨干的师徒关系，真正实现理论与实践、职业与专业、岗位与课程的对接融合。通过吸纳企业精英到学校登台讲课，以及从相关企业中聘请复合型人才，来弥补学校教师队伍中实践经验不足的缺陷。学校可积极引进相关企业中有实践经验的工程技术人员或技术骨干，来校做兼职教师或实习指导教师，这样做既可优化学校的整体结构，又可对学校专职教师实践能力的提高起到"传、帮、带"的作用，可以促进专业教师向"双师型"转化。建设一支相对稳定的兼职教师队伍，对培养"双师型"教师是快捷有效的方式。同时邀请企业专家深度参与教学，在专业开发、专业建设、教材评审等方面发挥作用。

2.1.3.4　以老带新、以优促新，充分发挥"传帮带"作用

用"以老带新、以优促新"的方式培养教师有其不可替代的优势，这是职业学校培养新教师的有效模式，它可以大大缩短新教师对岗位、教育教学过程的熟悉与适应期，能尽快掌握教育教学的技能和方法，尽快增强教书育人的本领，同时也可增进新、老教师双方对教育教学过程的思考和研究，提高教师的专业能力，加速其成长为"双师型"教师，是一条有针对性、效果显著的捷径。因此，职业学校要努力做好"青蓝工程"这项事业，让青年教师的培养工作更加制度化、系统化和规范化。在选拔"师傅"和"徒弟"

时要充分根据思想素质、业务素质、人格特征、技能、资历等条件选好"老"、选好"优"的条件,明确"师傅"的责、权、利,强化责任意识,形成徒弟良好的从师态度和行为,在校园内形成互学共进、敬业奉献的良好氛围,充分发挥骨干教师"传、帮、带"作用,做到"以老带新,以优促新",帮助青年教师更好更快地发展。

2.1.3.5 深化突出"双师型"导向的教师考核评价改革

对职业院校教师进行"双师型"导向的考核是提升教师双师素质的一种重要方式和手段。通过健全"双师型"教师认定、聘用、考核等评价标准,完善考核评价的正确导向,强化考评结果运用和激励作用。可以从以下三个方面来提升教师的双师素质:

一是制定"双师型"教师认定标准,建立职业院校、行业企业、培训评价组织多元参与的"双师型"教师评价考核体系,突出实践技能水平和专业教学能力,将企业生产项目实践经历、业绩成果等纳入评价标准。

二是深化职业院校专业教师职称制度改革,完善以教书育人实绩为导向的教师评价机制,将师德师风、工匠精神、技术技能和教育教学实绩作为职称评聘的主要依据,破除"唯文凭、唯论文、唯帽子、唯身份、唯奖项"的"五唯"导向顽瘴痼疾;落实教师职业行为准则,建立师德考核负面清单制度,通过引入社会评价机制,建立教师个人信用记录和违反师德行为联合惩戒机制,严格执行师德考核一票否决。

三是开展专业课教师技术技能和教学能力分级考核,鼓励教师参加全国职业院校技能大赛、信息化教学能力比赛等,将行动导向的模块化课程设置、项目式教学实施能力作为教师聘期考核、岗位等级晋升考核、绩效分配考核的重要参考。

2.1.4 职业学校教师专业发展的挑战与机遇

在瞬息万变的时代浪潮中,职业学校教师专业发展应该顺应职业教育发展潮流,通过文献分析和国家政策分析,本书将教师专业发展相关机遇与挑战梳理为四个方面,分别是网络教学的新挑战、产教融合新要求带来的挑战、"国二十条"① 带来的挑战和未来发展的挑战。

2.1.4.1　网络教学的新挑战

（1）以慕课、翻转课堂、微课程为代表的基于互联网的教学模式受到越来越多人的认可，尤其是在新冠肺炎疫情的停学不停课背景下，通过"钉钉""学习通""腾讯会议"等在线交流平台，使得在线教学成为一种新型教学模式，网络授课已经成为对一名教师的基本要求。

（2）个性化的线上学习以及优质课程资源共享，将成为基于在线资源的课堂教学模式，将丰富课堂教学形式。大量优质教学资源以慕课、微课等形式呈现，学生根据自己的需求选择课程的学习内容，制定个性化学习方案，自定步调完成课程学习，教师起到了知识传输管道和监督的作用。教师不再是知识权威，也不再是学生获取知识的唯一途径。教师需要反思，除了传授学生知识还能做些什么？比如，如何通过教学活动激发学习动力、提升学习兴趣？如何通过练习将理论知识和实践知识相融合，对工艺流程精益求精？如何通过课堂教学，提升学生的职业素养和理想抱负水平等？这些都是教师可以做的尝试。

（3）自主学习和合作学习、线上教学和线下教学相互融合。新型的学习模式和网络教学模式赋予教师角色更丰富的内涵，教师不再是知识的搬运工。师生形成一种新型的学习伙伴关系，教师从过去的知识传授者转变为学生学习活动的设计者和指导者，让学生做课堂上的主人，教师成为引导者和参与者。

（4）教师还需积极响应"三教"改革，转变传统的教学观念，变通教学方法，积极参与教材改革和微课程录制。关注现代信息技术在教学领域的最新研究，正确看待"互联网＋"教育，理解"＋"并不是将前后两样东西简单叠加；善于将信息技术和课堂深度融合，利用大数据分析充分了解学生的发展需求、学习习惯和学习偏好，为其提供个性化服务，并通过实时的数据做出及时调整，包括教学内容、教学方式等，促进学生的有效性学习。此外，以物联网、云计算、大数据为技术支持的智慧教育也对现代职业教师

---

① "国二十条"即指《国家职业教育改革实施方案》。

提出挑战。有学者认为智慧教育的本并不是简单地将信息化和教育相加，而是整个教育系统和结构都发生了变化。作为一名职教老师应体现出"新理念""新素养"，厘清教育系统中各要素的功能及其之间的关系，逐渐形成智慧教育理念、智慧教育教学技能、智慧教育评价等，培养学生的高阶思维能力和对复杂问题的解决能力。这也对教师的策划能力、组织能力、管理能力、监督能力和信息技术素养等方面提出了更高的要求。

2.1.4.2　产教融合新要求带来的挑战

（1）专业建设要与产业发展相适应。职业院校需准确地把握办学方向和发展定位，作为一名职教教师更要以长远的眼光看待专业发展，了解当地的经济特色，分析地方经济发展需求，保证职业院校人才培养目标和地方经济中长期发展计划相契合，提高职业教育服务于当地区域经济的能力。

（2）专业设置与人才培养、评价要对接用人单位。职业学校应保持其办学特色，避免专业结构失衡、热门专业扎堆的现象发生。国家提出了职业教育的培养目标是"培养产业转型升级和技术创新需要的发展型、复合型、创新型技术技能人才"，这也就要求职业教育的人才培养和评价模式需和企业的用人需求和用人规格高度匹配。因此，教师要了解本专业用人单位的需求，对于学生的一些实践类课程不仅要以课程的评判标准去评价，更要引入企业的评判标准。学校和企业相结合的评价方式更能确保培养出来的学生符合用人单位要求，从而缩短毕业生入职适应期，降低企业职前培训费用。

（3）引企入教。企业必须深度参与专业规划、教材开发、教学设计、课程设置、实习实训，编制教材的主体双元化，学校教师和企业技术师傅共同参与编写教材，教材内容紧跟时代的发展，实时更新。丰富教材呈现形态，主张采用活页式、数字式教材和配套课本教材相结合的一体化教材，以保证教材内容的先进性。作为一名职教教师，不仅要具备实践教学能力，还需具有教材开发、课程改革等能力，保证课程内容紧跟时代发展。

（4）职业教育需要开展生产性实习实训和基于工作现场的教学，这对职业教育与生产实际相结合提出了更高的要求，也对教师职业能力有了更高的要求。职业教师不仅具备扎实的理论知识，还需熟练实践操作技能，具备教育智慧，能对工作现场发生的随机事件快速地做出反应，引导学生将学习的理论知识应用于实践。

2.1.4.3　"国二十条"带来的挑战

（1）"双师型"教师是指同时具备理论教学和实践教学能力的教师，能满足企业专业岗位能力需要的要求。对于"双师型"教师许多人存在一定的误解，认为"双证"即"双师"。现阶段由于职业教师资格证书制度还不够完善，职业证书和实际能力的等值性还是值得商榷的，因此"双证"并不能代表一定具备双师能力。"双师型"教师也不仅仅是既具备教师能力，又具备技师和工程师能力的教师。两种能力简单叠加并不能满足"双师型"教师的要求，因此需将两种能力有机结合，凸显职业能力和专业素养。

（2）"1＋X证书"制度的设置对教师资格能力的要求。《国家职业教育改革实施方案》提出，"在职业院校、应用型本科高校启动'学历证书＋若干职业技能等级证书'制度试点工作"，即"1＋X证书"试点工作。"1＋X证书"制度一方面通过学历证书保证学生的知识基础，为其具备可持续发展能力提供必备前提；另一方面，通过职业技能等级证书拓展学生专业技能，促进其职业生涯的发展。"1＋X证书"制度要求专业课程内容和职业标准相匹配，学校的课程标准、课程内容、实践项目、教学环境等的设置都需参考职业技能等级标准，从而缩短新入职毕业生的成长周期。2019年3月，我国在WEB页面设计、物流、汽车维修、老年护理、BIM建筑信息模型化等资格证书开设试点，涵盖了专业知识、职业素养和技能操作。这一制度为更好地落实产教融合政策提供保障，也对职业院校的教师提出了新要求。职业教师必须准确把握"1＋X证书"制度对职业教育改革的要求，转变教育教学观念，改变教育内容、教学方法、教育评价等，变革人才培养模式。优秀的职业教师还需具备职业教书证融通的专业建设和课程开发能力，通过挂职、担任企业技术顾问、与企业师傅结对等方式进企业，将理论和实践相结合，实现学校和企业的深层次合作。此外还需勤反思，对实践过程遇到的问题反复琢磨，发挥工匠精神。

2.1.4.4　未来发展的挑战

青年教师要想成为特级教师、正高级教师，需要积极应对未来发展中的挑战。

（1）需要时刻洞察职业教育形势，系统地把握前沿理论知识，能以课题研究和项目开发为抓手，敏锐深入地发现问题，并进行科学系统的分析，从累积的一线教学问题中总结出职业教育规律，形成一些有价值的、可推广的教学成果。

（2）职业教师还需具备课程与信息技术整合能力。对于信息技术和课程的整合方式有四种观点，分别为"使用说""融合说""环境说""效果说"。职业教师在对信息技术和课程进行整合时应明确教学内容，把握主从关系，认清信息技术与课程融合的本质是改善教学过程，提升学生的综合素质，切勿本末倒置。

（3）提高职业教育适应性能力。"双师型"教师要具备适应未来技术技能发展的能力，适应数字化升级改造、产业基础高级化趋势的能力，适应面向不同行业的数据驱动、人机协同、跨界融合、共创分享的智能形态等的能力。

具备适应将专业设置从专业名称到内涵全面进行数字化改造的能力。例如对传统机电一体化技术专业的改造，在保留传统专业名称的条件下，对其内涵进行升级和改造成智能机电技术专业；面对高端装备产业能设置特种加工技术、智能机器人技术等专业。优化和加强5G、人工智能、大数据、云计算、物联网等领域相关专业设置，设置汽车智能技术、智慧林业技术、大数据与会计、餐饮智能管理等相关专业，主动对接"十四五"规划并面向2035年进行前瞻性布局，以系统思维推进专业升级与数字化改造，要求相关专业的职业教育教师要提高职业教育的适应性，以及自身的数字化素养与数字化适应能力。

（4）此外还需具备较强的说课、讲课能力，指导学生参加各项技能大赛，争取获得奖项，出版一些符合职业教育特色与应用要求的教材专著，发表核心期刊论文，带领教师团队在研究中成长，具有较高的威望和辐射力。

总之，对于自己未来的职业发展没有清晰规划和对名师职业能力要求没有精确把握的职业教师，会感觉"漫长"的职业生涯中处处都是挑战；而那些对自己的专业发展有阶段性目标，对自己的能力和名师必备素质有准确的认识，并愿意付之努力的教师，则处处都是机遇。

有一种信念叫执着，有一种力量叫坚持

作家刘墉说："你可以一辈子不登山，但你心中一定要有座山。它使你总往高处爬，它使你总有个奋斗的方向，它使你任何一刻抬起头，都能看到自己的希望。①"鲁老师，就是这样一位一直在攀登职业教育高峰的老师，他多次在省市级教学技能竞赛、教学设计竞赛中获奖，并收获了全国优秀指导教师、S市模范教师、S市学科带头人等众多荣誉。

1. 他是一株仙人掌，插到哪儿活到哪

人生是一个未知数，你永远不知道自己的下一站会在哪。2005年，教计算机课程的鲁老师被分配到建筑专业，他是该专业寥寥无几的几名非专业教师之一，任教各班的计算机基础课程。从此，除了计算机应用基础，所有的计算机专业课程都离他越来越遥远，并终将被渐渐淡忘，他的专业开始止步不前。相较于专业课程的学习，孩子们在课堂上的随意散漫，明显地让他感觉到课程的可有可无。每每在办公室看到那些孩子对专业老师的尊敬与崇拜，内心无限羡慕。烦恼与困惑开始缠绕着他，忽然觉得自己就像断了线的风筝，无处可依，他该走向哪里？

两年的时光在他的焦灼不安中转瞬即逝。2007年，建筑专业学生扩招，解决教师紧缺问题已是迫在眉睫。专业部的教学主任问他是否可以担任建筑CAD的课程教学任务。带着教学发展上的未知、迷茫，和孩子们对专业老师膜拜得闪闪发光的眼神的艳美，他想也没想就答应了。自那开始，捧着一叠教材回家成了他的常态。每每饭后，他便把自己关进书房，先是学习识图的相关知识，看懂图纸，接着练习CAD命令的操作使用方法，最后研究图纸中相关构件的绘制方法，常常熬到深夜。第二天把自己刚刚学会的知识教给学生。"路漫漫其修远兮，吾将上下而求索"。终于，他不仅学会了识读建筑平面图，还能熟练地绘制完整的建筑图纸了，虽苦犹甜。他在建筑专业有了自己小小的一席之地，俨

---

① 刘墉. 到世界上闯荡 [M]. 南京：江苏凤凰文艺出版社，2017.

然也有模有样地成了名副其实的专业老师。他想他就是那一株不起眼的仙人掌吧，插到哪，活到哪，更要明艳绚烂到哪！不是奢求关注，只是希望不被忽视。

2. 那些摸爬滚打的日子

所有流过的泪，是一条渡你的河，所有受过的苦，终将照亮你前方的路。2008年的初秋，专业部教学主任再次找到他，"今年下半年省里有个师生建筑CAD绘图比赛，你刚好在上这门课，指导学生参加吧，你自己也作为教师参赛。"一听这话，他感觉肩上是沉甸甸的压力。虽然自己已能熟练的绘制图纸，但毕竟不是科班出身，万一因为专业知识和能力不足而影响了竞赛成绩怎么办？他犹豫不决，可是心里那不服输的倔强却让他不愿选择放弃。于是他最终答了下来。一诺千金，要么不做，要做就要做到最好，他在心里暗暗为自己鼓劲。

自接下任务后，所有的课余时间都被他和学生用来练习绘图，他们一遍遍地研究制图规范，一遍遍地改进绘图方法，不懂就请教专业老师。往往一练就是几个小时，不停不息，放开鼠标，手掌已无法自然张开，他这才知道原来这就是传说中的"鼠标手"，就这样，日复一日，从初秋画到深秋。省里的比赛文件终于下来了，却沮丧地发现，他们平时训练的内容和比赛的要求完全不一样，比赛是要求在规定时间内绘制建筑结构图。什么是建筑结构图？他云里雾里，一窍不通，怎么办？当他历经千辛万苦从专业老师那里拿到厚厚的一叠正式施工用建筑结构图时，顿时傻眼了，望着那密密麻麻的点和线，那一串串的怪符号，他欲哭无泪，连看也看不懂，何谈绘制？计算机专业的超强逻辑思维能力一点也帮不上忙，蒙！放弃吗？也许，他可以有无数个理由可以选择放弃，可是努力了那么久，怎么可以？他不是下过决心，要做好这一件事的吗？好在距离比赛还有一个多月的时间，那么，一切重头再来吧，他暗暗坚持。

再次从图纸的识读开始，他一边自学，一边请教专业老师，好在老师们都很热情，都很愿意帮助他，教学主任更是不遗余力地请优秀专业老师给他们讲解重要的知识点，了解结构图的平法标注。经过两个星期的勤学苦修，总算是摸着点门道。接下来便开始学习绘制结构图。他和学生们一点点研究绘图方法，从柱结构平面图到梁结构平面图再到板结构平面图。没有休息日，没有节假日，他和学生一有空就窝在训练室里，他们不知疲倦地画着画着，为了提高绘图速度和准确度，他们总是规定绘图时间进行比赛，画完后把图纸打印出来，再对着原稿——检查，看哪里有画错或画漏的地方。充实的日子总是过得很快，转眼就到了初冬，天气越来越冷，离比赛的日子也越来越近，偌大的训练室，没有暖气设备，他和三名学生的手上、脚上全是冻疮，冷的时候发痛，一热又奇痒无比。虽然苦，可是苦中有乐，因为，他们每天都有收获。

那漫长的一季终于是在忙碌的训练生活中过去了。比赛的前一天晚上，他彻夜难眠，把所有要注意的绘图细节想了一遍又一遍，整理后再嘱咐学生注意。成绩很快就出来了，学生们获得了省第一名、第二名的好成绩，而他也获得了二等奖。

2010 年，鲁老师再次带领 CAD 绘图参赛队参加全国技能竞赛，但他们没有取得预期的成绩。鲁老师痛定思痛，决定迎难而上。他知道他的失败之处，还是制图规范不够熟悉与通透，导致对图纸的理解不够全面，在绘图细节上稍有纰漏。知道了短板，他开始奋力改变一切，努力提高自己。他一遍又一遍地研读建筑制图规范，可谓废寝忘食，如痴如醉。那段时间，他觉得他一定是疯了，脑子里除了图纸还是图纸，除了规范还是规范。他会在每一幢建筑楼前停留，仔细留意建筑立面图，他会爬到高处，去观察建筑物的屋面做法，他会冒着危险，去工地查看各种建筑构配件。为了帮助孩子们透彻地理解楼梯剖面图，解决难点，他跑到很多地方去观察楼梯的设计，每每遇到一种新的类型，便会欣喜若狂，像个傻子似的，来来回回地在楼梯间走着：开间、进深、梯井缝、梯段宽度、梯段深度、踏步宽、踏步高……他的眼里只有图纸，午夜梦回，偌大的空间，唯一仅有的亦是图纸。他觉得他真的很痴迷，他忽然想，爱和喜欢到底是怎么回事，在没有接触之前，他真的不知道建筑图是什么，他甚至会眼花缭乱，并为此深恶痛绝，可是现在，他和它似乎再也无法割舍。一次次的研究，一次次的创新，学生们的绘图水平越来越高，能力越来越强。人生重要的不是所站的位置，而是所朝的方向，只要方向正确，他相信总有一天，他们会触底反弹。

3. 野百合也有春天

幸福都是奋斗出来的。不经历风雨，怎能见彩虹。2012年，是全面丰收的一年。从市赛到省赛到国赛，这一路走来，虽有惊，却无险。在市赛中，两名学生获第一名、第二名的好成绩，入围省赛，省赛中两名学生也脱颖而出，获得省赛第一名、第二名的好成绩，继续冲刺国赛，最后他们均获得了国赛一等奖。而鲁老师也被评为全国优秀指导教师、S市模范教师，各种荣誉纷至沓来。从此，在竞赛之路上越走越远，他先后指导学生参加建筑装饰比赛、建筑工程算量比赛等，均取得了不俗的成绩。他开始真正步入建筑的殿堂，任教建筑高考班的专业课教学，他编撰的专业技能考试复习指导用书正式出版，参编的3本课程改革成果教材也正式出版，还有一门参与编写的课程被评为区精品课程。

鲁老师的事迹告诉我们，成长的路上，不管遇到什么样的困难也不能放弃。艰难的时候，就给自己找一个不能放弃的理由。放弃是一个念头，而永不放弃是一种信念。要相信，坚持下去，就一定会有收获。野百合也会迎来属于自己的春天，虽然艰难，亦已开花，虽不起眼，却也芬芳。

2.2 中等职业学校教师的层次与境界

人的发展有内在层次的差异，教师的专业发展也如此。江泽民同志在《关于教育问题的谈话》中指出，老师作为"人类灵魂的工程师"，不仅要教好书，还要育好人，各个方面都要为人师表①。教书育人是为人师表的两

---

① 江泽民. 关于教育问题的谈话［EB/OL］. http：//www.gov.cn/gongbao/content/2000/content_60066.htm.

个重要方面，教书是育人的一个重要组成部分，育人比教书更重要。教师要在教书中育人，在育人中教书，这是为师之道的根本要求。教师有层次和境界的差别，职教名师应该是高层次、高境界的教师，高层次和高境界是每个为师者终生为之奋斗的目标。

为师之道有职业和事业之分。把教书当作一种谋生的工作，能够在这个工作岗位上做好本职工作，做到遵章守纪、上班准时打卡、备课、上课、批改作业、课后辅导学生，完成教学的各个环节；这只是一种低层次、低境界，是教师职业的基本要求。有追求的教师把教书当作一种终生的事业来做，在岗位上孜孜以求，不断完善自身的知识结构和技能，不断吸收教育教学经验，逐渐达到融会贯通，举一反三；在教学做到德育为先，坚持五育并举，注意率先垂范，用自己的人格力量影响学生的人格，注重将思政元素融入课堂传授知识之中，让学生在和谐愉悦的课堂气氛中乐学、好学，增长才干，形成良好的品格。他们把教书育人视为神圣的事业，这是一种高层次和高境界。

2.2.1　教师发展的层次

各个学者对教师发展的层次有着不同的分类。学者林国桢（2008）将合格以上水准的教师按照金字塔形状进行三个层次（类别）的划分：第一层为基础层（basic）教师，可称之为"教书匠经师"型教师，他们是教师队伍的主体，属于"合格"层次。他们具备作为一名教师应该具备的基本素质，包括专业知识和技能都能满足教学要求，能认真备课、认真批改作业，顺利完成课堂教学、指导学生完成实训等常规教学任务。第一层次教师的特征就是按部就班，基本能胜任教学。第二层次为教学骨干层教师，这是教师队伍中的中坚力量。他们具备扎实的专业理论知识、丰富实践经验和一定的技术开发和技术服务能力，教育有创新不死板。这层次教师鲜明特征是，既身体力行，也具有丰富而灵活的教学经验和技巧，教学科研能力强、成果丰富，具备较高的人格魅力，能引领学生学会做人、做事，深受学生欢迎。骨干层教师已经称之为"名师"型教师。最高层次为卓越层教师，这是骨干教师从优秀迈上了卓越的台阶，是教师专业化发展的最高境界，是整个教师队伍的金字塔尖，是教师的榜样和典范。这个层次教师的鲜明特征是"灵魂的塑造者"。他们做到教学内容源自课本而高于课本，总是给学生以启发，总能给学生以"醍醐灌顶、春风化雨"之感，总能在轻松愉悦的氛围下，化繁为简，让学生轻松掌握复杂的知识和技能，并能针对学生个性特征开展精准教学，真正做到因材施教。卓越的教师可称之为"智慧+良师"型。理论上，如果教师群体呈金字塔形分层的话，那么属于基础层教师、骨干层教师和卓越层教师各自占比分别应为 19∶7∶1（见图 2-1）。

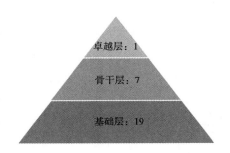

图 2-1　教师群体分类

除此之外，还可将教师发展的层次分为："字之师""事之师""人之师"。分别表现为以下特点：

"字之师"型教师表现为教学生如何学课本，他们教学停留在基础和表面——学书本知识，基本是只求分数，不求其他。至于学生的道德品格、生性修养、意志品质、身心健康等人生极为重要的东西一概不管、不顾、不问。

"事之师"型教师表现为世事洞明皆学问，人情练达即文章。教师不仅仅是教会学生读几本书和考试得高分，更重要的是注意引导学生善于从平凡的日常中发现人生的真谛，培养学生谙熟世事、透悟人生的能力。

"人之师"是做教师的最高境界，是每位教师的毕生追求。人之师即教学生如何做一个德才兼修、有情趣、有良好心态的人。司马光在《资治通鉴》上说"德才兼备为圣人"，德大于才是君子，才大于德为小人，无德无才是愚人。圣人、愚人少，更多的人要么是德大于才者，要么是才大于德者，在没有圣人的情况下，宁用德大于才的君子，也不用才大于德的小人。要想做一名合格的人之师，首先要是一个素质全面、学识丰富的人，其次是要处理好"成人与成才"的关系问题，最后是找准学生"成人"与现在国家的成才标准的结合点。

2.2.2　教师发展的境界

教师的境界指教师教书育人的精神生活过程所达到的心灵境界，是一种心灵存在状态，教师是否在从事"培养真正的人"的教育与教师的境界高低有关系，教师的境界高，其视野就宽广，其洞察力就深刻，其感情就愈真诚。

从教书的意义上划分，教师要追求更高的治学境界。教师的治学境界可分为四个等级，即庸师、严师、名师和大师。

（1）庸师。教师只关注书本知识而不顾及育人，教书也是照本宣科，没有变通性。既不批判地"拿来"，也不煞费苦心地创新。没有形成自己的教学风格。

（2）严师。即以严谨的态度对待治学，不仅对自己严格要求，对学生也是全方位的严格要求。他们雷厉风行、说一不二、铁面无私的"冷面三郎"形象，给学生极大的心理威慑力，学生对他们普遍存在敬畏之心。这无形中起到"严师出高徒"的效果，达到了教师修行的较高层次。

（3）名师。名师品格高尚、学识广博、站位高远，能以科学、刻苦钻研的精神对待治学，能够洞穿教材，超越教材，对教学精益求精，对教育善于思考，渴求思考，勇于思考，大胆探索，执着求真，能"站在巨人的肩膀上"形成自己特有的教学风格和高超的教学艺术。名师热爱关心学生，富有教育的诚心和爱心，关心学生如同亲人。名师深藏着让人折服的艺术法宝，能够巧妙而又准确地拨动每位学生的心弦，从而和谐地演奏出师生教学相长的美妙乐章，可以达到"青出于蓝而胜于蓝"的效果。

（4）大师。大师思想深邃、学识渊博、本领高强，能博采众长，教学艺术千锤百炼以至炉火纯青，对教育潜心研究并形成自己的教育思想。大师的教育方法与经验、智慧和思想将成为教育界特色鲜明的旗帜，能够影响一个学科（或专业）和一个地区的教育教学发展趋势和走向，引领一大批教师不断地提升。大师努力把握时代的脉搏，捕捉最新的教育理念与动态，与教育共成长，与时代共发展。大师心中有大爱，关心学生的学习与生活、思想与情感、人生信念与态度，思考学生的未来发展方向，引领学生做出正确的人生规划，其言行对学生起到浸染与熏陶的作用，不知不觉就影响和改变了学生，在一定程度上能决定学生的未来与人生，对学生的终身负责，可以达到"化腐朽为神奇"的教育效果。大师是治学的最高境界，也是每一位教育工作者所追求的最高目标。

教师的境界直接决定了教师个人的职业生涯的生存方式和发展路径，更是决定了教育质量的高低和人才培养的质量。教师不仅肩负着自身的成长与发展，更肩负着教书、育人的重大任务。作为教师，要心怀梦想、志在高远，要不满足于做一名合格的人之师，而是要尽自身最大的努力去追寻更高的人生境界、道德境界，做一个高层次的、有品位、有理想、有抱负的新时代好老师，甚至，还要追求更高的境界，追求做一位名师、大师。

2.3　名师的成长

教师的成长是个复杂的过程，是作为未来教师且带有自身经历的个人，通过一定年限的教师教育训练及长期在职进修而不断获得教师角色的过程，是其与教师角色有关的一系列认知情景及行为发生变化的过程，也是与社会不断互动的过程。一名教师从入职到最后退休，前后几十载光阴，有的教师几十年后，还停留在教育教学的初级阶段，教学方式传统而守旧，不懂得变通，按部就班式地完成任务；而有的教师从最开始初出茅庐的新手教师，一步一步成长为独当一面、桃李芬芳、教学与科研双丰收的名师，这个过程是教师从低水平到高水平逐步发展的缓慢过程，需要几十年的时间沉淀以及教学经验积累。

教师的专业发展过程呈现出鲜明的职业特征。首先，表现为长期性，作为特殊的专业人员，一个教师的成长周期比其他任何人才的成长周期都要长。教师成长过程是一个从量变引起质变的过程，需要时间的沉淀。一名新教师从走上教学岗位到成长为一名符合现代职业教育所要求的称职教师，大约需要十年的时间；从一名合格教师成长为优秀的骨干教师，也需要十年左右的时间。而从一个优秀教师到职业成熟，并且独当一面，成长为名师所花费的时间大致又是十年。再者，教师专业成长也呈现出一定的规律性，突出表现为教师专业发展的阶段性规律，表现出各阶段发展的不均衡性和独特的个性色彩。最后，教师的专业发展受到诸多复杂的内外制约因素的影响。

2.3.1　国内外教师成长阶段论

国外研究者们对教师成长发展的阶段有不同的划分，表2-1所列示的"国外学者的教师成长阶段论"是经常被我国学者所提及并在一定程度上被认可的。国外教师专业发展的理论始于美国的富勒，其通过大力调研编制了《教师关注问卷》，提出了教师关注阶段论；而后较为著名的是伯顿提出的教师发展阶段论，还有司德菲的教师生涯人文发展阶段论等。不同学者划分的阶段虽然不完全相同，但这些阶段划分依然存在一定的规律性：教师都是从不成熟到逐渐成熟直至成为专家，其间的发展是非线性的、多向的，而且是有波折乃至倒退或停滞不前的。

表2-1　　　　　　　　**国外学者的教师成长阶段论**

研究学者	教师成长阶段论划分要点
富勒	教学前关注、早期生存关注、教学情境关注、关注学生
卡茨	求生存、巩固、更新、成熟
伯顿	求生存、调整、成熟
费斯勒	职前教育、引导、能力建立、热心和成长、生涯挫折、稳和停滞、生涯低落、生涯退出
司德菲	预备生涯、专家生涯、退缩生涯、更新生涯、退出生涯
伯利纳	新手、高级新手、胜任、熟练、专家
安鲁赫	职前期、初任期、安全期、成熟期
格雷高克	形成期、成长期、成熟期、充分专业化期
休伯曼	入职期、稳定期、歧异期、准备退休期
麦克唐纳	过渡期、探索期、创造实验期、专业教学期

国内学者也根据不同的侧重点将教师成长划分为不同的阶段，如表2-2

所示。国内研究有的基于国外研究推演，如庞丽娟将教师成长划分为准备、求生、巩固、更新和成熟阶段；有的则是在对本土优秀教师或名师研究的基础上概括而来，如傅道春将其划分为积累期、成熟期、创造期；邵宝祥从教师教育教学能力发展的角度出发，提炼出教师专业发展的"四阶段论"：适应阶段（从教 1～2 年）、成长阶段（从教 3～8 年）、称职阶段（35 岁以后高原阶段）、成熟阶段；王铁军对"名师"的研究表明，教师发展要经历入职适应期（18～25 岁）、成熟胜任期（25～35 岁）、高原平台期（35～45 岁）、成功创造期（40～55 岁）、退职回归期（55 岁至退休）。

表 2-2　　　　　　　　　　国内学者的教师成长阶段论

研究学者	教师成长阶段论划分要点
邵宝祥	适应阶段（从教 1～2 年）、成长阶段（从教 3～8 年）、称职阶段（35 岁以后高原阶段）、成熟阶段
钟祖荣	准备期（职前）、适应期（从教 1～3 年）、发展期（从教 4～10 年）、创造期
傅道春	积累期、成熟期、创造期
庞丽娟	准备阶段（师范教育）、求生阶段（任职头一两年）、巩固阶段（任职三四年）、更新阶段（任职四五年）和成熟阶段（任职四五年后）
王铁军	入职适应期（18～25 岁）、成熟胜任期（25～35 岁）、高原平台期（35～45 岁）、成功创造期（40～55 岁）、退职回归期（55 岁至退休）

2.3.2　职业学校名师成长阶段

本书依据名师的专业化发展中能力的递进演化过程，认为职业学校教师从入职到成长为名师，是从适应工作、胜任工作、养成风格，最后创造性开展工作引领教师发展的过程，因而一般都需要经历入职适应期、基础夯实期、积累沉淀期、创新引领期等四个主要阶段。在这路漫漫而又上下求索的成长历程中，我们每个职教教师都应该明白成长之路绝对不是"拿来主义"的照搬全抄，仅复制就能解决的，而是需要个性化和时代感，必须坚定理想信念，用高度的热情，从改变自己做起，克服常人不能克服的困难和艰辛，

66

不断开拓进取，在能力边缘的极限上锻炼自己、成就自己，并不断超越自己，逐步将自己从学习型教师，提升为研究型教师，最终跃升为教育领军人才。分析教师的成长阶段，有助于我们发现优秀教师或者名师的成长规律，帮助教师明确未来的发展方向和选择适当的培养路径。

2.3.2.1　入职适应期

入职适应期，是指教师刚走上教育教学工作岗位，在他人或组织的带领和帮助下开始适应教育教学工作的时期。"入职适应期"是教师开始职业生涯的起始阶段，是专业成长的起步阶段。这一时期，初出茅庐的教师都是带着满腔热情，豪情万丈，但是由于对学校各方面的情况了解甚少，对职业角色要求和规范所知有限，会很快发现自己大学里所学的专业知识太过理论化，与实际教育工作密切相关的专业知识、经验和技能掌握不多，缺少动手实践基础，教育教学知识在实际教学中的灵活应用也存在心有余而力不足。因而碰到的困难大多与如何适应并完成常规的教学工作和管理工作有关。入职适应阶段是每一个名师成长所必须跨越的。这时候就看教师是否用心去克服，否则就无法进入下一成长阶段。

新进教师在进入职业学校教师队伍前可能是应届大学生或其他行业企业的引进人员，由于专业的多样化，新进教师大多没有对高等教育理论进行过系统性学习，并且欠缺教学、科研、学生管理等方面的实践技能和经验。因而，这一阶段的主要任务就是学习，包括专业知识的学习和教学岗位知识（如教育学、心理学等）学习，以学习书本知识为主。他们的知识和经验是一般化和表面化的，形成了教师所需要的一部分独特的优势素质。这一阶段学习的重要途径是岗位培训，重在教学基本功的规范和夯实，让新教师尽快熟悉学校的基本情况、职业学校的特点和学校制定的各项管理规章制度，提升教师的教育教学能力，更好地融入所在学校的教育事业发展中，适应工作岗位，履行岗位工作职责。除本校教研活动以外，学校一般还会增加议课、研课频率，邀请省市级教坛新星为新教师做规范、做示范。除了这些务实的培训和教研外，还会有很多务虚的培训与讲座，如对教师职业的认识、对教育规律和本质的认识，以提升教师的思想境界等。

这一阶段教师要实现两个转变：一是由在校大学生（或企业技术工人）

向教师角色的转变，二是教学知识向教学能力的转变。我们认为，这在今后名师成长的全部历程中是一个至关重要的阶段。好的开头等于成功了一半，有了好的起点，就有了发展的好势头，有了好势头，就有了继续努力的动力和勇气。职业适应期结束的标志，是能够基本完成教育教学任务，得到学生的认可，能够适应和胜任教育教学工作。一个新教师真正完全适应教师岗位，适应期一般需要 1 ~ 3 年，这个时期的教师，通常被称作新手教师，第一年通常称为"见习教师"。自身素质较好而且适应性强的教师，时间会更短些。教师适应工作的快慢，取决于以下一些因素：教师在职前准备期的素质是否适合教师工作；在适应期，是否得到有经验教师的帮助指导；学校是否为他提供教育教学实践的机会和舞台；以及他自己是否努力追寻进步等。

这一时期，由于教师自身基础能力和职前岗位训练强度及内容的差异，教师发展的起点会有一定的差异性。例如，有的教师职前知识学得精，内容纯熟，动手能力强，那么他可能很快步入下一发展阶段。这不但与教师的意志努力有关，而且受制于其认知因素与非认知因素的水平。有的教师的发展可能很容易实现一个阶段向下一个阶段的跨越；而有的教师的发展可能很缓慢，长期停滞于某个水平，甚至最终也不能跨越到下一个阶段。这是优秀教师与一般教师在成长历程方面的重要差别。

有学者做过这样的调研：对 100 名有经验的教师进行访谈，发现那些在教学第一年有着不愉快经历的教师与顺利通过入职期的教师相比，多年后往往对教学仍感到不满意。这意味着入职期的顺利与否，对教师的终身成长起着举足轻重的作用，因为一旦人们形成一种工作方式，由于恐惧、习惯和教学惯性，许多人不愿意进行过多的改变。因此，新教师要把入职适应期变成专业发展的关键期，需要在发展中遇到困难时，从自身的改变做起，以强大意志全力争取专业发展的外部环境，要尽可能多地争取参加各种教学教研活动、教学竞赛、教学技能比武、专业专题培训活动等，要勇于承担各类公开课，善于亮剑，以及参加必要的外出考察学习交流活动，这样专业发展的机遇就会比较多，专业水平提升也就快。同时，学校要创设一个和谐、民主、创新、平等交流的教师发展文化环境，给新教师开展师徒结对，让年轻教师在较短的时间内熟悉教育教学业务，得到指引而尽可能少走弯路，顺利地实现专业成长，并为以后成长为名师打下坚实基础。

我们来看一个比较有代表性的案例，一位最终成长为中职校长的贺老师的入职适应期的心路历程。贺老师说，他的教学工作一开始就出师不利，跌入低谷。

入职适应期的峰回路转

1980 年的秋季，贺老师怀着对物理的"一知半解"、带着一份对职业的浮躁心态，跨入了教师的行列。教学工作出师不利，很快跌入低谷。他教高一两个班级的物理。粗粗地看看教材、简单地写个知识内容提纲，这就是他的教学准备；照本宣科地讲解、偶尔会出现教学过程的卡壳，这就是他的课堂教学；年龄相近的学生掂量他的解题能力，时而让他陷入困境，这就是他的师生交流。学科知识的浅薄、教学方法的无知、管理能力的低下，给教学带来的危机，此时的他浑然不知。学校怕影响学生成绩，半个学期后他就被调离任教岗位。由于初入职场，未经历过职场风雨的洗礼；由于措手不及，缺乏经受职业挫折的心理准备；由于阅历过浅，过于顾及周边人群的看法。此时，他感到别人对他另眼相待，自己无地自容；此时，他真想脱离教师岗位，哪怕是逃离这所学校也好。在那个年代，脱离教师岗位，未来的路在何方？逃离这所学校，归宿又在何方？在父母的耐心开导下，他慢慢地进行了自我反思；从同事友善的眼神中，他渐渐地感受到了人世间尚存的同情。他克服了患得患失的顾虑，驱散了内心深处的阴霾，真诚地体会着教学应有的章法。

当一个人真诚地面对人生时，常会得到他人真诚的帮助。当时的县物理教研员胡老师向贺老师伸出了真诚的援助之手，力荐他上县级公开课，并耐心指点他怎样确定教学目标、怎样分析教学的重点、怎样突破教学的难点、怎样准备演示实验、怎样进行新课的引入、怎样设置课堂的环环相扣、怎样调配教师课堂教学的注意力、怎样进行演示实验时的语言旁白、怎样进行板书的设计……从备课，到上课、评课，"全流程"的指导，让贺老师似乎有胜读十年书的收获，有了峰回路转的感觉。在随后的教学工作中，贺老师不负胡老师的期待，积极反思，努力改进教学，备课也不再满足"常规"，而是开始有点新意，从改进演示实验入手，从"只有现象地看"到"听与看并存"，大大增强了实验的惊奇性、多感知性。他把实验探究法引入习题课，通过一个个模拟性的演示实验，让学生直接观察到实验现象，再应用分析，给学生一个清晰的思路，慢慢地，课堂效果就出来了，贺老师终于渡过了入职适应期。

2.3.2.2　基础夯实期（探索跟随模仿期）

经历上一阶段的适应后，一些教师开始崭露头角，他们去除了内心的浮躁，逐渐沉下心来，依旧继续保持着对教师工作的热情。通过前几年的工作实践，这些老师已经完全融入了学校组织，并且掌握了教育教学相关技能，有了一定的教育教学能力，能胜任教育教学工作，在学校站稳脚跟，在学生之中树立了威信。这一阶段的主要任务是站上讲台，站稳讲台，占领讲台，最终超越讲台成为一名学习型的教师。

在这一阶段，教师职业成就感的体验和职业成就意识的自我培养非常重要，这是教师需要的发展期。因个性、能力、学识基础不同，教师的成长点存在差异。但是，这一时期，教师的共同心愿是希望得到进一步深造、进修的机会，以获得知识、技能水平的提升和学历层次的提高。同时，通过加强自我教育，为迅速有效地成长打下扎实的思想业务基础，力争脱颖而出。这一过程一般也需要 3～5 年。当然，有的教师可能一辈子都走不出这个阶段，不能成为优秀教师。究其深层次的原因，主要是教师的职业理想、教育必胜的信念和成就事业执着程度存在较大差异。就像内功修炼一样看谁能耐得住寂寞，谁就能熬得过去。

一个用心的教师，就会像一块海绵一样，努力钻研，勤奋学习，夯实他的教学功底。比如，进取心强的教师会严格要求自己，向同事们索要各种教学的"内功心法"和"武林秘籍"。首先，学习最好的途径是观摩反思，每天除了完成自己的讲课、备课任务外，至少听组里其他教师一到两节课，而且不能只听一个老师的课，要听教研组里所有的课，在他们的课堂上看到自己的不足，从他们的课堂学到真经。其次是做好备课。不仅备好课本内容，突出重点、难点，更要备学生的思想动态和行为方式，要做到提前 1 ～ 3 天备好课、备详案，最好能备学案，为学生课前导学。同时，要做教学反思，课后及时向学生们征求对课堂最真实的看法、意见和建议。遇到问题随时向有经验的教师或其他年轻教师请教或探讨解决方案，及时改进教学方法和策略，并勤于钻研教学心法，这样很快就会提升自身的教育教学能力。

边学边做，走向理性，十年磨一剑终见成效

1984 学年对贺老师来说也是一个小小转折，他考取了某教育学院的函授本科，重启接受学历教育之路。经历四年的教学，他深切地感受到"知识用时方恨少"。因此，虽然是函授学习，但是他学习的热情比全日制学习时要高出许多，学习效果也要好得多。他学习了数学、物理，对教育理论渐渐发生了兴趣，开启了教育心理学、学习论、课程论等教育理论的学习之路。

学科知识的学习，让他能用更高的站位进行教材的分析，更好地领会教材的编写意图，有时还能发现教材或教学辅导资料中存在的一些知识性错误。教育理论的学习，使存在于头脑里的一个个教育教学的"为什么"得到了解答。他常常使用的"实验探究＋逻辑推理"教学，就是布鲁纳发现教学法在课堂教学中的运用。在"探究"与"接受"之间，学生对"探究"更能保持浓厚的兴趣；"发现"虽然过程缓慢，但更可以培养学生解决问题的能力；"实验"不仅可以培养学生的动手能力，更可以培养运用形象思维分析问题的能力。

教育理论源自教育实践。但是，一旦教育理论被教师所认识，就会引发教师自觉地运用于课堂教学，指导教改实践。因此，在后来的教学中，他不仅重视对教材知识结构的分析，更重视知识呈现的方式；不仅重视对知识的传授，更重视学生思维能力的培养；不仅重视实验教学中物理现象的再现，更重视实验原理的分析。基于教育理论指导下的课堂教学，不仅

可以创造生动的课堂教学生态，也可以创造良好的课堂教学成效；不仅可以促进学生学业的快速成长，也可以促进教师教学能力的专业发展。

基础夯实期有短有长，即使后来才成为名师名校长的教师，在其职业生涯开始时，也会有各种各样的问题，只有努力钻研，刻苦学习，才能在基础夯实期更好的发展。像文中的贺老师一样，在这个过程中边学边做，取得了不错的成效。

2.3.2.3 沉淀积累期

沉淀积累期是一名教师能否成为名师的关键时期。这一阶段是教师积累教育教学资源、提升教育教学能力、培养教育科学能力、克服教师职业懈怠、突破专业发展瓶颈的时期。这个阶段的教师正处三十而立、四十不惑的年龄，往往会因为各种原因而停滞不前，甚至倒退，比如：会因自身的经验及资历而自以为是，也会因职称到了高级而不思进取；会因自己对岗位工作的熟悉，在"小环境"的显赫成就而骄傲自满；也会由于满足于已有的成就或地位，抑或是因为得到的晋升机会渺茫，可以选择的机会微乎其微，从而产生"职业懈怠"的心理，失去进一步发展的动力和可能。

这些不良心理对教师的专业发展无疑是危险因素。从一定意义上讲，大部分教师之所以不能成长为名师，可能就是因为其毕生都无法突破这一发展瓶颈，而这一阶段又是所有教师成长过程中都有可能出现的。教师专业发展的沉淀积累期通常需要5～10年，对应的教师年龄为35～45岁，处于此阶段的教师通常会出现三种情况的分化：一是自身基础扎实、动力充足、克服障碍，继续实现自我突破的教师；二是基础一般、能力一般、动力一般、自我满足、故步自封的教师；三是基础较差、动力缺乏、自甘平庸、不思进取的教师。显然只有第一种情况的教师才有可能突破其发展的瓶颈，从而成长为名师，而大多数教师可能会面对第二种情况，更有甚者会是第三种情况。当教师面临瓶颈时，他可能会出现懈怠，或称为教师进入高原期。很难感觉到像前一个时期那样快速成长，相反，他发现自己很多事情都是在重复，能保持中等状态的教学效果，但即使更努力，也没有明显的提高，不过一般情况下也坏不到哪里去。工作内容和范围长期没有变化，自己也不知道还有什么事情可做。偶尔有一些新的尝试，也看不见什么效果；自己从同伴那里不能再学到更多的东西，觉得同伴懂的自己也基本上都懂。工作热情明显下降，但能维持着基本的工作状态；一部分教师感到工作疲惫。开始关心教学理论，但没有哪一种理论完全说服自己，觉得这些理论都与自己切身的感受不一致。应对当前这种普遍的教师职业心理疲劳、职业情感衰竭的职业倦怠心理，主要依靠教师自身的心理调节。一般来说，社会、学校和教师自身都要共同预防和缓解职业倦怠心理，使处于这一阶段的教师能始终保持积极的心态、自信和从容，不受外部评价或职务升迁等因素的牵制，顺利渡过专业发展低潮或职业危险期，重新追求专业化的发展，突破原有的自我发展水平与境界。全国著名特级教师李吉林在讲述自己的人生经历时，认为突破专业发展的瓶颈期的关键有两点，一是专家的鼓励和指点，二是自己的开放观念、开放心态[①]。著名特级教师李庾南在总结自己的成功经验时提到，在专业成长与发展历程中，他也曾多次有过自我突破，从而实现了从教生涯中的三种境界：从"将教师当作职业"到"将教师当作事业"再到"将教师当作艺术"的持续的自我追求、自我提升和自我超越[②]。

因而，这个阶段主要任务是克服教师职业懈怠、突破专业发展的瓶颈，沉淀自己的能力、沉淀自己的格局和沉淀自己的交际，潜心教育研究，在积累中沉淀知识，在积累中沉淀性格，成为一名具有教育科学研究能力的教师，为突破做准备，为厚积薄发打下坚实的基础。

首先，沉淀能力，方能生香。机遇是留给那些有所准备的人的，这个准备就是相对应的能力，所以能力都是必备基础。教师没有与之相对应的能力，哪怕机遇再好，外界给予的帮助再多，也不可能成为名师，充其量就是一个扶不起的阿斗。越有本事的教师，越懂得在工作中不断沉淀自己的教学与管理能力。他们在技能上精益求精，永远不会满足于眼下的水平，不仅从书本上获取知识，还会在实践中不断总结经验学以致用。时刻保持自己谦卑的心态，向更高水准的人看齐，只为让自己的能力越来越强大。有了这样的

①②　金连平．特级教师专业成长的适应期、关键期与突破期分析［J］．教育学术月刊，2011（12）：62－64．

意识，就会把自己时刻放置于一个学习者的位置上，这样能力提升也会越来越快，有了能力作保证，名师自然会实至名归。

其次，沉淀格局，方能走远。在走向名师的道路上，能力决定一个教师的下限，而格局才会决定一个教师的最终上限。所以只要有能力，无论如何也不会太差，但如果想要更进一步，让教师在职业生涯中有更大的作为。除了能力外，还要学会培养自己的格局，也就是通过各种媒介不断拓展自己的心灵边界，遇到问题能思考得更全面，人生道路上看得更加遥远，不至于被眼下的得失蒙蔽，或者囿于自己浅陋的思维而失去机会。越有本事的教师，越懂得不断沉淀自己的格局。他们会从书本上学习知识，开阔眼界，会从周围环境中思考事情的本质，极力培养自己的大局观。同一件事情，他们总能比别人想得更长久，看待问题也更全面。这样的教师，既具备了相应的能力，又不缺乏抓住机遇的格局，教师职业生涯道路只会越走越宽，他们是名师培养的最佳人选。

再其次，沉淀交际，方能精彩。人类从启智开始便懂得了团队协作的重要性，现代社会越来越趋于合作共赢，想要依靠单打独斗闯出一片天几乎成为了不可能。因此，教师一定要懂得有意识地去经营好自己的人际关系。一段好的人际关系，不但能够让你的生活更加丰富多彩，关键时刻还会为自己赢得许多贵人。越有本事的教师，越会重视对交际的沉淀。他们平常与人为善，也懂得识人辨人，交友的原则永远都是质重于量。对待朋友他们足够真诚，在任何人际关系中都保持不卑不亢。在提升自己能力与格局的同时，不断向更高的层次跃进，让自己的人际圈子也变得越来越优质。这样的人，有能力有格局，而且生活中又有良好的社交资源，无论做什么事情相对来说都会更加便捷，教师生涯也是顺风顺水。

最后，也是最重要的，沉淀研究，方能出彩。教育研究是以探索教育规律为目的地创造性的认识活动。教育研究的过程是以问题导向、聚焦关键环节、提炼并升华的过程，是将"高大上"的科研从"大而空"降维为贴近教学实际又高于教学的过程，这对老师来说是个极大挑战，需要实践和理论相结合，需要创造性思维和创新能力。教育研究可能每次都不能直接帮助教师解决现实问题，但却能给教师一个"反思、提炼、整理、行动"的机会，用自己的故事、自己的思考、自己的教学实践，实现教学专业发展的一次次突破和提升。每一位要想突破自己成为名师的职业学校教师，内心一定装着一颗坚守职业教育梦想的进取之心，必须要有健康的职业心态、以人为本的教育精神、以学生为中心的教育理念、令人折服的教育智慧和沉下心来进行教育研究的决心。这既是教师在教育研究过程中逐渐获得的宝贵财富，也是作为一个研究型教师必须具备的品质。

教育研究是沉淀自身最好的途径，也是教师专业成长的必由之路

相信很多职业学校教师选择这个职业时的梦想，不是仅仅成为一名"教书匠"，而是成为一名出色的教师，杜老师也是怀着这样的梦想进入中职教师队伍的。但现实很残酷。面对不爱学习还懒惰的学生，杜老师最初激情所剩无几，有时还产生职业倦怠、迷茫，甚至是一种敷衍。一次偶然的机会，他听到一个老奶奶为烙好饼也需要研究能力的故事，这个故事让杜老师深受启发，改变了他对中职教育的看法和做法，决定走上教育科研的道路。开始时，他认为研究好像是一个很神秘困难的事情，又需要很多时间，作为一名普通教师，繁重的教学任务让自己根本没有时间和精力搞教研。经过一番思考，杜教师决定从以下几方面来进行教育科研。

首先，他从教学工作中总结经验，发现问题，解决问题，将自己在教学过程中的所听、所闻、所想、所感，结合自己读到或搜集的网络、报刊、听评课和教研活动中的教学案例等，随时记录，形成教育随笔、教育案例、论文和教学反思等，并运用到教育研究中，持续而且深入开展系列研究，通过"以研促教"方式，促进自身的专业成长。他的教育课题都来源于教育教学活动实际，做有心人，留心自己的教学活动，认真思考总结自己的教学活动，从解决教学实际问题出发，发现属于自己的问题，在自己能力控制的范围内去操作、去研究，不断思考总结自己的教学，不断提升自己的教学水平、教学能力，提高教学的有效性。

比如，在讲授专业课程的时候，他融入自己对教学方法的理解、感悟、心得，结合学生实际、课堂实际和教学条件实际，用课题研究的形式逼迫自己持续不断地完善教学方法，真正领悟项目教学法、一体化教学法的意义和操作规范。他的"'行动导向、学案导学、探究启发'计算机网络技术专业教学模式实践与研究""计算机网络应用专业一体化课程教学改革研究"两个课题，解决了教学中的现实问题，产生了一系列的成果，撰写相关论文 10 篇；他还公开发表或参加各级各类论文评奖，取得了不错的成绩，其中一篇获得全国技工教育和职业培训教学研究成果二等奖。

其次，从具体负责的工作中，找到与教学的结合点。比如，2014年，他负责创建学校的微信公众号，在运行的过程中，他利用公众号来开展信息化辅助教学，从学生的移动学习需求出发，开发了基于微信公众号的移动学习平台，充实各种资源使之成为"教、学、做"一体化的移动学习平台，更好地为学生服务，满足学生个性化需求。在开展移动学习研究同时，他从不同的应用角度申报了两个课题，并且都获得了立项。在研究过程中，他通过建立的微信公众号平台向学生做网络调查，获得一手研究数据，撰写了调研报告并发表了两篇论文。

最后，教育研究一定要与学校共同成长，与学校改革和发展、专业建设结合起来。杜老师在学校创建办工作期间，主要负责国家改革示范校和国家高技能基地建设，涉及学校建设与改革的方方面面。为更好地服务于项目建设，他依然通过课题研究的办法，使项目真正落地。他将项目建设、课题研究、专业建设有机结合起来，开展了一系列的课题研究，更加深刻理解了学校的改革与发展的内涵，真正与学校同命运共呼吸。

教育科学研究，为杜老师搭建了专业成长的一架梯子。在研究过程中，他时常感到自身存在一些不足，这促使他不断学习，提升理论水平，形成终身学习的能力，并不断从教学和工作中总结、提炼概括，用理论来指导自己的教学，用理论提升自己的专业水平，逐步形成完整的体系。如果说 2014 年之前所做的教育研究都是为了评高级职称做准备，那么评完高级职称之后，他依然不甘于平淡地过教师生活，就是为了挑战自己。挑战自己最好的办法就是去读书，去做更高层次的研究，于是他在不惑之年考上了博士研究生。这是他教师职业生涯的一个重要里程碑，帮助他重塑科研精神、明确教育科研方向、完成教育教学能力的一次"唤醒和激励"。和教授博导们一起站在更高、更宽的视角看职业教育与人生，让他明白了自己在教育教学中该做什么和不该做什么，获得了更宽广的视野和胸怀，从而更好地开展教育与科研。

2.3.2.4 创新引领期

进入创新引领期的教师已经是名副其实的名师，他们具有主持和指导教育教学研究的能力，在教育思想、课程改革、教学方法等方面取得创造性成果，并广泛运用于教学实践，在实施教育过程中，发挥示范和引领作用；他们不仅仅是业务过硬，教学成果好，而且领域专业知名度高，在区域内具有一定的影响力，在行业内产生一定的影响。该阶段的标志性事件是评上市级及以上级别的名师、特级教师，或正高级教师。创新引领期的教师一般任职满15～20年，年龄为40～50岁。之所以是创新期，是因为教师有前几十年一线的教学经历作为铺垫，推陈出新。这个阶段的教师最主要的特征是拥有创新精神、具备创新能力，教学风格与教学模式打上了深深的个性化烙印，能实施个性化精准教学，能够总结、提炼自身的教育教学并上升到理论的高度，教育科研成果丰富且有分量，在区域内产生了较大影响力，能起到示范与引领作用。这一时期他们的心理需要主要是成就需要，他们已经把教师职业上升到事业的高度，并孜孜不倦、乐此不疲，内心强烈希望能发挥潜能，形成鲜明的个人特色，成为同辈中的佼佼者。名师"成名"是其毕生追求，是其热爱教育事业的动力并成就其辉煌人生的必然。

这一时期的任务主要体现在三个方面：一是创造。全力促成教育理论与实践的融合、创新和发展，名师要通过多种形式和途径展示和推广教育教学研究成果，如举办教学、科研经验讲座、开市级以上示范课、在核心期刊发表高质量教育研究论文、撰写省级以上规划课题等，使教育科研转化为教育生产力，成为名副其实的研究型、学者型名师，真正成为职业教育改革与发展的领军人才。二是引领青年教师。在用自己的教学热情影响教师的同时，用自身榜样的力量唤醒周遭的教师群体，甚至激起更广阔领域的人们奋发向上，追求卓越。"一花独放不是春，万紫千红春满园。"职业教育不是一个人的事业，也不是一个学校的事业，是关系到千家企业、万户家庭的事业，是整个社会的事业。因此，只靠个别名师或一小队名师是远远不够的，要让名师带领一个个团队，带出一批批名师，形成名师聚合效应。随着职教名师自身逐渐成长和强大，仍然需要清醒地认识到成长无止境，永远是一步一个脚印的旅程，要更清醒地意识到我们成长为名师的意义不在于获得多少的荣誉和勋章，而是责任和使命，要用自身的领导力和执行力来搭建一个平台，以团队的力量、辐射的方式，凝聚一个团体、影响一批人、激活一个专业、兴起一个专业群、带动一个学校甚至更大范围内的老师，激起共鸣，形成"名师效应"，让更多的教师能在名师的引领下一起探讨和分享先进的教育理念、研究教育方法，将师资队伍建设推上一个新台阶。三是名师是一种精神追求，不是教育工作的终结，也不是教育能力的一个巅峰。山外有山楼外有楼，一山更比一山高，名师不能故步自封，应当有远大的梦想、更清晰的方向、更高远的目标，那就是更上一层楼，努力成为教育家，用自己的智慧和力量去帮助更多的学生和老师，去影响和辐射教育界，为社会主义建设做出更大的贡献。

特级教师借名师网络工作室平台助推
职业学校骨干教师二次成长

十多年前，娄老师被评为某省中学特级教师，次年他就成立了名师工作室，立足于中职数控专业，本着"合作、分享、提高"的工作室团队精神，吸纳全省本专业的骨干教师组成工作室学科带头人核心团队，采用师带徒、跟岗学习、团队合作等形式，开展主题教研、集体备课、企业调研、专业课改、编写教材或专著等线上线下活动，通过课题、项目申报、建设等方面的针对性指导，促进职业教育骨干教师基于网络工作室的二次成长，并依托网络充分发挥学科带头人在全省骨干教师培养、新一轮中职课改和专业建设方面的示范引领和辐射带动作用。十多年的发展，工作室涌现了多位省特级教师、正高级中学教师、省中职名师、市名师、省教坛新秀。

娄老师以职业教育课程改革新理念为指导，充分发挥工作室成员或其他高水平教师的专长，通过积极有效的研究，探索适应中等职业学校数控专业人才培养目标的教学模式、教学方法，通过课题申报等形式实施研究，并加以推广应用。通过工作室领衔人及导师的引领，在专业课堂教学、专业教学评价、专业教科研等方面培养工作室成员的各项教育教学能力，打造名师群体，形成名优效应。通过工作室领衔人的带领，大力推进中职"做中学"课程教材编写工作，以"基础平台＋项目教学"为原则，推进专业课程改革。

以线上线下主题教研为平台，助推专业带头人二次成长。在教师专业发展进程中，骨干教师成长过程都会出现一段"高原期"，表现出的现象为：从教者在达成自我阶段性目标后，在某个时期出现"迷茫""停滞"的现象。进入名师工作室的学科带头人，均是各校骨干或学科带头人，已完成了个人成长的第一阶段，很多人存在从教困惑现象。娄老师分析学科带头人存在的发展阶段现象，组织形式多样、内容丰富的线上线下主题教研活动去帮助工作室成员克服"高原"阶段，让学科带头人快速步入教师职业的继续发展阶段，确保其可持续发展。

娄老师经常利用工作室公开课开展网络直播活动，将工作室学科带头人的公开课向全省中职学校进行网络视频直播，课后进行网络评课与导师点评。这种方式大大提升了优秀教师的资源利用率，教师可以有选择地听取公开课程，并且在课后进行交流讨论，而上课教师也能吸收来自全省各地教师的意见和建议，这种基于网络团队而搭建的公开课方式，不但提升了专业教师的整体水平，也让优秀教师有用武之地，使听者受益，讲者也有收获。经常开展工作室课堂教学展示活动，同时联合其他的特级教师，并为学科带头人的公开课、信息化教学设计与说课、课堂教学风采、创新创业等展示活动进行点评，给展示的老师提供建议和指导。课堂是教师的根本，也是教学能力的体现，但是在一般条件下，请专家来听公开课并给予评价与指导的机会是非常有限的。工作室这个平台给了成员"亲密"接触专家的机会。娄老师名师工作室每学期均会围绕专业理论与专业实训教学开展工作室学科带头人的集体备课活动，提高学科带头人专业教学能力。对于学科带头人而言，名师工作室就是一个左右贯通、纵横连接、上下交互、四通八达的立交桥式的助推平台，各种主题教研活动促进学科带头人更新教育观念，积极自我反思，从而提高自身的专业能力与影响力。以新课改及专业建设为契机，促进专业带头人共同发展。娄老师的工作室全程参与省中职数控专业两轮的课改工作，完成了课改专业调研报告、课改教学指导方案的撰写、课改省规教材的编写与完善、课改成果应用与专业师资培训、课改教材数字化资源制作等各项工作。

娄老师的名师工作室经过长达十年的建设与运行，为职业教育骨干教师基于网络工作室二次成长提供了新的助推方式，开辟了职业教育骨干教师基于工作室的成长之路。其作用主要体现在立足专业建设进行校本科研、以学科带头人要求自我提升、以团队协作辐射全省专业师资队伍，带动各学校相应专业师资队伍建设与专业发展，通过工作室的实践，形成"引领、助推、共同发展"的学科带头人培养途径。

总而言之，教师成长之路，平凡却又充满奋斗。每个教师的专业成长与发展，都不可能一蹴而就，需经过相当长时间的积累和磨砺。水滴石穿，绳锯木断，教师专业成长的终极意义在于成功突破其教育人生从而成为获得成功的名师，这是一个不断沉淀、不断积累，进而厚积薄发的过程。要想成为名师，就必须心无旁骛，安心于本职，只有在学校中、在教学中，才能找到自己"追求卓越"人生的突破点；科学把握自己的关键期和突破期，顺应时代发展的需要，及时抓住时代机遇，提升教师专业成长与发展的速度、效率和水平。我们相信，一个教师从初登教坛发展成为合格教师，成长为骨干教师，升华为知名教师，乃至教育专家、著名教师，既是教师实现自身价值的需要，也是职业教育发展的必然要求。时代呼唤名师，职业教育需要名师，我们期待着职业教育薪火传承，名师辈出。

第3章

职业教育名师成长路径

成为名师，是每个心怀职教教师梦想人的毕生追求。树立成为名师的目标，能让我们在教师的成长道路上站得更高、走得更快、飞得更远。职教名师成长是有规律可循的，是自身修养、岗位锻炼、专家或名师指点和组织培养共同作用的结果。我们试图深度剖析职教名师的成长路径，探究他们的教育理念与追求、教学的"独门绝技"，通过学习和模仿，实现自我突破的智慧和力量，获得专业成长，最终成长为像他们一样的卓越的职教名师。本章将从名师的成长方式、成长层次和成长阶梯来探究名师成长的路径。其中，成长方式从自我成长、结对帮助和专家引领来展开，成长层次从职业学校教师专业能力成长的角度来展开，成长阶梯从教师职称晋升的角度来展开。

3.1 成长方式

同样的梦想、同样的起点，不同的成长，不同的高度。追求教师职业生涯的成功是每个教师的梦想，若干年后，有的教师成长为具有影响力的名师，而有的教师却落入平庸，甚至被淘汰。教师成长的差距是如何拉开的呢？教师专业成长方式不外乎以下三种：一是自主成长，二是结对帮扶，三是专家引领。

3.1.1 自主成长

自主成长是教师自主完成规划、实施、评价、反思和改进的成长路径。需要自主选择内容、时间和方法，紧密结合自己的工作实际和成长目标，边工作、边学习、边思考、边总结，努力提高自己的成长之路。自我成长是在没有任何外力的督促和指挥下进行的，是自知、自制、自律、自觉、自信、自如的"六自诀"，是只为做自己而努力成长，顽强不息，坚持不懈，勇敢向前。教师自我成长的过程是教师在教学实践中不断学习、反思、探索和实践的过程，发展的原动力来源于教师对自己职业的热爱，对学生的责任感和对教与学的深刻认识；是教师通过自身的努力，逐渐符合教师的专业标准，获得专业地位的过程。

职教名师的成长固然有赖于好的环境，但更重要的是取决于自己的心态和作为。可以说，自主成长才是名师成长的根，真正的名师是自己培养的。谁来给教师创造良好的环境呢？答案是教师自己，要想快速成长，只能靠教师自己。教师可以通过参加各种培训获得提高，也可能通过得到来自学校的帮助和支持获得提高，但是别人永远代替不了教师自己目标的设立、求知的欲望和学习的动力。当一个教师开始在自己的头脑里面建立起一种自我成长的意识、自我成长的信念，并且找到自我成长的方法，就有可能创造自己最想成为的那个形象。古今名师，无一例外，都是在持续、刻苦的学习中获得自我提升。教师只有以大师为榜样，善于"找到差距"、乐于"自我突破"，在发展前行中修炼自己的本领，在修炼中提高思想境界，才能驶上教师专业成长的高速公路，实现持续发展、不断突破。探究名师成长的秘诀发现，诸如魏书生、吴正宪、李吉林等，无一例外都依赖自我的成长。

通过自主意识的提升，一方面摆脱外来的机械控制，另一方面能动地反思自身过去与当下行为，并合理地规划未来的发展方向，只有在这样的思想状态下，教师文化建设的工作才能有立足之处和发展的动力。

不断学习，不断进步，超越自我

Z省特级教师、正高级教师戴老师大学毕业时年仅21岁就进入了教师队伍，开始了职教生涯。从一开始她就有深深的危机感，觉得专科的学历是远远不够的，因而在完成白天繁重工作后，她坚持晚上学习，提升自己。功夫不负有心人，她以第一名的成绩考入某学院中文本科函授班。毕业后，她又全身心地投入工作和提升自己，集中精力于教学钻研和班主任工作。凭着内心的一股强大信念和冲劲，以及将所有事情做到极致的认真态度，她所带的财电班和旅游班皆获市级先进班级，学区的各项考核皆名列全校第一名，教坛新秀、学科带头人、市德育先进工作者等荣誉纷至沓来。34岁的她成为当时学校最年轻的高级教师，但是她并没有止步，白天忙学校的工作，晚上忙复习备考，大半年里，都是整宿的灯光陪伴，最终考上了教育硕士。其10万多字的教育硕士毕业论文还被评为优秀毕业论文。三年的教育硕士经历，对她成长为特级教师、正高级教师起着不可磨灭的作用。

戴老师的成长经历告诉我们，无论在哪个阶段都要不断学习，不断超越自我。无论哪个岗位，只要我们不断地要求自我成长、自我充实，带着问题研究工作，记录工作过程，提炼研究成果，就能形成一套完整的学习体系，最终成为一名职教名师。

3.1.2 结对帮扶

结对帮扶，也称为青蓝工程，是学校根据教师队伍建设需要，聘请校内一些经验丰富的老师担任新入职青年教师的指导老师，采用"一带一"的形式，在教学计划制订、备课、上课、作业、命题、实训、论文撰写、课题研究等方面给予指导，通过指导老师的传、帮、带，手把手地传授给青年教师教学技能和教学艺术，使青年教师快速适应教学工作环境，尽快提升业务水平、教学水平。

教师发展成长是终身的发展过程，是职前教育、新任教师培养和职后培训一体化的过程。通过以老带新，可实现教学理念、教学经验、教学方法、教育教学措施等资料的直接传承，让新教师少走或不走弯路，从对教学实践的空白直接过渡到全面、深入的了解和掌握，使新教师快速、科学成长。

实施新老教师结对帮扶是学校培养新教师的形式之一，是师资队伍建设的重要举措。通过帮扶结对让青年教师深刻认识自己，正确认识自己的职业水平，立足现实，一步一个脚印，扎实前进；学会交流，和自己进行专业知识对话，和身边的同事同行多做业务交流，通过各种途径，努力争取与名师交流；学会总结，针对一堂课、一次测试、一个实训等各种教育教学中的现象与实践都可以进行反思与总结。

为使"青蓝工程"落到实处，真正发挥指导教师的作用，注重教师的培养质量，一般对师徒双方做出以下具体的规定与要求：

首先是教学工作的指导与学习要求。被指导的青年教师要按照职业教育新课改要求，认真学习和钻研课程标准、教材内容、精心规划教学设计、认真撰写备课笔记和实训指导方案，虚心请教指导老师审阅备课笔记等教学相关材料。指导老师必须要担起导师职责，严格要求青年教师，认真审阅教学材料，给出中肯的评价意见或有建设性的改进方案。

其次是对听评课的要求。一般要求被指导青年教师每学期总听课节数不少于 20 节，并写好听课笔记和学习心得；青年教师要认真上好课堂入门课、课堂过关课、课堂汇报课，解决教学中的实际问题，快速提升专业水平和教学实践应用能力。指导教师要耐心指导青年教师上课，对青年教师的说课、授课、反思进行诊断，及时提出评价意见并写好评课意见，做到初期有落实、中期有检查、期终有验收。指导教师要通过听课、说课等方式跟踪、了解被指导教师的教学情况。指导教师还应创造更多的机会让青年教师参加资源建设、课改和课题申报等教研活动，从而使青年教师的教育研究能力得到锻炼和提高。

　　最后要明确职责，在教学相长中取得更好的进步与成就。师徒之间要相互学习，教学相长；师徒之间可以产生教育佳话，学会做一个有好故事的教育者；师徒之间要长期结合，师傅能及时跟踪帮助徒弟成长；师徒均要有研究意识，把握好课堂、课程、课题三方面内容，让自己的专业素养不断提高。

教师结对及帮扶工作为老师的成长搭起了互相学习、共同进步的平台，有利于发挥结对教师示范辐射作用，有利于加深教师关系，实现有效地引导和促进教育教学理念的更新和教育教学工作的有序开展。

3.1.3 专家引领

习近平总书记说，今天的学生就是未来实现中华民族伟大复兴中国梦的主力军，广大教师就是打造这支中华民族"梦之队"的筑梦人①。新时代职业学校教师要引领学生攀登知识的高山，攀登技能的高山，攀登思维的高山，攀登人格的高山。这就要求教师具备更高的个人素质和人生境界。那么，如何快速提升教师的素质和境界呢？专家引领就是最快捷有效的途径。

专家引领就是在浓郁的校本研究氛围下，新教师在职教教育教学专家的指导下塑造自身的职教理念，规范自身的教学行为，激发自身的教育研究动力，并逐步形成自动自发、激流勇进的自我发展、自我提升、自我创新的内驱机制，有效地促进教师专业化发展。专家带给教师对职业的认同感、内心思想的觉醒及其对学科文化的感悟等，这才是真正持久、有效的动力。教育专家具有渊博的学识和丰富的实践经历，因而不管是专业发展中的瓶颈问题，还是教育教学中难以解决的问题，教师都会在专家三言两语间有"拨云驱雾见日月"之感。

专家引领的作用在于价值观的引领。思想决定高度，教师专业发展的关键是教师思想的自主发展，其原动力来自教师内在的对职业教育事业的热爱

---

① 习近平号召全国广大教师做党和人民满意的好老师［EB/OL］. http://www.xinhuanet.com/politics/2014 - 09/09/c_1112412989. htm.

和高度的价值认同，其内驱力来自兴趣、责任和职业价值观。专家、教授无疑是学识渊博、视野开阔的领路人，具有"腹有诗书气自华"的人格魅力。职业学校可以请一位位耳熟能详的名家、大师给教师做报告，大师们高瞻远瞩的视角，严谨治学的态度，细致入微的解析，深入浅出的讲解，能如一味心灵鸡汤启迪着教师们的心灵，让教师们醍醐灌顶，使他们从思想上真正感受到身为职业学校教师的价值所在，让教师真正理解职教人生的意义，理解教书育人的精神价值，从而树立正确的职业观、价值观，并由此具备自动自发的职业心态。

专家引领的作用在于教海航向的把握。专家就是教师职业生涯大海中的一座灯塔，领航教师前进。"登高而招，臂非加长也，而见者远；顺风而呼，声非加疾也，而闻者彰"。视野决定教师成长的质量，要想往更高层次发展，就必须有更开阔的胸襟和更高远的追求。有了专家的介入引领，教师们不再"穿新鞋走老路"，而是能实现高目标、高起点、方向准、速度快的成长。青年教师通过专家的指导更容易准确把握自我发展、自我实现的"路线图"，预期到自我发展、自我实现的前景和成果。尤其是而立之年后，教师成长进入沉淀积累期时，由于成果的积累需要时间的打磨，教师往往会心生浮躁和疲倦，感觉到职业发展的瓶颈，不知道应该朝哪个方向发展，更不知道如何发展。如果有专家来帮助教师进行规划、动员与指导，就能使教师的能力、技术、价值观等沿着崇高的目标不断实现，科学有效地实现专业化成长。

专家引领的作用在于引领教育教学反思，促进教师专业的成长。专家们通过走进教师的课堂，阅览教师的教学设计，洞察教师的教学机智，考察学生的接受程度，关注教师的教学语言、体态等细节，对教师的教学进行分析与评价，深入剖析教师的课堂。专家评课的过程为教师提供了一种反思示范。专家针对课堂和理念引领，深入浅出地抛出课堂教学新观点，点评课堂中存在的优缺点，有针对性地提出改进教学遗憾、教学缺点的方法，并根据青年教师们日常教学中存在的困惑，指引解决困惑的途径。在这个过程中，教师能够学会如何评价自己的教学行为，掌握改进教学可操作性的方法，加快教师教育教学能力的提升。

专家引领的作用在于引领教育科研。专家善于总结、思考，能从烦琐的日常教学和班级管理工作中提炼观点，有框架化、理论化的能力和意识。专家引领能使教师做到既埋头拉车，又抬头看路。专家开展专题讲座，方便教师接触前沿的教学理念；与专家对话促使教师及时调整自己的教学研究行为，不断提升自我。专家传授教师反思方法，引导教师记教后笔记、反思日记，进行专题调查研究等，以此来发现教学的得与失，明确成功与失败的原因，跳出以往不注意反思总结、不能从理论的高度进行总结归纳分析和提炼拔高的固定思维。专家引领促使教师对专题研讨活动进行系统全面的反思，促进教师在行动中研究，在研究中学习，形成教研相长的良性循环。开展课题研究时，专家给教师把脉，指出问题要害，使教师少走弯路，提高教育研究能力，促进专业成长。

名师工作室为老师的专业成长插上了腾飞的翅膀

人生像一杯茶，经过生活的洗礼时要学会沉淀自己。在名师工作室的引领下，孙老师增强了前进的动力，更大程度地激发了自己的潜力。

旅游专业毕业的孙老师最初的职业是一名红色胜地的导游员，努力的她很快获得了市级金牌导游大赛冠军，也当上了市旅游协会导游分会的副会长，但在行业里风生水起的孙老师却选择踏上旅游教师岗位，因为角色的转换，一切都得从头学习。作为一名新手教师，孙老师深知职业学校学生的职业化成长与多元化成才，正是职业学校教师专业化成长的基点。新教师应寻找自己的"蓝海"，时刻保持危机意识、课题意识、责任意识，把自身发展融入专业建设和学校发展之中，实现优秀教师的专业化成长。可是行业的不断发展，教育的不断改革，从何处入手才能更快成长呢？孙老师的"蓝海"陷入了危机。

一次偶然的机会，孙老师带着梦想，带着期盼，也带着激动与忐忑的心情，有幸成为了A省旅游名师工作室的成员。激动的是工作室里不仅有市拔尖人才、市教研员，还有省市名师、省市教坛新秀、金牌教练及博士，涵盖了旅游学科各个领域的人才。在这里，孙老师可以近距离地向顶尖级的旅游教师学习。在这里，孙老师看到了名师们对待教学的那颗炽热的心，看到了大家不断交流探索，看到了大家永不放弃追求的脚步。每每看到微信群里大家针对某一问题讨论得热火朝天时，孙老师都有一种莫名的感动。这是一种发自内心的对旅游教学的热爱，让大家忘记了时间，忘记了一切，只为沉浸在旅游教学带给我们的快乐享受中。她看着，敬佩着，感动着，学习着……

其间，孙老师参与了丰富的线上和线下活动，比如，线上的教学资源、在线答疑等，线下的课堂教学、实地学校走访、专家讲座的学习等。特别是工作室专题教研活动的开展，不仅弥补了传统教研活动的不足，而且为孙老师的教科研能力的提升提供了重要的平台，使得她在后来的教学上得到了很大的帮助。回首学习过程，既有观念上的洗礼，也有理论上的提高，既有知识上的积淀，也有教学技艺上的增长。孙老师收获了很多，丰富了很多，也成长了很多。

孙老师非常注重与前辈的交流，并将自己对教育领域的一些浅见形成一定的成果，鼓励和督促自己有更多的东西可以交流分享。她多次开设公开课，开课的感悟及同事们的评课，让她大大提高了扎实的学科功底及教学素养，并让她进一步思索，今后如何将专业课程教学与人才成长大环境相结合。通过积极参编教材，孙老师在专业理论上有了极大的飞越，并将所学付诸实践变为教学成果。她和工作室的小伙伴一起制作的微课程成为了 2017 年度、2018 年度、2019 年度省级精品微课程。在全国教师教育教学信息化交流活动中，孙老师上报的两项微课作品被评为职业教育组微课一等奖。在全国旅游院校服务技能（导游服务）中，孙老师指导的学生荣获两项中职组二等奖。

3.2　职业教育教师的专业成长层次

　职业学校教师队伍发展的目标是分级打造师德高尚、技艺精湛、育人水平高超的教学名师、专业带头人、青年骨干教师等高层次人才队伍。因此，从职业院校教师专业能力成长的角度来看，职业院校教师可以分为青年教师、骨干教师、学科教学带头人、名师（特级教师），如图3－1所示。

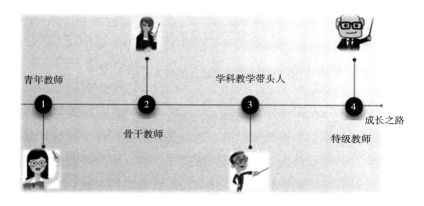

图3－1　职业学校教师专业成长类别

3.2.1　青年教师

青年教师是指初入职场、年龄小于35岁、初中级职称的一类年轻教师。青年教师是学校师资队伍的重要组成部分，是学校长足发展的有生力量，学校要实现可持续发展，就必须关注青年教师的成长。

3.2.1.1　职业学校教师的素质要求

职业学校教师的基本素质要求是：具有专业道德、专业精神、敬业精神、高度的热忱和负责态度；学历上要求具备高等师范院校本科或者其他大学本科毕业及其以上学历；普通话水平应当达到国家语言文字工作委员会颁布的《普通话水平测试等级标准》二级乙等及以上标准；各级各类学校非师范专业毕业生申请教师资格应按省教育厅部署补修教育学、心理学课程；具有良好的身体素质和心理素质，无传染性疾病，无精神病史；具备相应的教师资格证书，如中等职业学校教师资格证书、实习指导教师资格证书等，如图3－2所示。

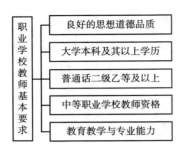

图 3 - 2 职业学校教师基本要求

具体说来：知识结构方面，包括三个方面的知识，一是要掌握坚实的专业理论和知识；二是要掌握管理知识，即能胜任中等职业学校教育教学和学生管理的知识；三是要特别掌握职业技能相关知识，即与技能型人才的职业实践和工作过程有直接联系的职业工作知识。能力结构方面包括职业实践能力、学生教育与管理能力、教学能力、教育科研能力等四个方面。即要求拥有较广的职业实践能力和职场工作经验，并能为学生提供职业生涯发展指导的能力；在教育与管理能力维度上，要求具有符合中等职业教育规律与中职学生特点的职业教育与管理能力；在教学能力维度上，要求能够按照职业技能学习规律进行正确分析、评价、设计和实施职业技能教育教学全过程；在教育科研能力维度上，要求能够正确分析所在专业领域的职业活动、工作任务和工作过程，并能进行基于工作过程的模块化一体化的课程开发、职业能力培养所需实训设备的操作、实训项目开发等应用性的教育科研能力。

3.2.1.2 青年教师的特点

初入岗位的教师，一般教学态度好，无论是教案撰写、实训设备准备、课件制作等教学前的准备工作，还是教学过程和教学后作业批改、教学反思的态度都很认真，总是一丝不苟地完成每一项教学任务。青年教师对待教学过程中出现的失误与缺陷，一般都能做到向前辈谦虚请教，努力增强教学技能。年轻教师还有一个比较优势。他们与学生年龄差距小，代沟小，在心灵上容易与学生产生共鸣，非常有助于建立融洽和谐的师生关系。年轻教师对职教新理念、新知识、新技术和新技能的接受能力更强。其教学模式尚未定型固化，可塑性很强，只要方向正确，努力得到，便可把自己塑造成能力更强的、更能适应现代职业教育高质量发展要求的优秀教师。

青年教师也存在着各种各样的问题，突出表现为功利主义倾向。他们往往十分关注薪资待遇，忽视个人素养的培养，尤其是专业素养的长足发展。年轻教师最明显的劣势就是教学经验不足，对教学认知存在偏差，这个反映在教学常规与方法、班级管理、教研能力等方面。青年教师往往眼高手低，自诩掌握一定的专业知识即可胜任教师这个角色，常固守于个人的主观理念，忽视教学效果，出现书本理念与教学实践相脱节、教学实践与教学科研相分离，甚至陷入故步自封的境地，不仅教学技能得不到锻炼，甚至对自己职业产生怀疑，这对教师的专业成长十分不利。有些教师刚从大学出来就跨入职校校门，没有能正确转换自己的角色，给自己的定位不准确，在学生的心里没有老师的地位，缺乏威信。

3.2.1.3 青年教师的成长途径和方法

青年教师是教师成长的起步阶段。这个时期，青年教师除要做好职业生涯的规划，并为之付出努力外，还要积极参与学校为青年教师提供的成长平台，以此促进自身成长。

青年教师专业成长的首要任务是制定职业生涯规划，它是对职业生涯乃至整个人生进行系统规划的过程。教师的职业生涯规划是学校根据教师的个体情况和所处环境，结合教师和学校发展的双重需要，对决定教师职业生涯的因素进行分析，进而确定其事业发展目标，并设计相应的行动计划的活动过程。制定职业生涯规划是十分必要的，能让青年教师少走弯路，尽快成长。青年教师职业生涯规划的制定，首先要对自身的价值观、志向、兴趣、特长等有清晰了解，认识自己的优势和劣势才能扬长避短，找到适合自身专业成长的路径。其次，从教书育人、教学科研和行政管理三个方面来考虑，结合自身的实际情况做出相应的定位。再其次，在时间维度上青年教师可结合自身的特点制定短期目标、中期目标、长期目标。不同的目标对不同阶段的成长都具有一定的导向作用。最后，需要制定具体的策略来保证目标的实现，要客观而详细地分析自身的条件、达成目标所需的资源，确定专业发展的内容，拟订由具体的措施和活动构成的行动方案，如参加校本培训、积极参与青蓝工程建设、在跟岗实习中锻炼自己等。

第二，青年教师要有崇高的理想、渊博的知识、优秀的道德品质和心理素质，注意教师的仪表、生活和工作作风、习惯等外在形象。不仅要学会书本知识，更要学会向同事学习，并加强对教育学、心理学的学习，不断丰富自己的教学理论知识，还要常听老教师的课，提升教学过程中的应变能力；清楚认识自己是一个知识传播者、教学组织者、班级领导者、学校外交官、家长代理人；深刻感受教师身份的神圣，尽早转变角色，投身于教学实践中，为自身的专业成长付出努力。这样才能得到学生的尊重，同仁的赞许。

第三，青年教师是学校的核心竞争力。职业学校教师的专业发展是学校发展的需要，也是教师个人成长的需要。学校要加强青年教师队伍师德师能建设，为青年教师搭建培养平台，加快青年教师专业发展。学校要积极开展教育教学能力培训、教学竞赛、结对拜师等活动，促进教师能力不断提升。对于培训内容的筛选，基于教师专业成长的长远考虑，学校应将教育学理论、教学心理学理论、班主任管理、心理健康、教师法规等作为培训学习的重点内容，为专家型教师打下了坚实的基础。就培训形式而言，可以是青蓝结对、跟岗学习、走入名师课堂、网络业务培训等灵活多样的形式。青蓝结对工程可缩短青年教师的适应期，使其在较短时间内达到教育岗位的基本要求，不断提高师德水平和教学业务能力，实现师德修养和教学艺术、教育管理能力的逐步提高，使其与老教师在知识水平、教学经验、综合能力等方面快速跟上。

第四，青年教师要积极参与专业建设、课程建设、实训基地建设、示范校建设项目、教学评估项目、技能大赛等项目和任务的平台活动，坚持高起点、高标准、高质量，注重团队精神和成就意识的培养，在实践中锤炼、提高，力争脱颖而出。

赛场"小白"的蜕变之路

吴老师是一位"95后"的职教新秀，地道的非师范院校毕业的"教师小白"。她深知自己在教育教学方面的欠缺，主动申请与学校教科处主任进行师徒结对。在班级管理、课堂教学、教科研手工制茶等方面主动求教，以真拜师、真学习、真研究的态度获得了师傅的高度认可与扶持。她确定自己职业定位与五年发展目标为：力争三年成为骨干，五年成为新秀。她脚踏实地，分步骤达成一个个阶段性任务，不管多苦多累，不放弃，不退缩。

她扎根专业，勇挑重担，坚信只有把专业做精做强才有自己的一席之地。2017 年，初出茅庐的吴老师一入职，就碰上了学校改革发展示范校创建工作，而且，茶叶生产与加工专业是重点建设专业。当时该专业处于零基础的建设初期，既没师生也没场地设备。吴老师初生牛犊不怕虎，硬是一个人承担了调研报告、人才培养方案编制、课程体系构建、课程建设及教学资源库搭建等一系列繁重工作。她 24 小时吃住在学校，经历无数次的返工与加班，多次自费外出学习技能，组建学生手工制茶集训队，带头创建茶叶专业省级示范实训基地，从厂房建设到器材采购、从集训内容到炒制手法的教授，全部亲力亲为。功夫不负有心人，短短三年，她所在学校的茶叶专业在省内脱颖而出。她作为学校茶叶专业从无到有、从弱到强的崛起过程的亲历者，工作能力得到了极大的锻炼。在成就专业的同时，也成就了自己，她得到了领导和同事们的普遍认可，当上了茶叶专业教研组长。

技能大赛是职业学校的"高考"。针对茶叶专业的技能大赛，吴老师经过充分的调研，提出了"技能担纲、错位发展"的集训辅导思路，一改往年主推扁形茶策略，抓住浙北地区"强扁弱卷"的特点，将集训中心放在的卷形茶的炒制上，发挥松阳人卷形茶制作优势。通过组建学校茶叶专业首支 8 个人的集训队伍，积极挖掘种子选手，谋划成长轨迹，着重培养碧螺春手工炒制选手，形成高一、高二、高三梯队化培养。她自编教材、自学技能、自筹资金，与学生一起在 200℃的铁锅中刻苦钻研，经过三个月夜以继日的悉心钻研，和学生一起练就了"铁砂掌"功夫。学生在国家级、省级、市级手工制茶技能大赛斩获多项大奖，一个学生被某高校破格免试入学；吴老师本人也获得评茶员职业技能竞赛（职工组）单项银奖。吴老师以及她徒弟们的故事激发了一批又一批师生投身技能学习，也为职业学校的茶叶专业的社会知名度、美誉度立下汗马功劳。如今，吴老师所在学校的茶叶生产与加工专业已经成为名副其实的省级特色专业，吴老师和她的手工茶团队也确立了自己在省内的地位。

3.2.2 骨干教师

"骨干教师"一词在我国的出现最早可以追溯到 20 世纪 60 年代。通常，骨干教师界定为：在一定区域内（一个学校或一个地区内）的教师群体中，师德修养，职业素质相对优异，有一定知名度、被同行公认的、具有较为丰富的教育教学经验和学生管理能力，在学校的实际教育教学活动中承担了较重的工作量，对教育研究方面有一定兴趣和较为突出的能力，取得过一定的教育教学研究成果，并对一般教师具有一定示范作用和带动作用，能够支撑所在地区或学校的学段或学科教学和教学研究工作的优秀教师代表。

随着职业教育教学的改革进入深水区，骨干教师在职业学校师资队伍中的作用越来越大，成为职业教育教学改革进程中一道亮丽的风景线。但理论界对骨干教师的说法和表述没有统一的定义。本书以教育行政管理部门、学校对骨干教师的遴选、聘用、考核、素质要求、衡量标准、价值评估指标等作为参照，对骨干教师的定义为：具有中级及以上职称，良好的思想政治素质，具备高尚的职业道德，专业理论扎实、职业技能娴熟、实践经验丰富、教学水平较高，掌握现代职业教育教学方法，能够在教育教学中发挥引领示范作用的教师。与中学骨干教师的重要区别在于，职教骨干教师更强调的是理论与技能的双优势，要求更高。

骨干教师按级别，一般分为校级、县级、市级三个等级，但大多数情况下，骨干教师都是指校级骨干教师，本书骨干教师也特指校级骨干教师。骨干教师队伍的强弱，是一个学校整体教学水平的标志。骨干教师队伍有利于发挥优秀教师的才干，激励带动这一专业群体，促进一线教师间的交流与分享。骨干教师一般是根据学校发展需要，由学校认定。学校通过制定骨干教师选拔认定机制、考核评价制度，建立详细的骨干教师培养档案，给青年教师创造成长平台，提供提高和发展的机会，通过听课、说课、评课、教学实绩、科研能力、学生管理等多个环节综合评定校级骨干教师。

3.2.2.1 骨干教师认定条件

综合各个学校的骨干教师评选条件，我们可以把认定校级骨干教师的条件分为师德、学历职称、教学工作、教科研、专业建设等五个方面，如图 3 - 3 所示。

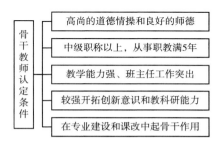

图 3 - 3　骨干教师认定条件

（1）师德要求：热爱职业教育、思想政治素质高，模范遵守国家法律法规，具有崇高的职业道德和奉献精神，爱岗敬业，教书育人，为人师表。年度绩效考核均为"称职"或其以上等级。

（2）学历与职称要求：具备本科以上学历，从事职业教育 5 年以上，并具备中级教师专业技术职务任职资格。

（3）教学工作要求：具有较高的教育理论素养、先进的教学理念和突出的教学专业能力、良好的教学效果。能坚持在教学第一线工作，完成教育行政部门和学校（单位）规定的教育教学工作量。参加教师专业技能竞赛、"三优"评选等大赛获市级三等奖及以上，校级二等奖及以上奖励。在学校德育教育中效果明显，得到学生和教师的一致好评，担任过班主任或管理工作，并得到校级表彰。

（4）教科研要求：具有较强的创新开拓意识和教科研能力，结合教学实际进行课程改革、教学方法等方面的研究，在素质教育创新实践中取得较好的成绩。5 年内至少参与 1 项县级以上教育行政部门、教科研机构组织的教育教学研究课题。5 年内至少撰写并公开发表 1 篇本学科教育教学论文或市级以上论文评比获奖二等奖以上。

（5）专业建设要求。在学校专业建设和课改实验中发挥骨干作用，参与并实施"高效课堂"课程，职业教育教学工作获得过校级以上表彰或奖励，培养新教师业绩突出。至少开展 1 次以上校级公开课、示范课、学科讲座；培青工作，积极承担培养青年教师的任务，培养过至少 1 名青年教师。5 年内接受其社会培训人数累计 200 人以上。参与企业锻炼不少于三个月。

3.2.2.2　骨干教师的成长途径

骨干教师是青年教师迈向学科带头人的关键一环，需要从师德、课程改革与专业建设、教育科研、企业实践等多方面入手，不断地加强知识与能力储备，提高自身的素质，为申请学科带头人打下坚实的基础。

第一，师德的培养。良好的师德是作为骨干教师的必备素质。热爱自己的本职工作、师德高尚、乐于奉献、不计较个人得失的教师，能够用自己的人格魅力去感染学生，影响学生的行为规范，塑造学生良好的人格。特别是面对问题学生，要以高度的责任心，持之以恒的耐心，发展的眼光去看待和呵护他们，让他们的潜能得以充分发挥。陶行知曾告诫："你的教鞭下有瓦特，你的冷眼中有牛顿，你的讥笑中有爱迪生。"[①] 以满腔的爱去培养学生，用智慧唤起学生对知识的渴望。

第二，融入课程改革与专业建设的浪潮中。骨干教师支撑着学校教育改革与发展，示范并引领着学校教师队伍的前进；了解最前沿的教学理念，熟练地运用现代教育技术，大胆地去尝试、创新，不断地在教学中总结经验，大胆地进行课程改革，使得信息技术与学科有效地整合。骨干教师一定要有开拓进取精神、竞争意识和知难而进的勇气，勇于参与教学实践，不安于现状，善于学习，大胆探索、创新，用新视野、新知识、新观念，构建新的教育途径和方法；要善于开发自己身边的各类资源，进行挖掘与整合；要追求精品课，合理应用各种课程资源，特别是来自社会生活实际的鲜活事例、案例、故事等，并运用恰当的教育时机，添加与主体教学内容相关的"辅料"

---

① 周洪宇. 陶行知教育名篇精选（教师读本）[M]. 福州：福建教育出版社，2013.

（如幽默的导课、机智的课堂调控、适当的穿插等），体现趣味和精致，让课堂充满生命和活力，达到"烹饪"出好课的目的。

第三，积极进取，树立终身学习意识，努力拓宽自己的专业领域，持续不断地研修、学习，跟上社会发展的节拍。骨干教师一般有十来年的教龄，但理论相对较弱，对教学环节的设计与处理常常凭直觉或经验来随机确定，缺乏理性缜密的思考。然而，在新课程改革的新形势下，教师必须要加强学习，不断拓宽自己的知识领域，拓宽自己的思维，开阔自己的视野，不断转变观念，提升教学与管理水平，才能更好地适应现代职业教育发展要求。这一时期是教师是否能进一步发展的关键时期，因此要加强教育理论的系统学习，用系统的理论指导实践，使自己的教学行为理性化、规范化、科学化，进而用自己的实践丰富教育理论；要自加压力，通过系统科学的学习狠抓自己的业务素养，努力提高自身业务能力，努力解决教育、教学中存在的实际问题，不断适应新形势下对教育工作的要求。只有这样，才能在教育、教学过程中做到游刃有余。

第四，充分利用优势资源，积极参与校本研究。要充分利用教研组的校本研修活动，做好听、评课的同时，广采博阅、拓宽视野，发挥自身优势和主观能动性，强化自主实践活动，在教育实践中经常思考新问题，探索新路子，分析自己在教育实践中的所见、所想，进行积累，日久天长，必能从中受益。写教学后记就是一种很好的方式，它可以帮助骨干教师在不断的反思中成长。要积极参与课题研究与论文撰写，在科研实践中不断更新教学内容，改变陈旧的观点，提高教育理论素养、学术水平和理论水平。另外要经常与同行进行探讨，并听取学生对自己教育教学实践的评价，特别是学生的反馈，这样的教学相长不仅可以帮助骨干教师从交往中获益，还能促进学生的正向发展。教学理论与实践相结合是提高教师素质的基本途径。

第五，企业实践与社会服务。要有计划地到相关企事业单位实践，从而成为不仅具备扎实的基础理论知识，而且具有较强专业实践能力的"双师型"教师，逐步达到最佳的治学水平，取得最好的教学效果。根据教学需要，开展专业调研、技术服务、技能训练、课程开发与建设、编写实训教材、开拓实训基地等工作，以获得实践经验，提高实践教学能力。向生产一线有丰富实践经验的技术人员和能工巧匠学习，了解所教专业生产、技术、工艺、设备的现状和发展趋势，特别是新科技、新工艺的应用和发展，以利于教学更贴近实际生产的要求。了解本地区的经济发展和市场需要情况，加强学校与企业的沟通与联系，为校企合作建立纽带。根据目的和任务不同，教师到行业、企业实践锻炼有五种形式。（1）实地调研：主要是到行业、企业开展人才需求和岗位调研；（2）蹲点指导学生实习和学习实习管理；（3）跟岗实践：主要是跟着企业师傅干，做辅助性的工作；（4）顶岗实践：教师到行业、企业的某一岗位顶岗生产、服务或进行具有实质工作任务的挂职锻炼，教师在企业师傅指导下，完全由自己独立完成工作，一般脱产顶岗不少于一个月时间；（5）合作研发，这是最高层次的实践锻炼，主要是与企业技术骨干开展合作攻关技术难题、为企业提供技术服务等。教师必须结合自身发展和学校专业发展的需要，制订个人切合实际的实践锻炼计划，明确锻炼的目的、方法形式和预期效果等，总结实践成果并提出专业建设、课程建设和学校改革与发展等方面建议。

总之，职业教育随着改革的深入，对骨干教师素质的要求越来越高。骨干教师要做好教学工作，提高教育教学质量，适应现代化教育的需要，必须更新观念，树立新的学生观和知识观，不断提高自身的综合素质和业务水平，锐意进取，勇敢地迎接时代的挑战。

信息化引领跨界融合与专业成长

"停课不停学"是新冠疫情期间对教师的基本要求，教师在家开网课是基本任务，在这场特殊的"互联网＋教育"行动中，让"信息化"这三个字不再是信息技术老师的专有标签，而是成为了每个教师必备的能力。信息化、"互联网＋"的教学手段既是时代的趋势，也是我们教学改革进步的方向。曾获全国职业院校技能大赛两个项目优秀指导教师的王老师，热心于教学信息技术的应用与研究，从一个非师范建筑专业背景的专业教师成为一位信息化教学骨干。

从教初期，他运用大学学习的 VB 知识，给师傅编了个 Excel 的

VBA程序，用来整理学生学籍档案，解决了当时班主任烦琐的重复工作问题。后来，一发不可收拾，学校里这种信息化的活都爱找他想办法。后来，王老师整合了这些小程序，参加S市教师自制信息化软件比赛，并获奖。他并非信息技术专业，但这一阶段却让他受益匪浅。所以，只要肯实践，教育教学工作中的许多问题都可以插上信息化的翅膀，让教师的工作事半功倍。跨界的思维可以拓展教师的视野，让教师可以多角度思考教育教学所碰到的问题。

教师注定是一个综合性高，创新性强的职业，让自己"保鲜"很重要。王老师经过教学新手阶段后，开始给自己寻找更多的挑战。2012年全国职业院校技能大赛新增了建筑CAD赛项，他主动请缨做学生的指导老师，初出茅庐的他也忠实秉承了初生牛犊不怕虎的精神。在指导教学过程中终于沉淀下了自己的教学思维。建筑CAD本身就是建筑信息化技术的课程和比赛，王老师把给学生讲解的过程都录成视频，做成课件，从而积累了大量信息化教学资源。他把这些资源进行整理，出版了立体化教材。

随着"微课""慕课""微课程"开始为大家熟知，当大家开始拿着小视频参加各类教学比赛，更有甚者还花费巨资请了专业视频团队时，王老师没有跟风，而是把具有信息化创新兴趣的老师聚集在一起，在校内组建了一个信息化教学团队，自力更生艰苦奋斗，探索信息化教学技术和成果在普惠教育中的实践，让"微课"成系列，让资源进课本，让技术进课堂。通过努力，团队成员多次获得了全国信息化说课比赛、信息化教学能力比赛一等奖。他们与国内兄弟院校联合开发AR立体化教材，该立体化教材资源获省优秀微课程荣誉，教研团队也获得了S市先进教研集体的荣誉称号。

王老师的成长历程让我们看到信息技术不是什么高深的技术问题，而是一个心态与观念问题。当教师真正用信息化的思维来思考教学的时候，就会开发一片新的教学天地。王老师的成长历程很"接地气"，虽没有耀眼的光华却又水到渠成，可以给我们普通老师许多启发。作为职业学校教师要有一颗包容的心，敞开心扉，接纳任何有利于知识传播的教学手段；要形成自己的教学主张，思考教学的问题并不断改进它；不断地沉淀自我，以自我革新的意志，不断地打破固有思维开拓创新；同时还要有一颗热爱教育的心，只有潜心钻研才能不断前行！王老师立足教学现实问题，从自身教学主张的沉淀到信息化教学技术的成长，从立足讲台到引领团队，从技能比武到普惠教育，把信息化的教学思维通过一次次的实践传递给身边的人，抛却浮躁，潜心修行，通过坚实的脚步一步步走向成功，在教学的道路上走出自己的精彩与赢得他人的尊重，展示名师风采。

3.2.3　学科教学带头人

学科带头人是指在某一学术门类上具有极高的学术水平，能够带领、指导和组织有关人员开展这一学术门类的学术研究，并取得研究成果的专家。学科带头人是一种尊称，并不是一种职称或职位，没有统一的标准。简言之，好的学科带头人有能力带领同事共同搞好工作，同时具有较高凝聚力，能把握本学科的最新发展前沿，具有较高的学术水平和学术交流能力。学科教学带头人则是指在教育上有经验，有突出教学成果，领导能力强，领导全部或部分所在教育领域的人士。学术研究和学术前沿探索的成果是教师学术水平的重要标志。

学科教学带头人按级别不同一般可分为校级学科带头人、县级学科带头人、市级学科带头人和省级学科带头人。以地市为主管理高中段教育，事实上是全国大多数地方的普遍做法，市级学科带头人的影响力最大，有些地区还有市级名师的评选，事实上市级学科带头人已经属于市级名师范畴，两者评选的条件也相近，因而本书只以市级学科带头人为例，讲述学科带头人的评选条件和成长路径。市级学科带头人一般通过校内选拔，并由学校确定人选推荐为县级学科带头人，再由县级教育主管管理部门考核通过后，择优推荐为市级学科带头人，最后由市级教育主管部门考核确定市级学科带头人培养人选。

3.2.3.1　学科教学带头人的责任

学科教学带头人，应该是师德的表率、育人的榜样、学科的引领者、科研的先锋。学科教学带头人在职业学校发展中承担着多重角色，是学校教育、教学的宝贵资源，是推动学校发展的重要动力。

（1）学科教学带头人要品德过硬，做师德的表率，热爱祖国，忠诚人民的教育事业，认真贯彻执行党的教育方针。

（2）学科教学带头人是学科的引领者。学科带头人业务精良、学识广博，不论在学科教学业务上还是教育教学改革中，他们对学校引领本学科的建设和发展都肩负着不可懈怠的责任感和使命感。学科带头人的作用绝不是仅限于个人的发展与成功，而应构建学科教师团队，造就一支团队、影响一支团队、引领一支团队，并带领学科教师团队追求共同的价值观，共同发展，共同成功。发挥好"传、帮、带"作用，带领学科组成员学习教育理论、教育法规和先进的教育、教学经验，加快青年教师的健康成长，切实提高他们的业务水平。

（3）学科教学带头人是科研的先锋。学科带头人是学术队伍的"领头羊"，是学科建设的关键，没有一流的学科带头人，就没有一流的学术队伍。学科带头人必须引领专业建设与"专业群"建设、教研组建设、科研课题攻关、教科研实践经验的理论生成等，定期辅导或跟踪指导教育教学和教育科研，充分发挥引带作用。学科带头人要在教育教学科研中挑重担、想办法、出点子，承担专项研究任务，组织教师研讨，对于典型问题确立专门的课题来研究等。学科带头人要着力进行教师素质实验研究、课堂教学模式探索研究、学生自主型学习模式研究、学生发展创造能力教育研究、课程改革研究、教学过程控制研究、信息化教学研究等，在实践中研究，在学习中研究，以研究促实践，提高学校的整体教学质量。

（4）强化学科带头人的内功修炼和形象塑造，发挥其在校内外的示范和辐射作用。学科带头人教书育人和教育科研的经历及他们成长的心路历程是极具有价值的，将其成长的过程展示出来，对其他教师教学水平的提高有借鉴意义，其他教师能受到启迪和感悟，做到学有榜样，赶有目标，从而增强其敬业、乐业的职业意识，树立其勤业、精业的师德风范。将学科带头人的研究成果以专题报告的形式展示出来，对开阔广大教师的眼界，增强他们的研究意识也很有帮助。

3.2.3.2 评选学科带头人的条件

学科带头人的评选，强调教育教学工作的示范引领、突出教育科研创新能力和区域内学科教学的"领头羊"作用，评选条件如图 3－4 所示。

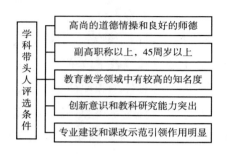

图 3－4 学科带头人的评选条件

（1）师德要求：热爱祖国，忠于人民的教育事业，认真贯彻执行党的教育方针；具有良好的职业道德和奉献精神；模范履行职业学校教师职业道德规范，教书育人，为人师表。

（2）学历与职称要求：应具备本科以上学历，并具有副高级教师专业技术职务任职资格，年龄在 45 周岁以内。

（3）教学工作要求：完成教育行政部门和学校（单位）规定的教育教学工作量；对学科教学具有系统、扎实的专业理论知识和学科素养，较高的教育教学水平，能较为全面地了解与本学科相关知识及其发展动态，并运用教育学、心理学和本学科课程理论分析、解决本学科中的实际问题和疑难问题，在课程改革中能发挥引领、带头作用；教学经验丰富，教学效果好，教学方法有一定特色，在教育教学改革和教书育人方面成绩突出。在培养学生创新能力、发展学生智力、指导特长生以及教育心理行为有偏差或学习有困难的学生方面具有一定的经验；能根据学科特点有机地结合教学开展课外活动，并取得明显成效。在本学科教育教学领域中有较高的知名度。

（4）教科研要求：创新意识和教育教学研究能力较突出，勇于探索创新，积极参与课程改革、教学方法等方面的研究，在素质教育创新实践中取得突出的成绩。参与 1 项市级以上或主持 1 项县级教育行政部门、教科研机构组织的教育教学改革课题研究。结合学科或专业实际，至少撰写 2 篇本学科教育教学论文、经验总结或研究报告，得到同行的认可，其中 1 篇应在具有 CN 刊号的教育学科类学术刊物上发表；获得省级一等奖及以上的论文论著、教材只需提供 1 篇（部）。

（5）示范引领要求：在教育教学中充分体现引领、示范、辐射作用。任现职以来，在县（市、区）级及以上开设过较高水平的公开课、示范课或专题讲座并得到好评。具有培养、指导青年教师教育教学和研究工作的能力，在培养、指导青年教师方面，有明确的培养对象和培养目标，培养过 2 名以上青年教师，有具体的培养步骤和途径，使所带教师的思想政治素质、业务水平和教育教学能力有明显提高，对提高本地区本学科教师的专业水平和教育水平有较大影响。

3.2.3.3　学科带头人行为落实与成长途径

学科带头人作为学科的引领者、学科梯队建设者，必须要有高尚的道德品质和崇高的思想境界，除了要搞好教学，还要有高深的理论和渊博的知识，要懂得教育规律，积极开展教育与科学研究，把教学、科研紧密结合起来。以提高师德修养、专业知识与技能和教育教学能力、专业发展核心能力为重点，通过专家指导、理论深造、课题研究、企业实践、考察学习、学术交流和著书立说等多种行之有效的方式，成为具有较高理论修养、较强组织能力、独特教学风格、较强研究（学术）和创新能力的中职专业（学科）教学带头人，为成为特级教师打下坚实的基础。为此，学科带头人成长应从下几个方面入手。

第一，学科带头人是师德的楷模，必须提升自身修养和境界，通过加强政治学习，不断提高自己的政治素养和思想水平。关爱学生，有方法有技巧，做学生的良师益友。事事处处要谨言慎行、如履薄冰，勇于挑重担，踏实细心、严谨执教，勤勤恳恳，强化责任心，不断鞭策自己奋斗进取，为人师表，注意自己的一言一行，成为教学文化的自觉者。

第二，要制定成长规划。学科带头人已跨入了职教名师的行列，有些人因取得已有成绩而自满，有些人因地位已高而失去前进动力，也有人因困惑而不思上进，因而这个时期的规划尤其重要，以规划逼迫自己再出发，向更高的目标迈进。一般规划三年一轮，可以从基本情况、自我分析、发展目标、培训学习与发展策略等几个方面入手，要着眼课堂教学，立足课改，重点推进教学科研，做课题研究规划、论文撰写计划和教学理论学习计划。

第三，培训学习。积极参与市级教育管理部门安排的培训项目，如到省内外知名的职教名师所在单位跟岗研修，接受名师指导，到相应企业单位实践，到企业学习考察调研，在实践中提高教育教学、教科研能力和水平。除了培训外，学科带头人应该掌握完整的理论知识，如基础理论、专业理论和相关学科的理论知识，因职业教育是专业教育，专业理论是职业教育教学和科研的直接对象，因此，学科带头人要重点钻研专业理论，对本专业的理论体系和研究方法要全面掌握，透彻领会专业的核心课题和前沿课题。通过经常浏览权威的学术刊物，掌握最新的研究成果，了解最新的学术动态，紧跟时代的发展脉搏，读书、读书、再读书，"板凳要坐十年冷，文章不写半句空"，做真学问。

第四，学科带头人要成长，要提高学术地位，要成为研究型、创造型的教师，就必须积极开展教育科研活动，重要的途径是融入学校的改革与发展大局，整合学科（专业）资源，走在学科（专业）研究的最前沿，通过科研更好地了解社会需求和发展趋势，并及时有效地反映到教学上，从而引领教育教学研究。

第五，要以课程建设为抓手，带好一支团队，提升示范效应。在个人成功的同时，要带教好一批人，成为教学的引领者。充分发挥自身的领导力去管理好整个学科团队，努力创造良好的学科团队文化，引领团队成员的专业成长，从而提高团队的整体水平，引领学科团队不断开拓创新。把强力打造"双师型"教师队伍建设，作为团队建设的首要任务，根据职业教育教学的需要，按照开放性和职业性的内在要求，加强专业教师的课程设计能力、教育教学能力、职业实践能力、应用技术研究能力和技术服务能力的培养。以强化学生实践和创新能力培养为抓手，把课程建设作为团队的工作重点来抓，带领团队教师开展实践教学，通过教师的"做中教"，学生的"做中学"，运用小组讨论法、头脑风暴法等多种教学方法，进行课程改革研讨和实施。通过报告会、研讨会、现场点评等形式进行专业建设和课程改革指导，通过说专业、说课程等方式带领教师转变观念。带领专业教师到企业一线实地调研，构建基于工作过程系统化的课程体系，把课程教学与企业需求紧密结合起来，及时调整教学内容，更好地为地方经济服务。

第六，没有影响力的教师，是不能称之为学科带头人的。提升社会影响力，关键在于要走出去和学校外、区域外的教师进行教育教学、教育科研交流。要与学科建设、专业建设、课程建设等领域的专家学者广泛接触；积极参与县、市、省乃至国家级搭建的各种教师专业发展的活动；多研究尝试教育教改方面的创新做法，在职业技术教育类核心媒体上经常性发出自己有见地的评论和声音。学科带头人与外界交流的过程，既是输出自己观点的过程，也是与他人思维碰撞的过程。只有通过交流、比较，才能发现并反思自身优势与不足，才能及时了解行业、专业和专业群的最新进展，让自己始终站在行业、专业和专业群技术发展的最前沿思考问题。学科带头人得拿出"两把刷子"让别人瞧瞧，才能得到别人的尊重，才能影响别人。在输出自己观点的过程中，在影响别人的同时，一些正向的、积极的反馈，会反过来给自己以激励，帮助自己树立向更高目标迈进的信心和勇气。职业学校的学科带头人，还必须要走校企合作、产教融合、产学研一体化的道路，以高度的前瞻意识，密切关注社会需求，把服务社会作为必需的一部分，提升自己在行业企业的影响力。

"85后"市级名师、年轻校长的成长之路

孟老师是一位"85后"年轻校长，他拥有省级中小学教坛新秀、省级青年岗位能手、市杰出人才、市中小学名师等多项称号。孟老师的成长之路可以归结为静心专研、修身精技、开拓创新等几个关键词，他从初入教坛到成为市级名师和校级领导仅仅十年时间，值得学习借鉴。

静心教书，以平凡之心勤修授业之道，以润物之情践行传道解惑。孟老师始终以培养高技能人才为己任，坚持"做中学"的教学理念，以"工匠精神"为引领，提升学生的核心素养，重点培养学生适应社会快速发展的综合职业能力，以平凡之心勤修授业之道。在育人过程中始终坚持"立德树人"为核心，用"润物细无声"的心态去对待每一位学

生，坚持平平淡淡的真诚、实实在在的耕耘。在班级管理过程中他将人文素养、自学能力、责任担当作为育人的重点。在他的心中，学生的能力的发展、品德的养成、创新精神的培养是育人工作的永恒追求。日常管理过程中，他通过各种活动进行浸润式教育，班级秩序井然，学习气氛浓厚。在教学相长中，他自身的教学业务能力也得到较快提升。他利用业余时间辅导学生参加各级各类职业技能大赛，多名学生在技能大赛中脱颖而出，短短几年内荣获市级以上奖项9项，国赛、省赛荣誉榜上都有他学生的身影。他也因此多次获得校级优秀班主任和市级"教书育人楷模"等荣誉。

修身精技，以工匠之魂提升核心素养。孟老师深知职业教育具有"职业性""教育性"双重属性，专业教师不仅要有扎实的理论基础和过硬的操作技能，同时也要具备良好的行业联系能力。因此他勇于参与各级各类教师技能比赛，主动要求脱产下企业实践，积极参加各类业务培训，直面挑战并不断突破和完善自我。2008年刚步入教师队伍的孟老师，接到代表J市参加省青年职工"装配钳工"比赛的任务，这对于此前并无参赛经验的年轻教师来说是一项巨大的挑战，面对组织的信任和未知的困难，他的内心也充满了焦虑与忐忑，但他没有选择退缩，而是用一种敬畏的态度去迎接挑战，他把业余时间都花在技能训练上。功夫不负有心人，最终他获得了二等奖，并被团省委和省人社厅授予"青年岗位能手"称号，这次参赛经历和成绩给予了他巨大的鼓舞。此后，孟老师不断挑战自我，到机械制造等企业脱产实践，体验真实的工艺流程和典型加工工艺，并深入企业开展职工培训和调研。通过与企业广泛接触，他建构了一套相对完整的机械知识体系。同时，他多次赴上海交通大学、德国柏林工业大学等国内外知名高校培训学习，不断开阔视野，形成个人对职业教育的系统认知。这样持续不断地提升核心素养，并在教学与技能上不断改进自己，短短10年之中，他就斩获了市级以上奖项和荣誉称号30项（国家级3项），将自己锻造成了一名理实一体复合型的专业教师。

开拓创新，在专业建设中推进教育科研。"跨工种、跨专业融合""综合职业能力培养"是孟老师推动教学改革和专业建设的关键词。

2012 年担任教研组长后，他针对地区企业人才需求的现状和技师学院长学制培养的特点，开始与组内教师探讨建立专业教学互助小组，以"一专多能"复合型师资为目标，逐步打通职业（工种）之间的界限，探索数控加工专业一体化教学改革，逐渐掌握基础车工工艺与操作，实现钳、车、铣三个工种融合发展，并根据企业实际案例设计综合教学项目。三年后他担任教务科研处副主任，牵头负责与德国手工业行会（HWK）开展中德职教合作项目的师资培训工作，主持和参与国家级高技能人才培训基地申报和建设工作、参与省名校工程"智能制造"子项目申报和建设工作等 7 项学校重点项目申报、建设工作，对专业建设有了更深的理解。而后他又担任智能制造办公室主任，谋划以工业机器人为核心的智能制造专业群建设，先后申报、获批工业机器人专业"3＋4中本一体化"试点、机器人操作与运维 1＋X 试点等 9 个重点建设项目，创建工业机器人协同创新中心，持续优化课程体系建设，带领师生团队多次获得国际、国内大赛金奖，实现工业机器人专业的高质量发展。在专业建设过程中，孟老师将"改革创新"与"脚踏实地"相统一，用科研指导实践，用实践反哺科研，通过深入阅读教育、技术领域知名专家的论著，不断提升自己的科研能力和理论水平，深耕"智能制造"教育教学领域，在专业建设中开拓创新，将专业建设、智能制造实训基地与科研有机结合起来，在成就专业的同时，涌现了大量的科研成果，主持或参与市级以上课题 11 项，公开出版教材 5 本，撰写论文 13 篇，为兄弟院校提供可复制、可推广的典型经验。

3.2.4　特级教师

"特级教师"是国家为了表彰特别优秀的中小学教师而特设的一种既具先进性又有专业性的称号，其评选条件如图 3－5 所示。衡量一个老师上课好不好，专业素养够不够硬，"特级教师"是最高的评价。所以，一所学校好不好，学校的名师多不多，特级教师也成为了一个标杆。特级教师制度是

1978 年根据邓小平同志意见建立的。1978 年 4 月 22 日，邓小平在全国教育工作会议上讲到尊重教师的劳动时明确指出，"要采取适当的措施，鼓励人们终身从事教育事业。特别优秀的教师，可以定为特级教师。①"在该会议召开之前，邓小平同志已经把景山学校当作试点，将学校挑选申报的三位老师亲自定为特级教师，这是全国第一次任命的特级教师。根据邓小平同志的讲话，1978 年 10 月，教育部、国家计划委员会制定颁发了《关于评选特级教师的暂行规定》。这项规定从对象、条件及奖励办法等方面对特级教师评选做出了具体规定，其评选目的主要有以下两方面：一是提高教师的政治地位和社会地位，增强教师的光荣感、责任感，使他们能长期坚持教育工作岗位，为社会主义教育事业贡献力量。二是奖励教师对教育工作做出的贡献，表彰先进，树立榜样，以调动广大教师的积极性，鼓励他们学习先进，不断提高政治、文化、业务水平，努力提高教育质量。

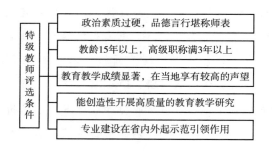

图 3-5　特级教师评选条件

3.2.4.1　特级教师评选条件解读

评价一位老师的水平高不高、专业素养硬不硬，特级教师是业界最权威的评价。所以，评选特级教师，是教师们职业生涯的目标，更是一种荣誉和认可。2018 年，杭州市在职特级教师达到了 279 人，占在职教师的 2.6‰，占全省的 1/3，比全省平均值 1.5‰高出近一倍，可以说是千里挑一。② 可想而知，评选特级教师难度有多大。我们以 2018 年浙江省第十二批特级教师

---

①　邓小平文选（第二卷）[M]. 北京：人民出版社，1994：109.

②　陈丽丽. 特级教师名单公开，这些千里挑一的教师牛在哪 [EB/OL]. https：//js. zjol. com. cn/ycxw_zxtf/201808/t20180804_7943002. shtml.

杭州上城区评选过程为例，从候选人到最终胜出，要过三道关。

第一关，区内教育审核。作为区内特级教师候选人，提交浙江省特级教师评选申报材料后，区教育局首先对申报材料进行资格审查，确认是否符合条件。若条件符合，区教育评审委员会将对候选人进行借班上课、说课等现场教学能力考核，入校师德考核，并与候选人的学生、同事、领导进行座谈和满意度调查。这些项目完成后，区教育评审委员会对候选人进行综合打分，选出最终的候选人上报给市教育局，这一轮要刷掉近一半的候选人。

第二关，通过区教育局审核后，进入市内评选。候选人需再进行一次借班上课；评审委员去候选人单位调查等。第二轮结束后，大概再次减半进入浙江省选拔。

第三关，省级评选。同样是先看材料，评委会主要关注候选人课堂教学的辐射能力和师德等，从候选人的论文看其课题研究能力；接下来是说课（给出一个材料，半小时后说一下这堂课怎么设计，意图是什么）。最后还有论文答辩，从提交的论文中选一篇作答。

各地的特级教师的分布表现基本一致，呈现"四多""五少"，即：高中、小学多，初中、幼儿园少；城市多，农村少；引进的多，本土培养的少；教研员多，一线老师少，职业学校教师少。浙江省教育主管部门也看到了这种不合理的分布，因此，提出特级教师评选将向一线教师倾斜，规定教研室的教研员当选人数不能超过 10%；向农村倾斜，农村当选人数不低于10%；向职校倾斜，职校当选人数不低于 10%[①]。这为职业学校教师评选特级教师提供了契机，职业学校特级教师的春天就要来了。

下面我们来具体看看特级教师评选到底要有哪些硬性条件。

第一，对师德的要求：必须思想政治过硬，能认真学习领会习近平新时代中国特色社会主义思想，全面贯彻党的教育方针，坚持把立德树人贯穿于教学全过程；必须师德高尚，作风正派，能自觉践行社会主义核心价值观，具有崇高的职业理想和坚定的职业信念，强烈的敬业精神和无私的奉献精

---

① 梁建伟. 我省第十一批特级教师评选开评 千里挑一［EB/OL］. http：//qjwb. thehour. cn/html/2014－05/13/content_2653898. htm？ div＝－1.

神，勇挑重担，开拓进取，模范履行中小学教师职业道德规范，品德言行堪称师表，在教师中享有较高的威望。

第二，职称与教龄要求：教龄 15 年以上，高级职称满 3 年以上，任教以来因教育教学成绩突出，受到市厅级及以上表彰奖励。

第三，教育教学方面：任现职以来，教育教学成绩突出，在当地教育界享有较高的声望，获得省级"教坛新星"称号或获得市级"学科带头人"荣誉。

第四，班主任经历：在培养优秀班集体、学生思想教育、道德与法制教育，关心全体学生健康成长等方面成绩显著。

第五，教育教学（教研）能力：具有扎实的、系统的基础理论知识，良好的专业技能和丰富的教育教学经验，能自觉更新教育教学观念，要求近 5 年多次开设市、县（区）及以上高水平公开课、示范课或讲座。提交上一学年由学校验证的原始备课笔记，同时提交 3 课时能反映本人水平和特色的教案。

第六，课堂教学方面：要过听课关，课堂教学目标能体现学科核心素养，能抓住关键，把握重点，突破难点，优化教学结构，整合多种媒体、运用多元化的教学方法引导学生自主、合作、探究学习。作业设计科学，注重实效；作业处理认真细致，反馈及时。认真组织多种形式的研究性学习和课外活动，因材施教，发展学生的个性与特长。

第七，教研科研要求：省级以上具有 CN 刊号学术期刊上发表本专业教育教学论文 2 篇，其中在核心期刊发表 1 篇（农村学校教师 1 篇）；在省级以上教研部门组织的论文或教育科研成果评比中，获得一等奖 2 次；主持完成省级以上教育教学研究，电化教育研究或课程改革实验课题 1 项。参加经省级以上中小学教材审定委员会审定通过的教学用书编写 2 次（农村学校教师 1 次）。公开出版学术专著（合著）2 部（农村学校教师 1 部）。凡合著，每部由本人撰写字数不少于 3 万字。

3.2.4.2 特级教师的责任与担当

"特级教师"是教师队伍中的优秀代表，充分发挥特级教师的专业引领作用，是加强职业学校师资队伍建设、提高职业教育水平的重要途径，也是特级教师应当承担的责任和义务。特级教师通过开展示范课和讲座、指导青年教师、组织或参与教学研讨活动、著书立说、成立特级教师工作室和名师网络工作室等途径，充分发挥特级教师在教书育人、教育科研、指导培养骨干教师等方面的示范、引领、辐射、带动作用，为本地区教育事业的发展做出应有的贡献。

第一，强化特级教师的责任感和使命感。评上特级教师不是终点，而是新的起点，新的征程。个别特级教师评上特级教师以后感觉事业已经到了天花板了，产生了"船到码头车到站"想歇一歇的思想，于是丧失了继续奋斗的目标，不思进取，必将很快落后于这个快速发展的时代。因此，特级教师仍然需要不断地充电、不断地充实和完善自我，汲取"活水"，这是特级教师发挥引领作用的前提条件，也是特级教师实现可持续发展的必然要求。

第二，要引领青年教师成长，主动承担培养培训优秀青年教师的任务，积极搭建教师专业发展平台。师徒结对是特级教师发挥专业引领作用最为直接、高效的方式，特级教师要根据青年教师的特点帮助其制定长远而详细的个性化成长计划，通过深入课堂听课，指导课题研究、论文撰写等，促进青年教师在教育理念、教学风格、班级管理、教育科研等全方面的成长。

第三，要积极开展校本培训和专题讲座。通过校本培训，帮助教师解决教育教学改革实践中产生的急需解决的实际问题。通过举办专题讲座直接将自己的教育理念、教学方法、育人思想、管理经验、成长经历、教育改革与研究成果，传播给广大教师，有助于教师开阔教育的视野，了解教改形势和动态，把握教育改革的热点、难点问题，认清教育发展的潮流和趋势，树立正确的职教理念。

第四，要积极开展示范课。这是展示特级教师丰富的教学经验的重要途径，引领课堂教学方式转变的重要方式。通过自己开公开课和指导青年教师开公开课，探讨教学规律，研究教学方法，解决教学中的重点和疑难问题，推广教学经验，为每一位教师提供互相学习、交流、研讨的机会和平台，从而实现全体教师共同进步，共同成长。

第五，开展高质量的教育教学研究。特级教师要把课题研究与日常教育教学活动融合在一起，聚焦实际问题和疑难问题，保证课题研究的针对性。

同时，要及时反思总结，把解决教育、教学中的实际问题的成功经验撰写成论文或专著，让全国的同行借鉴吸收。

第六，也是发挥特级教师引领示范作用非常有用的方式，即以特级教师为引领，以工作室（或名师网络工作室）为载体，搭建教师发展平台，以课堂教学改革为核心，以课题研究为突破点，扎实开展学科专业建设和教育教学研究，通过专题研究、教学示范、现场指导、名师讲堂、读书沙龙等多种形式，提升全体成员的教研、教改等专业素养，凝聚形成以特级教师为核心的高素质骨干教师团队，促进教师专业发展和课程改革深入推进。每个特级教师工作室要面向全市遴选 10 名左右的学科带头人作为重点培养对象，通过送培送教，传播先进教育理念和资源共享，达到选树一位名师、带动一个专业群、带出一支队伍、产生一批成果的工作目标，建设一支师德高尚、业务精湛、结构合理、充满活力的高素质专业化教师队伍，推动教育质量稳步提升。

3.3　职教名师成长的职称阶梯

教师的职称是指教师的技术等级，是教师专业技术职务的名称，职称等级代表着专业技术人才的学术技术水平和专业能力。在教师的专业生涯中，与教师专业发展密切相关的是职称。通俗地讲，职称越高，教师的水平越高。职称中也附加了很多的其他职能，如教师工资和福利待遇都与职称挂钩，职称越高，工资和福利越高，反之越低。因此，职称最能体现教师的成就感和幸福感，教师想要增加收入，就必须想办法晋升职称。

3.3.1　职业学校教师职称的历史沿革

由于历史原因，中职教育存在两套不同归口系统，即人社系统办的技工院校和教育系统办的中等职业学校，同时有些由于中学与职业学校的合并等因素，职业学校的职称系列比较复杂，大致可分为中学系列、中技系列、中专系列。随着中学系列的老教师退休，职业学校的教师的职称系列主要剩下中技和中专两大系列。本书将从这两大系列来展开对职称阶梯的讨论。

1986 年,《中央职称改革工作领导小组关于转发〈技工学校教师职务试行条例〉及〈实施意见〉的通知》将技工学校教师分为文化、技术理论课教师和生产实习课教师。技工学校文化、技术理论课教师职务名称定为:高级讲师、讲师、助理讲师、教员。技工学校生产实习课教师职务名称定为:高级实习指导教师、一级实习指导教师、二级实习指导教师、三级实习指导教师。同年,根据《中央职称改革工作领导小组关于转发国家教育委员会〈中等专业学校教师职务试行条例〉及〈实施意见〉的通知》,中等专业学校教师职务设教员、助理讲师、讲师、高级讲师。高级讲师为高级职务,讲师为中级职务,助理讲师和教员为初级职务。这两个文件的颁布,标志着职业学校职称制度建立,各级职务实行聘任制或任命制,并有明确的职责、任职条件和任期。

随后,人社部和教育部陆续出台了系列的职称改革文件。1993 年出台的《关于完善专业技术职务聘任制、实行评聘分开的原则意见的通知》,深化了职称改革,开启评聘分开模式。《国家中长期教育改革和发展规划纲要(2010—2020 年)》提出要完善符合职业教育特点的专业技术职务(职称)评聘办法,探索在职业学校设置正高级教师职务(职称)。《教育部关于"十二五"期间加强中等职业学校教师队伍建设的意见》提出规范中等职业学校教师职务(职称)序列,建立体现职业教育特点的教师职务(职称)评聘办法,积极探索在中等职业学校设立正高级教师职务(职称),提升教师职业发展空间,调整优化中等职业学校教师职务(职称)结构比例。2012年,《国务院关于加强教师队伍建设的意见》提出分类推进教师职务(职称)制度改革,完善符合各类教师职业特点的职务(职称)评价标准,并探索在职业学校设置正高级教师职务(职称)。

3.3.2 现有职业学校教师职称等级设置

2017 年 12 月,人力资源和社会保障部印发《关于深化技工院校教师职称制度改革的指导意见》的通知,完善技工院校教师职称层级,设置正高级职称；文化、技术理论课教师职称设初级、中级、高级，初级只设助理级，高级分设副高级和正高级，助理级、中级、副高级和正高级职称名称依次为助理讲师、讲师、高级讲师、正高级讲师。生产实习课指导教师职称设初级、中级、高级，初级分设员级和助理级，高级分设副高级和正高级，员级、助理级、中级、副高级和正高级职称名称依次为三级实习指导教师、二级实习指导教师、一级实习指导教师、高级实习指导教师、正高级实习指导教师。

2019 年出台的《人力资源和社会保障部 教育部关于深化中等职业学校教师职称制度改革的指导意见》明确，要健全制度体系，完善中等职业学校教师职称设置，建立统一的中等职业学校教师职称制度，对文化课、专业课教师和实习指导教师进行分类评价；两类教师均设置到正高级职称，畅通中等职业学校教师职业发展通道。普通中等专业学校、职业高中和成人中等专业学校均设文化课、专业课教师和实习指导教师职称类别。原来实行的中等专业学校教师职称系列和职业高中教师职称统一并入新设置的中等职业学校教师职称系列，统一职称等级和名称。文化课、专业课教师职称设初级、中级、高级。初级只设助理级，高级分设副高级和正高级，助理级、中级、副高级和正高级职称名称依次为助理讲师、讲师、高级讲师、正高级讲师。实习指导教师职称设初级、中级、高级，初级分设员级和助理级，高级分设副高级和正高级，员级、助理级、中级、副高级和正高级职称名称依次为三级实习指导教师、二级实习指导教师、一级实习指导教师、高级实习指导教师、正高级实习指导教师。统一后的中等职业学校教师职称与原中等专业学校教师、职业高中教师职称的对应关系是：原职业高中正高级教师对应正高级讲师；原中等专业学校高级讲师、职业高中高级教师对应高级讲师；原中等专业学校讲师、职业高中一级教师对应讲师；原中等专业学校助理讲师、职业高中二级教师对应助理讲师；原中等专业学校教员、职业高中三级教师可聘任为助理讲师。

以上两个职改文件的发布，标志着技工院校教师和中等职业学校教师职称与事业单位岗位设置相衔接，对应关系为：正高级对应专业技术岗位一至四级；副高级对应专业技术岗位五至七级；中级对应专业技术岗位八至十级；助理级对应专业技术岗位十一至十二级；员级对应专业技术岗位十三级，如表 3 - 1 所示。

表 3 - 1　　　　教师专业技术资格设置与事业单位岗位设置对应

系列	类别	初级		中级	高级		备注
		员级	助理级	中级	副高级	正高级	
中等职业学校教师职称名称	文化课、专业课教师	/	助理讲师	讲师	高级讲师	正高级讲师	初级只设助理级
	实习指导教师	三级实习指导教师	二级实习指导教师	一级实习指导教师	高级实习指导教师	正高级实习指导教师	
技工院校教师职称名称	文化、技术理论课教师	/	助理讲师	讲师	高级讲师	正高级讲师	初级只设助理级
	生产实习课指导教师	三级实习指导教师	二级实习指导教师	一级实习指导教师	高级实习指导教师	正高级实习指导教师	
事业单位岗位		十三级	十一至十二级	八至十级	五至七级	一至四级	

3.3.3　中等职业学校教师职称评审必备条件解读

中等职业学校教师设置到正高级，畅通了职业发展通道，实行分类评价，将中等职业学校教师分为文化课教师和实习指导教师两类，突出职业教育特点。因而中等职业学校教师职称评审重在评价实践教学和技术技能人才培养实绩，注重行业企业实践、指导职业技能大赛等经历。在评价过程中，坚持品德、能力和业绩导向，把师德放在评价首位，引导广大教师立德树人，爱岗敬业，为人师表，突出对教育教学工作业绩的评价，注重考察教育教学一线经历，激励教师提高师德修养和教书育人水平。在评价机制方面，建立以同行专家评审为基础的业内评价机制，推行专家评议制度，选拔高水平的一线教师、教育教学专家担任评委，注重遴选行业企业技术专家和一线高技能人才担任评委。在评价方式上，采取说课讲课、面试答辩、专家评议、实践操作等多种评价方式。实现职称评审与岗位聘用制度的有效衔接，形成以品德、能力和业绩为导向，以社会和业内认可为核心的中等职业学校教师职称制度。

各个层级评审对象需要引起重视的是：一是评审材料一般有截止时间的规定。不同地区可能会有一定的差别，如有些地区计算时间截至当年 6 月 30 日，有的地区截至当年 8 月 31 日，尤其是论文需要见刊，因此时间节点很重要；班主任任职年限也有相应的计算截止时间；各个地区截止时间会有所不同，需要关注评审文件，以下达的评审文件为准，这里提供的时间要求仅做参考。二是评价条件中竞赛或获奖需教育行政部门、教科研部门和政府部门组织的认定，以证书或文件为准，指导学生必须有证书或者文件表明（有指导教师名字和指导学生名字）。三是师德评价采取五年内一票否决，师德问题是先决条件。本书列举的职称评审办法均是以浙江省为例。

3.3.3.1 初级职称评审指标要求解读

初级职称的总体要求是掌握基本的教育教学方法、基本胜任学科教学岗位及班主任工作，能较好组织开展学生社团、第二课堂等活动。实习指导教师能够承担本专业部分实习实训教学。

3.3.3.2 中级职称评审指标要求解读

中级职称评审的总体要求是具备扎实的专业知识和技能、良好的课程教学能力，能认真履行教书育人职责，较好地完成班主任工作，正确教育和引导学生健康成长；具有一定的组织和开展教育教学研究的能力；能较好地组织开展学生社团、第二课堂等活动。专业课教师积极承担校企合作、产教融合、实习实训教学等工作，具有相应专业实践能力。不同地区量化指标可能会有所不同，表 3－2 列举了浙江省某市职业学校职称评审条件具体的量化指标（综合现行政策文件和内部资料罗列，技工系列和中职系列有细微的差别，总体基本一致，仅做参考）。

表 3－2　　　　技工系列与中职系列中级职称评审条件量化指标要求

评审条件	技工系列要求	中职系列要求
教师资格	中等职业学校及以上层次	中等职业学校及以上层次
学历	本科及以上	本科及以上
现职	具备相应系列初级职务（职称）证书	现聘任专业技术职务证书及聘书

评审条件	技工系列要求	中职系列要求
普通话	二乙及以上测试成绩单	二乙及以上测试成绩单
论文	在省级以上刊物独立发表或作为第一作者发表论文、著作等代表作 1 篇（部）	公开发表的论文或获市属级二等奖及以上的论文，至少 1 篇
继续教育	2017 年起每年度完成继续教育不少于 90 学时，其中专业科目不少于 60 学时，公需科目不少于 18 学时	2017 年起每年度完成继续教育不少于 90 学时，其中专业科目不少于 60 学时，公需科目不少于 18 学时
职业资格证书	申报二级实习指导教师应是中级工及以上职业资格证书；申报一级实习指导教师应是高级工及以上职业资格证书	相应专业（工种）中级及以上技术等级证书或具有行业执业资格证书
班主任工作	任现职以来班主任年限不得少于 2 年（实足 2 年），任职以来累计不少于 3 年	中级任职满 3 年，任现职满 2 年
考核	年度合格及以上	年度合格及以上
公开课	校级及以上教学示范课、观摩课、一日活动展示或专业（学科）讲座	
课程建设	标准制订、教材编写或有主持开发一门及以上选修（拓展性）课程	
论文与教学能力	可以从以下 4 项条件中任选 1 项进行考核评价：（1）任现职以来，有公开发表的论文或获市属级二等奖及以上的论文，至少 1 篇。（2）任现职以来，参编过公开出版的与本学科教育教学相关的专著、译著、教材、教参等。（3）任现职以来，参加经由教育行政部门批准或备案、组织的以现场上课为主要形式的课堂教学大赛（一堂完整课）获市属级二等奖、市级三等奖及以上。职业中学专业课教师在市级及以上教师技能大赛中获二等奖及以上或者取得发明专利证书或市级及以上科技进步奖。（4）任现职以来，指导学生参加符合教育部《中小学生竞赛活动管理若干规定》的竞赛，获得市二等奖（或银牌）及以上，或职业学校教师指导学生在省级技能大赛中获奖	
课题	主持校级及以上课题（须结题）	
比赛	现职以来，本人或指导学生参加与申报学科相关的各类各项比赛获市属级二等奖、市级三等奖及以上	
其他	德育学科：申报条件中必须具备任现职以来至少获得过一项由教育行政部门（不含教科研部门）颁发的县级及以上德育或师德系列相关荣誉（不含德育论文、课题评比）	

3.3.3.3　高级职称评审指标要求解读

高级职称评审的总体要求是学生管理能力强、教学能力强、科研能力强、经验可借鉴。具体来说，高级教师应具有崇高的职业理想和信念、丰富的班主任工作经验、可供学习借鉴的德育经验；具有扎实的理论基础和专业知识、较强的专业实践能力、先进的教育理念、丰富的教学方法、显著的教学业绩、可供借鉴的教学经验；具备指导青年教师的能力；具备较强的教育教学能力。专业教师应在校企合作、产教融合、实习实训教学等方面取得较突出的成果。不同地区量化指标可能会有所不同，表 3 - 3 列举了浙江省某市职业学校职称评审条件具体的量化指标（综合现行政策文件和内部资料罗列，技工系列和中职系列有细微的差别，总体基本一致，仅做参考）。

表 3 - 3　　　　技工系列与中职系列高级职称评审条件量化指标要求

评审条件	技工系列要求	中职系列要求
教师资格	中等职业学校及以上层次	中等职业学校及以上层次
学历	本科及以上	本科及以上
现职	具备相应系列中级职务（职称）证书	现聘任专业技术职务证书及聘书
普通话	二乙及以上测试成绩单	二乙及以上测试成绩单
论文	在省级以上刊物独立发表或作为第一作者发表论文、著作等代表作 2 篇（部）	任现职以来，有公开发表的论文或获市属级二等奖及以上的论文，至少 2 篇
继续教育	2017 年起每年度完成继续教育不少于 90 学时，其中专业科目不少于 60 学时，公需科目不少于 18 学时	2017 年起每年度完成继续教育不少于 90 学时，其中专业科目不少于 60 学时，公需科目不少于 18 学时
职业资格证	申报高级实习指导教师应是高级工及以上职业资格证书	与申报专业相关的高级工及以上国家职业资格证书或行业执业资格证书
班主任工作	任现职以来班主任年限不得少于 2 年（实足 2 年），任职以来累计不少于 3 年	中级任职满 3 年，任现职满 2 年
考核	年度合格及以上	年度合格及以上
公开课	县级及以上，教学示范课、观摩课、一日活动展示或专业（学科）讲座	
课程建设	标准制订、教材编写或有主持开发一门及以上选修（拓展性）课程	
论文与教学能力	可以从以下 5 项条件中任选 1 项进行考核评价：（1）任现职以来，有公开发表的论文或获市属级二等奖及以上的论文，至少 2 篇。（2）任现职以来，参编过公开出版的与本学科教育教学相关的专著、译著、教材、教参等。（3）任现职以来，正式出版过与本学科教育教学相关的专著或译著，或参编过与本学科相关的教材（正式出版），或正式出版过本人主持开发的选修（拓展性）课程教材，或本人主持市级及以上教研部门组织编写的教参（正式出版）。（4）任现职以来，参加经由教育行政部门批准或备案、组织的以现场上课为主要形式的课堂教学大赛（一堂完整课）获市级二等奖、省级三等奖及以上。职业中学专业课教师在省级及以上教师技能大赛中获二等奖及以上或者取得发明专利证书或市级及以上科技进步奖。（5）任现职以来，指导学生参加符合教育部《中小学生竞赛活动管理若干规定》的竞赛，获得省二等奖（或银牌）及以上，或职业学校教师指导学生在国家级技能大赛中获奖	

续表

评审条件	技工系列要求	中职系列要求
课题	主持县级及以上课题（须结题）	
比赛	本人获职业院校信息化教学大赛、教学设计和说课大赛、教师技能大赛市级二等奖、省级三等奖及以上，或参与校企合作项目取得国家发明专利、实用新型专利、县级以上科技进步奖等；或指导学生获职业院校技能大赛、职业素养类大赛（含创新创业大赛、文明风采竞赛）市级二等奖、省级三等奖及以上	
教学成绩	任教课程成绩在全市职业学校学生学业水平测试或省中等职业学校职业能力大赛（学生技术技能类）"面向人人"赛项比赛抽测中居中等以上，或全校同类课程中成绩居中等以上	
其他	德育学科：申报条件中必须具备任现职以来至少获得过一项由教育行政部门（不含教科研部门）颁发的县级及以上德育或师德系列相关荣誉（不含德育论文、课题评比）	

3.3.3.4 正高级职称评审指标要求解读

正高级职称评审的总体要求是业务精湛、业绩卓著、示范引领作用显著。具体来说，正高级教师应具有突出的班级管理经验，卓越的教学能力和科研能力，突出的专业实践能力，鲜明的教学特色，显著的教育成果；具有可供推广和借鉴的经验或模式。在教育思想、专业建设、课程改革、教学方法等方面取得创造性成果；在指导和培养青年骨干教师方面有突出贡献；在教育教学团队中发挥关键作用；在本学科教学领域享有较高的知名度，是同行公认的教育教学专家，或担任地市级以上专业带头人。专业课教师应在校企合作、产教融合、实习实训教学等方面取得突出成果。

正高级评审与其他级别评审不同的地方主要在于推荐机制。推荐的政策导向是师德高尚、专业功底深厚、教学业务精湛、教育教学效果显著，具有较高知名度、影响力，特别是在班主任工作方面有丰富经验，且成绩出色，得到同行和社会公认的教师推荐。首先，坚持把师德放在首要位置，对师德有问题的教师实行"一票否决制"。通过个人述职、考核测评、征求学生和家长意见等方式全面考察推荐对象的职业道德，严把思想政治关口，党员教师应由所在党支部出具写实性的鉴定意见。其次，注重考察推荐对象的教书育人工作业绩和实际贡献，切实改变过分强调论文和课题的倾向，体现教学的中心地位。经设区市组织专家鉴定，具有较高学术水平、对实际教育教学有较大指导意义的论文、课题、教案、研究报告、工作总结等成果，可作为示范引领方面的业绩。专著以正规出版社出版为准。课题的主要参与人包括排名前两位的参与人以及明确为执笔者的参与人。最后，按照培养和造就教育家的政策导向，重点推荐获得教育教学领域公认的教学成果奖等标志性成果的教师，以及获得省部级及以上荣誉称号和师德高尚的优秀教师，切实树立职业学校教师发展的业绩标杆和道德楷模。

正高级职称评审推荐流程：在个人申报、学校推荐的基础上，各县（市、区）教育和人力资源和社会保障部门充分考虑学校考核意见，严格按照评审条件评审推荐，对拟推荐人选在本单位进行民主测评，每个推荐环节规范公示，时间不少于 5 个工作日。推荐到市参加评审的教师，按照隶属关系由当地纪检监察驻教育部门纪检组单独出具同意推荐意见。市级人力社保部门根据文件要求按 1.5：1 的比例对被推荐人进行考核，依据择优原则，确定候选人。表 3-4 和表 3-5 是根据现行文件和内部资料罗列的高级职称评审指标，仅做参考。

表 3-4　　　　　　　　中职系列正高级职称评审指标

评价指标		具体指标要求
资格条件	教师资格	中等职业学校及以上层次
	学历	本科及以上
	年限	一线工作 10 年以上，高级教师岗位任教 5 年及以上
	普通话	二乙及以上测试成绩单
	继续教育	2017 年起每年度完成继续教育不少于 90 学时，其中专业科目不少于 60 学时，公需科目不少于 18 学时。周期内参加教师专业发展培训时间应不少于 360 学时，其中集中培训时间不少于 90 学时
	职业资格证	与申报专业相关的高级工及以上国家职业资格证书或行业执业资格证书
资格条件	下企业	每两年到企业挂职研修 2 个月
	班主任工作	中级任职满 3 年，任现职满 2 年
	考核	近 5 年年度合格及以上

续表

评价指标		具体指标要求
评价标准	业务方面	深入系统地掌握所教学科课程体系和专业知识，教学理念先进，教学艺术精湛，教学风格独特，受到学生普遍欢迎，得到同行普遍认可。积极参与教育教学改革，具有较强的教学能力和很强的开发及开设选修课能力。任现职以来，在地市级及以上范围开设教学示范课、观摩课或学科讲座，效果良好
	业绩方面	任现职以来，完成规定的教学工作量。普通高中教师每学年需承担学校规定的选修课工作量，职业中学教师每学年需承担学校规定的社会培训任务。义务教育教师每学年需承担学校规定的拓展性课程工作量。长期工作在教育教学第一线，对所在学校的发展或当地的教育事业做出突出贡献。从教以来出色地完成班主任、辅导员等学生管理工作任务，为促进青少年学生健康成长发挥了指导者和引路人的作用。积极参与社会教育活动，与社区和学生家长建立良好的沟通渠道，能够针对学生的教育成长、学校教育工作和社区教育发展等提出指导性意见或方案
	示范引领方面	任现职以来，在教育思想、课程改革、教学方法等方面取得创造性成果，在核心刊物上独立或作为第一作者发表论文、著作至少2篇（部），专职从事教科研工作的人员至少4篇（部）。主持或主要参与完成至少1项教育部或省教育厅的教育教学科研课题。论文内容应与所教学科对口，能反映本人学术知识水平和业务能力，并在实际应用中发挥了较好的示范和引领作用。具有很强的团队精神，在教学团队的成长和发展中发挥关键性作用，在指导培养一级、二级、三级教师方面，特别是在培养指导中青年骨干教师方面做出突出贡献。在本学科教学领域享有较高的知名度，是同行公认的教育教学专家

表3-5　　　　　技工系列正高级职称评审指标

评价指标		指标要求
资格条件	教师资格	中等职业学校及以上层次
	学历	本科及以上或技工院校预备技师（技师）班毕业
	年限	一线工作10年以上。受聘高级讲师5年以上
	普通话	二乙及以上测试成绩单
	继续教育	2017年起每年度完成继续教育不少于90学时，其中专业科目不少于60学时，公需科目不少于18学时
	职业资格证	技术理论课教师具有相关职业（工种）技师及以上技能操作水平
	下企业	每两年到企业挂职研修2个月
	班主任工作	任现职以来班主任年限不得少于2年（实足2年），任职以来累计不少于3年
	考核	近5年年度合格及以上

续表

评价指标		指标要求
评价标准	教学教研要求	（1）具有崇高的职业理想，在教育教学一线工作 10 年以上，教书育人成绩显著。（2）系统地掌握本专业基础理论和专业理论知识，具有较高理论研究水平，掌握国内外本专业前沿发展动态；掌握先进的教育理念和现代化教学手段；教学水平高超，教学业绩卓著，教学特色鲜明。（3）在教学团队中发挥关键作用，掌握技能人才培养规律，具有主持和指导教育教学研究的能力，指导教学改革、教学研究方面有创新，并取得显著成果。在本地区能起到专业（学科）带头人作用，在指导和培养其他层级教师方面做出突出贡献。（4）能够指导青年教师开展学生社团、第二课堂等活动，熟悉企业对人才培养的要求，具有解决生产实践中具有一定难度技术问题的能力，在技术革新方面有较大贡献。（5）能够承担高级工以上职业培训任务
	业绩成功要求	应至少具备下列条件中的 4 项：（1）积极参与学校教学管理、教学改革、教学研究等工作，获得省部级以上表彰。（2）主持过学校该专业一体化课程教改工作，在教学团队中发挥关键作用。（3）参加省级以上职业技能竞赛取得优异成绩。（4）指导学生在省级以上职业技能竞赛中取得优异成绩。（5）带领学生到企事业单位实习实训、社会实践 3 期以上；或者主持过企业攻关难题。（6）参与省部级以上精品课程或教学资源库建设，并获得表彰。（7）在培养指导生产实习、指导教师提高技能操作水平和实习教学能力方面做出一定成绩（此项针对正高级生产实习指导教师要求）。（8）参与省部级以上说课、微课、示范课、教案、课件制作等比赛之一，并获得表彰（此项正高级讲师要求）。（9）主持过至少 1 项省部级以上课题研究。（10）参编至少 2 部省部级以上统编教材

3.3.3.5　职称评定建议

职称是对教师专业成长的一种肯定，职称的指标要求也是青年教师专业成长的一个目标和方向。在教师职称改革当中，教龄足够只是申请职称的一个要点，新的职称评审条件将会更加人性化，会更加注重师德素养，注重教育教学工作业绩，注重教育教学方法与艺术，注重教育教学一线实践经历，还会更加考虑乡村教师的实际情况。职称评审改革之后，教师将和事业单位岗位聘用制度有效衔接，也就是说，当中小学教师岗位出现空缺的时候，教师可以跨校聘用，在乡村任教三年以上的教师，同等条件下优先评聘。

在职称评审过程中始终把师德放在评价的首位，实行师德问题"一票否决"；新的分类教师评价标准中，破除了"四唯"倾向，注重对行业企业实践经历的考察，突出评价教育教学工作实绩、实践教学和技术技能人才培养实绩以及教学改革实绩，进一步向优秀人才倾斜，注重遴选高水平的职业教育教学专家、一线教师、行业企业技术专家和高技能人才担任评委。

当前，各地区职称评定基本上建立了量化指标体系，并依指标体系进行量化评分，由过去印象评分向精确（量化）评分转变。从指标体系的导向性分析，不仅仅需要满足荣誉、科研（论文）等要求，而且更注重过程、注重教学成绩，当然这两者是相辅相成的。平时的工作要按照指标的要求，对照指标找差距，缺什么，补什么。准备材料很关键，要对号入座，一一对应，切实做到有的放矢。得分是评判依据，分数较低者，评审组直接淘汰，不提交评委会。因而青年教师要注意以下几个问题，以便在职称评审中脱颖而出。

一定要关注自己的课堂教学，课堂是教学的主战场，课堂秩序、课堂教学效果是评审过程中的必须环节，从初定初级到正高级评审，课堂永远是最关键的一环。

一定要做班主任。不做班主任不仅是不完整的教师，而且不利于评职称或晋级。因为一般硬性规定需担任几年以上的班主任工作才有资格参与职称评审。

一定要积极参加学校层面的评先评优及各种竞赛活动，尤其是各种讲课活动，注重教育教学过程材料的积累。讲课是教师的立身之本，讲课也是提升教学能力的关键环节。

一定要重视自己的专业发展，围绕着指标体系，加强自身专业能力建设，尤其是参加课题研究、下企业实践锻炼、校本课程（教材）的开发和论文与教学经验的撰写，促进专业素养的不断提升。此块分差较大，要么是满分，要么是零分。

最后，非常重要的一个环节——评审说课环节，一定要做好。要做到环节完整、教学目标表述完整（可度量、可检测、可评价），教学重点、难点分析透彻、科学合理；教学组织形式、教学方法、教学手段恰当合理；教学过程做到教学设计构思新颖、富于创新、激发学生学习兴趣、教学环节设计紧密，教学环境和学习环境创设合理，突出以学生为主体，教师为主导，角色定位合理，信息技术的应用恰当而必要，教学内容表述准确，术语规范等。

积极有为，全方位突破——杜老师的高级职称晋级之路

杜老师曾以为职称晋升是水到渠成之事，但是现实并非如此，他的职称评聘之路艰难而曲折，由于种种原因，在评中级职称的时候耽误了两年，吃了大亏。他意识到了这个问题，有一种强烈的危机感，为了弥补中级吃的大亏，2008年评完中级职称后，他立刻规划高级职称的晋升之路。从教学、专业建设、论文、课题研究、企业实践、班主任工作等全方位准备，为他迈向市级学科带头人和评上高级职称打下了坚实的基础。

在这几年中，他的课程教学工作量平均周课时达到18.3学时，讲授了程序设计、计算机网络、安防系统等18门课程，内容覆盖计算机基础知识、程序开发、网络技术、楼宇智能化技术等计算机技术的各个方面。在教学的同时为提高教学水平和能力，他几乎每个学期都开校内公开课，还开了一次全市的公开课，让同事为他指点问题、改进他的教学过程等。除了上课了之外，他积极指导学生参加技能大赛，主要有计算机组装与维修、楼宇智能化安装布线调试，在各级各类技能大赛上都取得了较好的成绩。他还被学校聘为新教师业务指导教师，他认真传授职教理念和课堂教学方法，通过示范课、听评课、备课指导、现场实训指导、学生管理等教学的方方面面给予新老师指导。

在教学过程中，他努力学习各类教育教学理论，随时充电，积极参加各种师资培训、学术交流和行业考试提升专业水平和扩大知识面，如参加了中德合作专业负责人进修培训班、NFTE实习创业认证教师培训信息化教学培训班和澳洲TAFE学院培训班、加入职教特级教师工作室等，努力向大师学习教学与研究方法。他努力把学到的先进的教学理念和教学方法运用于教学实践，他尝试了行动导向法、项目教学法、学案导学法、一体化课程教学法等，努力探索有效课堂教学的途径和方法，逐步形成了自己的教学风格，并有意识地进行了教学反思，开展了相应的课题研究和论文撰写，保持每年1本校本教材、1个课题、2篇论文

的节奏，五年中主编校本教材 3 本，参编 2 本，以第一作者身份发表教育科研论文 8 篇，市级以上获奖 8 篇，主持市级以上课题 3 项，参与研究 5 项。实现了以科研促进教学，以教学推动科研的目的。

在评高级前的那几年里正值学校示范专业建设和国家改革示范校、国家高技能基地建设的热潮，在做好教学的同时，他想尽一切办法，主动融入专业建设与学校改革发展的大潮中去，对学校发展和专业建设有了深刻的理解，他也因此被学校聘为计算机网络技术专业带头人。

除了完成学校的工作之外，他还积极参与企业实践和社会服务工作。比如，到知名网络安防企业参加岗位实践，做计算机网络工程项目方案设计、安防工程项目设计，积累工程项目经验。他参与了 A 市多个信息化政府采购项目评审，服务地方经济建设的同时也掌握了企业和政府的信息化需求和技术发展的动态，为更好地教学提供了有利的条件。他还是计算机维修工和智能楼宇管理师考评员，除了参与学校的技能考证培训与辅导、职业技能鉴定工作外，还为校外企业员工开展计算机系统操作工、维修工、网络管理、智能楼宇管理师等工种的培训，几年累计培训和考评人数达到近 1000 人。

在梳理高级职称评审材料时，他很庆幸自己这几年的付出是如此的值得，在评审表的每一个栏目里都有可以填的内容，而且还可以挑选着填上去，自然也实现了高级职称的水到渠成。

第4章

名师成长机制

　　名校之所以为名校，最重要的条件是拥有一批名师。名师是一个学校的灵魂和符号，其独立思想的力量，对于学校推动教师专业成长具有示范性价值。普通教师成长为教学名师、教育专家，往往都具有超凡脱俗的人格魅力和人生智慧，令人赞叹的宽广视野和感人事迹，但是纵观他们的成长历程，并不是一蹴而就的，是多种影响因素叠加、综合作用的结果。但最重要的前提是教师本身具备能成为名师的必要条件，同时需要"想要成为名师"的强烈意愿，种瓜得瓜，种豆得豆，决定生物长成什么样的，不是阳光和雨露，而是种子本身。因此在名师成长过程中，其自身对教育的热爱、拥有的学识、与日俱进的专业素养、永不停止的前进动力等因素所构成的内在机制，起着极其重要的作用。同时，名师的成长也离不开外部环境条件的支持，各级管理机构应该充分创造条件，建立相应的保障机制，支持和促进名师的成长。

4.1　名师专业成长影响因素

　　关于名师专业成长影响因素的研究有很多，王颖（2005）根据影响因素组成，将其划分为自身因素和非自身因素。樊小杰也将名师个人生活史的文献资料或传播内容进行定量分析，将名师的成因条件分为内部和外部两方面。他认为名师的成长不仅仅是教师个人的事情，也是学校环境和教育制度共同作用的结果。童富勇（2018）等经过对浙江省221位名师的调查发现，专业发展愿景、自我效能感、实践磨砺、研究反思、专业引领、关键事件、同伴互助是影响名师专业成长的重要因素。魏晨明（2015）认为，名师的成长机制可以简单定义为名师成长的相关因素和条件及其相互作用的过程与方式，并将名师的成长机制划分人格机制、行为机制和社会机制三类。张建（2015）也通过对名师专业特质及其形成条件的认知和厘定，综合各方面学者实践研究，认为名师成长需具备个体内部发展和外部支持两方面条件，内外部条件有机结合共同促进名师专业成长。

在《辞海》中对机制的定义有四种划分，本书主要采用第四种定义：机制主要泛指一个工作系统的组织或部分之间的相互作用的过程与方式，如市场机制。梳理并综合名师发展研究中关于成长机制及个人发展案例的论述，本书认为教师成长过程中逐渐形成的实践性智慧、教育哲学观及积极心理准备状态需要基于两方面条件因素或机制。一是内在机制，包括教师独特的个性特征、扎实的专业知识与技能，这决定着一名教师是否有成为专家型教师的潜能，也同时意味着拥有此类共性特征的教师成为专家型教师具有一定的必然性。但是，从普通教师或者优秀教师成长为专家型教师，还存在一定的偶然性。二是外在机制，专家型教师成长过程中，常常伴随众多外在条件因素催化，如团队组织、专家培训等。且内在机制与外在机制交互作用、双向甚至多向建构的形式也影响着名师的成长路径。

在自我指导学习的成长过程中，如何让教师出色，让自身拥有名师的专业特质，同时又能借助外在条件有所突破和创新呢？本章围绕该问题，结合现有各级名师特有的个人品质、专业素养、实践经验及养成路径，以外部条件促进内部条件发展角度，从名师学习养成中内在机制、外在机制两方面及相互关联展开论述。

4.2 名师专业成长的内在机制

马斯洛在《人类激励理论》中提出了需求层次的五阶段论，认为需求的发展呈阶梯状逐级递增，前四种称为低层次的需求目标，当低层次的需求得到满足，愿望得以实现，高层次的需要就会成为推动行为的主要原因，以致期待更高层次需求的出现。名师的专业成长过程生动形象地揭示了需求层次理论的社会价值和意义。在名师专业成长的每一阶段，其对知识、技能、人际关系、社会地位以及经验的需求是有差别的，高层次的需要比低层次的需要具有更大的价值。名师的专业成长得益于其永不满足现状，在某一级的需要得到最低限度满足后，就会去追求更高一级的需要，热情一次又一次地被高层次的需要所激发，如此逐级上升，成为推动其继续努力的内在动力。名师的专业成长在于其将教书育人视为自己毕生追求的事业，始终不忘初心，以最有效和最完整的方式表现自己的潜力，敢于进行新的探索与尝试，善于学习、积累和借鉴，一次又一次突破专业成长过程中的困境，追求更高层次的目标，得到高峰体验，实现自我价值。教师的成长，是内外因交互的复杂系统性过程，主要在于主动追求。任何人的发展都需要外推力和内驱力，而最关键的是内驱力。外因是变化的条件，内因是变化的根据，外因只有通过内因才能起作用。任何别人的意见和建议都无法取代自己内心强烈的呼唤，这种呼唤就是我们的追求，人生最大的敌人是自己，人最难的就是超越自我，不能超越自我就不可能成为名师。我们认为名师的内在机制包含专业信念、道德品质、才智素养和身心健全等四个方面。

4.2.1 专业信念

信念，按《现代汉语词典》的解释是"自己认为可以确信的看法"。笔者认为，信念更是情感、认知和意志的有机统一体，是人们在一定的认识基础上确立的对某种思想或事物坚信不疑并身体力行的心理态度和精神状态。每一个名师都有坚定从教的教育信念，它是教师从教的源泉和动力，信念是一个人的精神支柱，一名具有坚定信念的教师，必定非常了解教师这个职业，并立志要当一名教学名师。坚定的专业信念为教师实现自己当一名名师的梦想奠定了坚实的基础。教师的专业信念是推动教师专业发展的动力之源。教师不仅是一种职业，而且是需要全力以赴投入的事业。一名信念十足的教师始终秉持自己最初的从教信念，对教学工作兢兢业业，顺应时代潮流，与时俱进，努力在实践中不断地去学习、充实、提升自己的教学水平，才能最终成为名师。

4.2.2　道德品质

在教师所有必备品质中，高尚的道德品质必然居于统领地位，是名师品质"大厦"的根基，决定着教师专业发展的性质、方向和高度。具体体现在对工作尽职尽责，愿意为教育事业奋斗终生、超越自己，具有强烈的责任感与义务感。教师要对学生进行正确的价值引领，最重要的是有正确的价值观。教师是为人父母与教书育人的双重体现，教书育人固然重要，但爱学生更为重要。名师对待学生疼爱有加，如同对待自己的孩子一样，严慈并重，尤其是班里的差生和后进生，能够站在学生的立场换位思考助其转化，与家长热切沟通交流，为学生的学习、成长、成才保驾护航。道德品质还表现在对人宽容、大度，对待同事一视同仁，互帮互助等方面。

4.2.3　才智素养

才智素养包含专业知识、专业技能两个方面，是精和博的有效结合，是会教与能教的有效体现。专业知识是名师必备的基础，也是不断发展变化的，随着学科知识不断地分化与发展，技术的更新与迭代，所学知识要随时代的进步更新变化，终身学习的脚步永不能停止。名师能随时汲取新的知识信息，不仅仅要精通教学内容，更要博览群书拓展专业领域。教师除了需要扎实的专业知识外，更要具有丰富的教育性传授知识，也就是专业技能。教学是一门学问，更是一门技术，教师的教育性知识是教师教学过程中的催化剂。职教名师要能够根据学生的不同专业背景、个性特征、兴趣爱好，创设基于工作过程的教学环境，制定恰当和富有创造性的教学方法、教学环节。根据学生个性化需求，推动教育与技术的深度融合，实施精准化教学，唤醒学生的求知欲。在教学过程中融入课程思政，以身正其身，发挥榜样的力量，以公正、健康、积极向上的正能量来激励学生，帮助学生树立正确的三观，从而使教学达到预期的目标。

4.2.4　身心健全

身心健全包含良好的身体素质和健康的心理两个方面。身体素质主要包括健壮的体魄和健全的脑机制，名师一般健康、脑机制健全，"身体是革命的本钱"，这是基础性条件。心理素质是指一个人是否具有健康的心理和健全的人格，名师的心理素质体现在较好的社会适应能力、良好的人际关系、稳定乐观的情绪和健全的人格等方面。名师必定是一个身心健全的人，身心健全的名师面对职业压力和职业倦怠时，能运用正确的途径与方法来维护心理健康，进而优化教育行为、调整情绪、塑造健全人格，更好地教书育人。

下面我们将以职业学校教师杨老师的成长历程为例，以该名师自身专业特点印证入职教师应该具备的内在素质，并将这些因素综合统一，来诠释名师成长的内在机制。杨老师是一名职业学校数控技术教师，高级讲师、数控车床操作技师，先后被评为全国优秀教师、Z 省特级教师、市名师。作为一名职业学校教师，他的成长历程具有典型职教名师的特征。

对事业的热爱和不懈的追求成就名师

强烈的职业情怀激发内生性发展动力。如果说一名优秀教师的本职就是源源不断地输出优秀的学生，那么，曾获得教育部授予的"全国优秀教师"头衔的杨老师，更是让人读懂了教师这个职业更深的意义与价值所在。杨老师小时候的梦想就是当一名老师。教书育人是一件很神圣的事，他很开心自己实现了梦想，所以在进入这一行业起，他就一直希望自己的学生能有所长，而且有地方发挥他们的长处。对职业强烈的热爱，也是后来他在某中等专业学校设立实训基地的最初目的。实训基地投入使用 4 年以来，为当地近 10 家企业解决了 100 多个技术难题，俨然成为市里一些企业技术研发、新产品开发和新工艺推广的中心。这里承担着全校几千名学生的实践性教学任务，主要有机械制造、模具开发、数控维修三大功能。因管理有序，成效明显，该实训基地也先后被评为 Z 省示范性实训基地和 Z 省综合性公共实训基地和国家级实训基地。

在立足课堂的自主改革中，杨老师热爱学生，能与学生打成一片，实现共同成长。从事职业教育二十多年，杨老师始终坚守在教育教学第一线。他对学生一视同仁，以心交心，以情动人，以理服人，深受师生的敬重和信赖。他德技双馨，作为数控技术专业带头人，承载着推动专业"争先、领先、率先"发展的重任，担负着示范、影响、引领专业教师改革探索的使命。同时他还善于把科学的理念转变为进取的作为，把可用的资源转变为发展的成果，在推进专业的改革过程中，全面盘点资源，充分激活资源，合理调配资源，把资源积累上的宽度和厚度，有效转变成学生成长的速度和高度，转变成为专业发展的力度和幅度。与此同时，他还善于把个体的抱负转变为团队整体的追求，致力于构建团队的愿景，让自己的专业抱负成为全体专业教师的共同追求，不仅自己满怀激情，而且用这种激情点燃整个团队奋力前行之薪火。这种教学和相处方式获得了学生的一致好评，且学生在专业上有很大精进。

高度热忱的敬业精神，使得杨老师长期扎根教育实践，并表现出高度的创造性。他的职业成就动机、职业承诺、职业目标指向等均处于高位状态。杨老师强烈的敬业精神，源于内在的职业认同。作为一名教学一线的专业课教师，杨老师可谓是名副其实的双师型教师。他有着扎实的专业理论基础，又有高超的技能，是中职教育的省特级教师。他带领团队，锐意改革，深入企业，与本地 30 多家企业建立了紧密型校企合作关系，积极探索"订单式"人才培养模式，先后开办了"红五环班""开山班""煤机班""劳克斯班"等 30 多个订单班级，培养了近 5000 余名技术蓝领。2012 年 11 月，杨老师被市总工会授予技术服务队队长，负责全市企业职工数控车技术培训。他先后组织开展参与了 100 多批培训，每年培训人数 1000 人。通过山海协作项目，他把当地的农民转变成了宁波、杭州、嘉兴等地的技术工人。他推行"两单、一卡、一打造",即政府买单、订单培训、发放创业绿卡、打造劳动力品牌的培训模式,并积累了丰富的经验。正因为他的积极工作和对职业的崇敬之情,其所在的学校被誉为"现代农民讲习所"。

杨老师作为一名普通的职业学校教师,凭着对教师这份职业的一腔热忱,对培养辅导学生的热爱,用自身宝贵的成长经历引导当代入职教师快速成长,指导启发普通职业学校教师形成自身良好的职教名师素质。

4.3 名师专业成长的外在机制

在助推优秀教师向名师目标迈进的过程中,政府和学校为教师提供"关键人物"或政策支持等外部环境支持是教师成长因素中非常重要的一个方面,这些外在机制有助于激活教师发展的内在动力,从而帮助教师更快更好地成长。内因是事物发展变化的根据,外因是事物发展变化的条件,外因通过内因而起作用。这一普遍规律在优秀教师成长中的作用也是十分明显的。能否成才,关键在于自身的基础和努力,但有无良好的外部环境和条件也很重要,实践证明,良好的外部环境和条件,更有利于优秀人才脱颖而出。通过回溯教师个人生活史,回顾教师个体教育与生活的历史,发现名师的成长不仅离不开内在动力的支持,同时在其成长的历史中,一切关键性人物、家庭环境、学校环境、制度安排等外在因素也至关重要。职业学校教师成长的外部环境和条件概括起来大致有以下几方面的形成机制。

4.3.1 政府保障机制

完善教育政策导向机制、推动机制,落实教师、教学中心地位,强化政府社会职业诉求主导作用。名师的专业发展与个人成长不是孤立的,而是在政府和社会及学校等共同作用下发展的。职业教育发展目标是优化教育结构、促进就业创业等。

首先，政府要发挥主导作用。政府要运用政策法规保障、示范性项目建设、教学科研项目引导推动等措施来推进和落实政策的实施。比如制定出台《中华人民共和国职业教育法》《国家职业教育改革实施方案》《深化新时代职业教育"双师型"教师队伍建设改革实施方案》《职业教育提质培优行动计划（2020—2023 年)》等职业教育政策法规，实施"示范性职业院校"建设计划、实施"提升高职教育专业服务产业发展能力"建设计划等。

其次，政策实施要向名师倾斜。教育主管部门要通过政策倾斜，颁布各级各类名师的评选认定制度、管理办法、激励措施等，对名师培养从选拔评选、培养和管理等各个环节都以政府文件、制度进行刚性规定和落实，使名师培养制度化、规范化。教育主管部门要根据名师培养工程目标和要求，为各级名师培养对象创造优良的培训、进修环境和教育教学研究条件。如，对名师在进修学习、学术研讨、课题研究等方面给予优先考虑，并对其中特别优秀者给予重点支持；在教师职务、职称晋升，特级教师评选、领军人才评选、拔尖人才入选，以及各类评优、评先中给予优先考虑和倾斜。

最后，要加大对中职教育的经费投入和相关专业技能型教师的培训经费投入。经费支持是名师成长的重要物质条件保障，政府相关部门要把名师培养所需要的经费列入预算，设立名师专项经费，为名师培养的实施提供资金支持。针对名师研修的经费则重点用于资助名师培养对象进行进修学习、参加学术交流活动、开展课题研究、外出观摩考察、出版研究成果等。名师培养经费应该每年拨付一次，并保证其各项费用及时足额发放。职业教育具有应用性和实践性，这是其区别于普通教育的本质属性。这就决定高职教育在人才培养过程中必须重视实践环节，要有实训基地和相应的配套设施，且教育教学的职业学校教师需在技能方面有较为专业的才能，以保证学生能够有效地在实训实践中学习专业技能。因此加大对中职院校的经费投入不仅能促进教师专业技能提升，同时也能提升场地实训的学习质量和技术前沿性。

4.3.2 学校保障机制

职业学校是教师开展教学科研工作的一线阵地，更是教师成长的温床和摇篮。学校的各项保障机制为名师在成长道路上锤炼提供积极的助推作用。学校在积极引进高端专业人才和能工巧匠的同时，关键是为现有教师"赋能"，形成"能力本位"的教师使用、培养与评价机制。从学校层面看，为教师"赋能"，可采取建机制、搭平台、进圈子、压担子的做法。建机制，即通过建立教师职业成长阶梯和标准，建立导师引导、名师激励制度，完善技能导向与业绩导向的聘用、晋升和分配机制，鼓励教师参加职业技术师范教育、国内外专业培训和深入企业实践锻炼，提升教师职业素质，增强教师队伍活力；搭平台，即通过建立职教集团、大师工作室，校企合作建立研发机构等，为教师搭建研究应用理论、研发实用技术的产学研实践平台，提高教师研发和实践能力，锤炼职业精神；进圈子，即用政策和机制引导专业教师进"行业圈子""职教圈子""学术圈子"，使教师在"三个圈子"中磨炼成长为本专业的"专家"型人才；压担子，即把科研和为行业企业提供技术咨询、培训服务等列入考核指标，鼓励教师在为行业企业服务中提高职业能力。在保障机制方面，学校应该做好以下几点。

（1）建立"以老带新""示范带头"的结对帮扶制度，帮助新进青年教师快速完成角色转换。学校管理部门和教学单位应为每一位新入校的青年教师配备专业背景相近、教学经验丰富、与企业联系较多的骨干教师作为其业务指导教师，帮助新教师在育人的各个环节快速掌握业务能力。同时，骨干教师的个人师风也能对新教师起到积极的影响作用。指导教师层面应该结合青年教师个人情况和业务水平，和青年教师一起制定指导和学习计划，明确目标任务、时间安排、指导的方式方法等，定期开展指导和学习活动，并做好记录，形成指导和学习材料，便于总结提高。学校层面应加强结对帮扶成果评价考核机制，明确青年教师成长要求，使其在职业初期就能为将来的良好发展奠定坚实的基础。

（2）建立有效的激励制度，充分发挥教师成长主观能动性。学校应广泛调研，优化学校教师队伍管理相关的激励制度，让教师的主观意识从学校要我做转变为我自己想做，真正调动教师自我成长的主观效应。基于此，学校管理者应牢固树立以教师为本的意识，关心教师，满足教师的正当需求，将尊重教师落实到管理工作的各个方面，从根本上激发教师的积极性。在物质激励方面，实行优劳优酬，实行工作量津贴制度、实行考情奖励制度、实行教学业绩奖励制度等，提高教师的工作积极性；在精神激励方面，加强师德引领，培养教师事业心、责任感和奉献精神，在评选优秀、获得荣誉、提职晋级、表彰先进等方面建立与工作业绩挂钩的激励制度，增强职业学校教师的自信心、荣誉感和自豪感，激发内在的积极性；在教师文化建设方面，提供空间、时间和平台，创造教师交流环境和机会，增强学校教师的凝聚力；在竞争激励方面，建立公平竞争的激励机制，营造公平竞争的平台，制定合理的量化考核标准，客观公平地判定竞争结果，以此激励教师敢于争先、乐于争优的积极性。

（3）完善教师评价制度，开展伴随性诊断。学校的评价要从单纯的主观评价拓展到多元评价；同时，应建立反思机制，促进教师理论学习、实践应用及反思改进之间的衔接和呼应。学校教务管理部门对教师教学工作的考核应从传统的工作量考核向教学质量考核转变，应该从促进教师提升教学水平的角度加强对教师教学的全面考核。促使教师转变完成工作就是上完规定课时工作量的老思想，使其更注重从各方面提升自身教学水平，并最终体现到教学质量的提高上，通过教育教学和学生受益反映教师进步。同时进一步加强教师成长过程的系统性数据收集，将诊断性、形成性和总结性评价有机结合，常态化关注教师成长动态，及时修正教师发展中遇到的问题，帮助其更为快速有效健康地发展。

（4）调动校企多元化资源，设立教师培养的重点支持计划。职业教育的本质是校企多方联动开展人才培养。作为职业教育的关键角色，教师的成长也离不开多元化资源的支持。针对有较好发展潜力的骨干教师，学校应联合企业及各类社会资源，设立重点支持计划并给予资金支持，帮助教师积极走进企业，与企业对接合作，引企业资源入学校，送人力智力资源进企业，实现良性发展的双赢局面。

4.3.3　评价考核机制

全面认识和了解中职教师的成长发展及教育教学质量，不仅要重视教师的学业成绩，更需要关注教师在知识、技能、情感、态度、价值观等多方面的发展。根据马斯洛需求层次激励理论，需求是有阶段性的，在不同的时期主导需求是不同的，对主导需求的追求是人的行为的驱动力量。因此，针对教师的评价激励机制不仅是全面多方位的，而且贯穿在名师培养发展的整个过程。对职教名师进行有效的评价考核，不仅能够满足教师自身发展需求，而且可以推动整个学校发展，产生积极的社会影响。逐步建立"学校搭建平台、制定分级标准、动态调整、多方联动"的考核评价机制。即：职业学校要对教师的业务能力进行分类，将名师分成教学名师、德育名师、科研名师、社会服务名师等几种类型。通过在师德师风、职业素养、教学能力、课改能力、社会服务、学生管理专业建设、项目与课题研究等方面制定具体的可操作性强的实施方案，形成量化的考核标准；同时根据考核标准的实施情况，不断更新调整考核标准，形成科学动态的考核机制，人事、教务、科研、督导等部门加强统筹协调，齐心协力推进教学名师的选拔和成长。

教师是具有高自主性和自我价值感的群体，他们在完成教学任务、教书育人的过程中也有自我实现、获得发展的需要，正确的自我评价能够帮助教师认识自己，完善自我，发展自我，因此建立行之有效的评价机制对满足教师自我实现的需要、促进其个人发展非常重要。因此，本书提出以下评价方式。

（1）同伴评价考核。以往的教师评价主要由学校教育管理工作者参与评价团体，尽管部分教师和学生等主体也参与了教师评价，但是这些群体的评价结果在实际调查中却没有起到实际的参考价值，也很难在决策中发挥实际作用。因而学校管理者应建立同伴评价机制，从制度上保障多类群体人员参与教师评价过程，并保证评价结果的有效性和公平性。评价过程尤其要吸引教师的主动参与，鼓励教师自我评价，使教师形成正确客观的自我认识，在此基础上进行自我激励。

（2）差异化评价考核。考虑到教师的差异性，要根据评价对象及阶段不同采用有针对性的衡量内容、方式与方法。首先，名师评选的条件设置要科学，要考虑学段、学科教师之间的差异，不能用统一标准来评价全体教师。例如在评选时对幼儿园、小学、初高中及中职学段拟定差异化评价标准及要求，尽量让每个学科都能产生名师。其次，针对教师发展的不同阶段采用不同的评价激励方式，同时处于各阶段的教师应有意识地引导自身不断发展。如新进年轻教师，处于职业目标和需求尚不明确、能力等方面不够的阶段，应引导其加强对自身精神上的自我评价。可以给予处于上升期的教师更多的发展机会，如外出参观学习、参加学术交流会议、支持外出进修学习等。而有高级职称的教师通常处于较为安稳的阶段，对自身的进阶要求稍有松懈，对于处于该职业倦怠期的教师要认真分析原因，并加以引导，如设立期望目标、布置有挑战性的任务等。

职业学校应大力加强评价考核机制的改革，深入细化校企合作评价实施程序、评价标准，提高职教名师评价机制的科学性和可操作性，激励职业学校教师提升自身专业素养和个人特质。同时学校与企业在合作过程中应明确双方在职业需求和人才输送的责任，通过潜在责任和人才对应机制激励职业学校教师的专业化教学，保障教学质量。基于此，学校和企业之间可以采取相应的措施，提高校企合作专职教师及专家的积极性。

4.3.4　实践竞争机制

个人的发展能力与经验、热情和周围环境直接相关。学校应创设有利于青年教师教学和实践能力提升的文化环境，建设一个多学科交叉渗透的、开放的学术文化氛围，营造一种崇尚创新、平等竞争的文化环境；鼓励团队写作，集体攻关，形成团结协作、积极向上的工作氛围，最大限度地激发和调动教师的主动性。大力开展各类优质课、教学能力课、示范课、教改课等教学比赛比武活动，凡是涉及教学、体现教师教学能力和水平的教育环节，学校都可以搭建公平公正的竞争平台。让优秀教师展示风采，让更多的教师"见贤思齐"，在比较中看到自身差距与不足，激发其奋力追赶、赶超一流的斗志。正如我们所知，职业院校中实践取向已然成为教师教育的发展趋势，对于职业学校教师及职教名师的培养需秉持"实践中研究，竞争中成长"的成长理念。职业学校教师需要在教学实践活动中深入研究、改进实践教学，通过教学实践和企业实践中同伴间教学竞争氛围的形成，促进教师实现个体知识获得、能力提升和思想形成。

名师成长过程中的实践性知识和实践智慧的生成需要教育实践情境。舍恩20世纪80年代在其著作《反思性实践——专家是如何思考的》中，就指出将理论知识运用在教育实践的重要性。加拿大学者康内利和柯兰迪宁在其《专业知识场景中的个人实践知识》中，也突出强调教师个人实践知识、专业生活素质、专业知识场景等方面的重要性并取得了创造性的成就。陈向明（2009）认为，教师实践性知识是教师专业发展的知识基础，是在教师遇到问题情境时，通过冷静反思与情境对话，并在问题情境重构的过程中生成的。这也就是说，职教名师必须在实践情境中通过建构、反思和重构等反复循环、迭代更新方式获取实践性知识来推动其专业发展。顾泠沅（2003）指出，教师成长与发展的关键在于实践性知识的不断丰富和实践智慧的不断提升；实践智慧是缄默的，蕴含于教学实践过程之中，更多地与个体的思想和行动过程保持着一种"共生"关系；它又是情境性和个体化的，难以形式化或通过他人的直接讲授而获得，只能在具体的教育实践中发展和完善。因此，对于名师专业成长尤其是职业学校教师而言，最有效的方式不是将教师抽离具体工作场景进行"高大上"的理论研究，而要尽量"接地气"，要让名师将所形成的理论智慧在真实的教育教学实践中观摩、尝试、反思，促进专业知识和技能的生成。结合职业学校教师的特殊性，我们将实践学习分为教学实践和企业实践两部分。

4.3.4.1 教学实践机制

分析名师的成长经历个案发现，名师通常具有较强的自主学习、自主发展能力，名师往往积极参与各种教学实践活动，在实践中得到锻炼和提高。当被问及从教初期是如何掌握教育教学的方法等问题时，答案五花八门，但是其中有一个共同答案就是"在日常教学工作中自己摸索、总结"。因此，在日常教学工作中大量参与教学实践活动并反复锻炼，是推动职业学校教师专业发展水平不断提高的基础，是最终达到职业学校名师水准不二法门。职业学校教师在开展实践学习时具体主要有以下团体参考。

1. 职业学校教师发展中心

教师教学发展中心作为一种新兴的组织机构，已发展成为一种致力于提升教师教学能力的专门机构。教学发展中心不局限于传统意义上的教师培训，而是更强调通过营造一个特殊的环境来支持学习和教学策略的改善，其目的是要建立一个"学生与学生、学生与教师、教师与教师"的学习共同体，具体来说包括：建立良好的师生关系作为促进学习的手段；帮助教师掌握教学内容；帮助教师改革教学风格和教学方式；帮助教师成为学习的促进者。它明确地定位在"以提供教学资源/教学服务为主的服务性组织"和"以提供教育教学研究/教师发展研究为主的学术研究机构"。核心工作集中在教师培训和教学竞赛的同时提供足够的专家团队，对教师发展、教育教学与课程建设等进行深入研究。中心通常会通过建构学习共同体、举办讲座和开设工作坊、设立教学改革基金项目，以及进行教学奖励等多种措施，将科研与教学很好地结合，以推动全校形成重视教学的文化。同时依靠专业学术权威专家团队为教师提供教育教学方面的资讯和指导以及学术资源的供给，并对高校在联系学生学习与组织使命方面的情况进行评价，如课程、教育以及传递方法、教师聘任、奖励和激励、组织架构和过程、信息资源和规划能力、学生服务和课程活动、资源与设施等，帮助他们的学校成为学习型组织。

职业学校教师在加入组织后能够根据个人及专业发展特性共同制定个人职业发展路径规划，以此进行多项教育教学实践训练；职业学校教师可根据自身教学能力参加较为规律系统的培训项目，强化教学理论和教学技能；在职教名师、优秀教师的示范、指导和分享下，获得教学经验，根据自身需求有针对性地解决实际教学问题并获得教学技能和教学自信；同时，发展中心会组织开展符合青年教师年龄特征和交往习惯，以教学体验、教学感悟、教学研究为主要内容的沙龙活动，通过分享交流，增强青年教师对自身承担的教学责任、育人责任的深度理解与自觉实践。

2. 名师工作室

名师工作室是由名师带领一批优秀教师组成教与研的发展共同体。其核心人物或领军人必定是在一定领域内有影响且知名度较高的名师，通常以名师的姓名或学科特色命名。大部分名师工作室都是当地教育部门和学校锻炼骨干教师、培养优秀教师、打造领军教师的高地。

（1）名师工作室一般有以下几方面特点：一是促进教师专业发展。"名师工作室"的基本功能是拓展名师自我发展空间、建立教师成长平台、开展学科教学示范、支撑学校不断发展、提升学校的影响力；名师工作室中各级教师都能得到一定程度的发展。二是推进教学研讨。传统意义上，各级教师是以教研组、备课组的形式共同进行教学研讨。而名师工作室是在教研组、备课组的基础上建立的新型组织。它旨在提升教师的教学水平与科研能力。名师工作室是名师的成长平台，基于一定的机制下，让教师进行"公共财富"的共享。教学研讨是名师工作室的主要内容，开展与教育发展、学校建设、教育研究和其他相关的项目及其问题解决过程中的实践与研究。三是技能型、科研型专项课题研究问题的研究与解决等。名师工作室会根据其定位、特色确定周期内工作的主线、主题或主题项目，职业学校教师可以选择某一项目进行针对性的参与。这些主题的子活动通常包括公开课、研讨会、报告会、论坛、专题纪录片，或送课下乡、同课异构、读书沙龙、外出观摩等。

（2）在名师工作室，学员教师主要会受到以下几方面的影响。

一是名师专家团体。名师作为课堂教学领域的专家，有着丰富的实践经验和成熟的教学风格，也非常容易把握教师在专业发展过程中的困惑与不足。根据实践调查，名师工作室中的一些教师进入教学稳定期后，普遍存在没有问题意识和创新意识的问题。这时候就需要借助名师的视野和力量促进其发展。以名师工作室为载体的教师研修活动，能使工作室中的研究团队以小组研讨的形式，面对面地分享专家教师的智慧，从而加速教师成长的步伐。在名师工作室，职业学校骨干教师成员能够参与名师课堂教学示范、专题讲座，并与名师面对面进行交流解惑；同时工作室内成员也可以通过课堂教学诊断、跨学科听课、阅读活动、交流反思等活动，不断促进教师之间专业知识和经验的分享与反思；专业教师同样可以根据自己的专业特长深入某项专题研究，主要是针对教育与教学中存在或遇到的普遍问题、疑难问题和棘手问题进行专项研讨，提升各方面能力。例如有的学员这样评价名师："他一直是上课的，一直是教学前线的，那么就跟我们（实践）结合得很紧密，他会很敏锐地发现一些问题。对于现在汽修专业研究的问题他也很熟悉，所以我们在教学过程中遇到什么问题，就是可以很好地与他交流沟通。"

二是资源拓展。名师工作室不仅为学员教师引入他们在工作室之外难以企及的优质学习资源（如特级教师、高校专家等），而且许多名师还极其智慧地调配和运用这些资源，使之能更好地促进学员教师的专业学习与发展。首先，名师通过自身长久以来建立的社会网络，将高校知名专家、优秀的学科名师引入工作室活动，举办讲座或进行指导，帮助学员拓展眼界、提升理论视野。其次，名师能调动和利用这些资源去帮助和发展学员教师。例如，一位旅游专业名师就将自己承担的规划教材推引给学员，让学员参与教材编写、配套数字资源制作，促使学员有所学、有所研，通过项目研究真正将新课改精神纳入自己的教育教学实践之中。对于一线教师而言，平时很难有接触特级教师、教育专家的机会，名师是他们近距离接触并获得优质学习资源的重要途径甚至是唯一的途径。名师本身也会具有一定的管理和行政能力。职教名师通常也是职业学校管理层的中坚力量，很多甚至都是校级领导。拥有行政职务，很多时候能为名师带来方便和额外的资源。个人的力量是有限的，个人是很难有行动力去做很多教学研究的，而当名师在重要管理岗位的时候，就有可能调动学校更多的资源，研究视角就会更开阔，能做的事情就会多得多、大得多。

三是关系建构。学习本质上是基于社会互动进行的意义建构活动，名师工作室中不仅会建构良好的"名师—学员"师徒关系，同时也能发展学员之间的学习关系。很多名师在工作室中会采用合作形式，在学员分组时会按照其专长、特点、所属区域或学校等因素进行搭配。笔者在实践调查研究中发现，有部分教师对名师的崇拜情结显而易见，甚至会将面对名师的自己形容为"小学生"："印象最深的是×老师的讲座，她有着丰富的一线研究经验，通过大量的实例，形象生动的语言讲述，给我们传递了最新的上海幼教前沿信息，对我们的工作具有一定的指导意义。她的讲座风格独特，吸引学员的眼球，坐在下面的学员认真得像个小学生，不停地记着笔记，她的内容渗透的理念新，有时代气息。"但也有部分教师会更加理性、辩证地看待专家讲座的内容，认为专家更多地起到"引导"的作用，促进了教师对自身教学活动的反思："我觉得专家讲座能给予我更多教育背景的思考、教育方向和目标的定位，能纠正一些理念上的偏差，能促进我在日常实践和观摩中更多地联系理论去解读与分析。"

（3）名师工作室建设过程中应思考如何提升负责人和他的团队在专业领域和相关行业中的地位和影响力，如何提升团队的教学与科研能力，如何培养出更多的优秀教师，如何带领团队引领区域乃至全国的教师群体，并起到示范辐射作用。以下有几点建议，可供名师工作室参考。

其一，围绕目标定位，发挥名师工作室特色。名师工作室的设立要求在地区、全省乃至全国是领先的。工作室在人才培养、产教融合、科研等方面能够有突出成绩，至少处于第一层次，在全国也有较好的影响力。名师工作室负责人要给自己与团队设立客观目标。譬如负责人和团队成员职称上要提升，在公开课、能力竞赛、青年教师培养、团队建设、课程开发、服务地方产业发展、服务企业技术改进等方面发挥人无我有、人有我优的特色。

其二，优化团队构建模式，形成金字塔结构。名师工作室建设中要把眼光和视野放更远更大一些，要立足本区域、本省，力争领先全国。以有效的技术手段和实施模式为依托，形成工作室负责人管理多个专业带头人，每个专业带头人管理一个团队，形成工作室负责人、专业带头人、骨干（普通）成员两级管理体系。金字塔结构的管理和运作模式，将更有利于影响力和成果辐射程度的提升。

其三，创设交流平台，扩大沟通渠道。名师工作室既是培养教师、师带徒的平台，更是大家教学、科研、服务的交流提高平台；既要开展团队内部主题研修，更要与企业能工巧匠、高职本科院校互动交流。名师工作室也是名校名专业建设的重要基础与支撑，是名校名专业建设的灵魂。

其四，发挥信息技术优势，助力工作室高效运营。利用"互联网＋职业教育"的优势，线下名师工作室与线上网络名师工作室同时建设，通过线上网络名师工作室对成员进行管理、指导、开展活动等。线上线下结合指导学科带头人开展教育研究与教学实践、主题研修活动、教学展示和讲座、优质数字资源建设与共享，还可以通过网络开展主题研修直播活动。充分发挥互联网的优势，突破名师工作室的时空限制。

4.3.4.2　企业实践机制

根据能力导向的现代职教理念，职教名师应当是"双师型"教师，不仅能"传道、授业、解惑"，还能充当"教练"和"师傅"，"双师型"教师既要拥有基本的教师素养，还应该了解和掌握学生将来所从事职业和所在岗位的专门知识和专门技能、技巧，并懂得职业教育的特殊规律。研究发现，参与企业实践是职业学校教师获得"双师型"教师素质的重要途径，是职教名师成长的有效助力。

企业实践就是校企合作，这也是职业院校、企业生存发展的必然选择。对于职业院校来说，职业教育培养的人才合适与否，企业是主要的检验场所，企业在降低自身人力资源成本的同时也能为职业学校教师企业实习、实践训练提供最新的技术和设备，及时给予疑难咨询和服务等，帮助职业学校教师提高专业实践操作能力。

我国职业教育发展过程中，形成了多样的职业院校教师到企业实践形式，除了为企业输送毕业生人才，还与企业合作完成学生的定岗实习项目，教师企业实践的形式也不仅仅局限于参观、考察等，教师可以抽一段时间在企业里参与企业的生产实践工作，到企业考察观摩、听企业的高级技术人员的专题讲座、参加企业专业技能培训、跟着企业的相关人员上岗操作和演练，甚至可以参与企业产品的研发和技术改造。在这种形式的培训下，教师不仅熟悉了企业相关岗位职责、操作规范、用人标准、管理制度等企业文化，还提升了自己的实践操作技能。对于教师来说，不同实践形式的效果也不尽相同。其中，对于职业学校教师而言，由于专业技能的严格要求，到企业顶岗工作有助于让教师有最充足的时间认识和了解对口专业技能，教师本身也能得到锻炼，也会对专业知识产生更加清晰的认知，教师的收获也是最大的。调查研究表明，对于缺乏企业实践经历、实际动手能力偏弱而又很希望到企业实践的职业院校教师来说，到企业顶岗工作是他们所最期望的。

在实践调查研究中，参加过企业实践的教师纷纷表示，自己通过参加企业实践锻炼，提升了自己的实操技能，并且考取了相应的技能证书，双证在手，自己的教学更加有底气了。一名专业课教师交谈中也提到，自己找了一家机械制造公司，进行了为期三个月的生产顶岗实践。刚开始，由于他对企业各方面都不熟悉，对设备相关的操作方法更不清楚，所以只能先熟悉工厂生产环境、生产作业流程和安全操作规程等，没办法直接进车间进行一线实践。后来，经过对企业环境的熟悉和工艺流程的学习以及师傅的悉心指导，他对设备工作原理、机床电气控制原理、机床设备的维修方法及如何安装调试设备等都有了进一步的认识。除此之外，他也了解了企业管理等方面的知识。由于他之前对机械加工基础理论知识有较好的功底，因此在实践中，对机械零件的尺寸、公差、技术要求以及加工的工艺、方法、步骤、加工质量等很容易快速掌握，实践进行到后半段的时候，他基本能对一般机床设备的电气进行故障检测、问题排查与解决。他表示，通过这三个月的企业实践，收获非常大，为以后的课堂教学与指导学生实习实训帮助非常大，为提高学生实际动手能力和分析问题、解决问题能力打下扎实基础。此后，他指导学生参加省市组织的学生技能大赛也得心应手，多次获得技能大赛的奖项，为学校赢得更多的荣誉，他自己也非常有成就感。

4.3.5 荣誉激励制度

教师荣誉激励制度的设置，对于激励与引领教师发展、提升教师的社会地位与知名度，发挥着良好的作用，因而成为锻造"名师"群体的重要举措之一，目前已在全国各省份推行。国外通过设立国家"年度教师"等荣誉称号，营造"名师"成长的社会氛围，如美国的"国家年度教师"评选制度、英国的"年度教师奖"评选、新加坡的"卓越教师总统奖"等。教师荣誉是提高名师的社会声望与地位、体现名师价值、提高名师待遇的重要举措，同时根据不同等级的荣誉称号安排教师参加培训外出考察、学习进修及学术交流等活动，也可以享受一定的物质奖励或津贴。

除了传统意义上的"特级教师""正高级教师"等荣誉和职称评定之外，近年来，为鼓励和表彰教师群体乐业奉献，国家还设立了全国优秀教师、教书育人楷模、杰出教师等荣誉称号，且这些荣誉制度体系已逐步成型。从设置教师荣誉制度和教师荣誉的评选指标来看，虽然在选拔时着重强调师德高尚等标准，但名师所特有的专业知识、技能与个性特质也尤为重要，职业院校普通教师、骨干教师等发展中的教师，甚至学科带头人都要注意这些特质的具备和提升。教师的荣誉称号很多，本书仅介绍常见的几种荣誉。

4.3.5.1 全国优秀教师

教育部为促进广大教师和教育工作者为加快推进教育现代化、建设教育强国、办好人民满意的教育做出更大贡献，吸引更多优秀的人才投身教育事业，每年都会评选一次全国优秀教师，且各省份分配名额不一。"全国优秀教师"主要包括各级各类学校专任教师，即具有教师资格、从事教学工作的教师。"全国优秀教师"基本条件是：全面贯彻党的教育方针，落实立德树人根本任务，坚持以德立身、以德立学、以德施教、以德育德，为人师表，师德高尚；注重全程育人、全方位育人，守好一段渠、种好责任田，使课程教学与思想政治教育同向同行。并同时具备下列条件：

（1）坚守教育教学一线，切实履行教师岗位职责和义务，高质量地完成教育教学工作任务，努力推进教育教学改革创新，在教学改革、教材建设、实验（实训）室建设、提高教育教学质量等方面表现优秀，成绩显著。

（2）积极实施素质教育，促进学生全面发展，敬重学问、关爱学生，在培养人才等方面表现优秀，成绩显著。

（3）在教育教学研究、科学研究、技术推广等方面取得创造性的成果，且成果具有比较重要的科学价值或取得比较良好的社会效益。

对于全国优秀教师的奖励，主要秉承精神奖励的原则，部分省份会辅以物质奖励，称号获得者由其所在的省或市政府颁发证书和奖章。全国优秀教师的先进事迹采用多种形式进行广泛宣传，充分发挥典型示范作用，成为教师们学习的榜样和旗帜。

◆◆◆◆◆

用爱和智慧为学生的青春导航

某职业技术学院辅导员王老师，15年来始终以年轻人的朝气和饱满的热情投入工作，走进学生的心灵，受到学生的一致好评。王老师从踏入工作岗位的那一刻，就把提升职业能力作为努力方向，突出思想教育和价值引领，通过学习政策法规促进学生工作法治化，通过谈心谈话倾听学生心声，解决发展困惑，通过科学研究和实践调查增强思想教育的说服力和引导力。她对政策性规定了然于心，处理突发性事件有条不素，程序上讲规范，处理上讲依据；她主动学习教育学、心理学知识和人际交往理论、学习生涯发展理论，练习谈心技巧，并把这些知识运用到和学生交流的过程中；她为学习困难学生制作《学习状况分析表》，日常做好"三追踪"——追踪学生端正态度、追踪家长掌握情况、追踪老师反馈信息，努力不让一个学生掉队。她所带的班级曾多次获得学院优秀班级、优秀团支部、优良学风班级等荣誉，她的学生曾多次获得全国工程测量竞赛一等奖、省优秀青年志愿者、省级优秀毕业生等荣誉称号。王老师在日常工作保质保量的基础上，以扎实的教学实践和前沿的理论探索，一步步在思政教育的领域探索前行。王老师心中始终抱有一份真挚的教育情怀，用爱和智慧为学生的青春导航，用热情和实干为辅导员事业的发展注入活力。

4.3.5.2 全国教书育人楷模

我国自 2010 评选"教书育人楷模"，每年都会在全国优秀教师中评选出10 名楷模，旨在表彰在教书育人方面做出突出贡献、曾获省部级以上荣誉称号的各级各类学校教师。教书育人楷模由中央媒体公布候选人先进事迹，社会公众通过相关网络媒体及报纸进行投票选举产生，体现出鲜明的实践导向，是面向"草根"教师群体的一项荣誉称号。通过表彰一线教师楷模，发挥对广大普通教师的示范引领作用。

全国教书育人楷模推选条件要求：认真学习贯彻习近平新时代中国特色社会主义思想，忠诚于党和人民的教育事业，忠实履行国家教育职责，坚持践行"四有好老师""四个引路人""四个相统一"要求，政治强、情怀深、自律严、人格正，教书育人成绩显著，贡献突出，事迹感人，享有很高社会声誉，具有重要影响力，被人民群众公认。

"电商老人"李老师的电子商务职业教育之路

年过花甲的"电商老人"李老师是 2019 年全国教书育人楷模，她心怀教书育人的理想，以强烈的乐业奉献精神从事职业教育 30 年，实现了她三尺讲台上只为桃李芬芳的职业教育的情怀。她带领着学生挖掘出许多电商发展空间。逐渐摸清本省中小企业电子商务的发展脉络后，李老师带领团队趁热打铁，开始实施"助推电子商务发展"的系列公益活动，将公益、教学与企业服务相结合，形成"学校、企业、社会"三方联动的柔性化合作机制。为了使合作机制更系统化、专业化，李老师推动学校开发"实践工厂"平台。利用互联网技术将企业、学校和社会等多方资源进行整合，形成"以企业为起点、又以企业为终点"的闭环运作，解决了实践教学中企业难以参与到具体教学环节中的问题。与此同时，为了做好农村电商的基层组织工作，李老师让学生们与贫困户结对子，帮助贫困户梳理家庭农畜产品，极大提升了贫困户产品的"进城率"。在师生眼里，李老师的年龄只是一个数字，她雷厉风行的工作作风，豁达开朗的生活态度，一丝不苟的敬业精神，半点没有花甲之年的痕迹。李老师把自己的命运和职业教育的发展紧紧相连，一步一个脚印，踏出了电子商务教育的远行之路。

4.3.5.3　省杰出教师（以浙江省为例）

为大力弘扬尊师重教的社会风尚，激励广大教师献身教育事业，被浙江省人民政府授予"浙江省杰出教师"荣誉称号的教师享受省部级劳动模范和先进工作者待遇。"浙江省杰出教师"自设立以来，每年都评选一次且有15个名额，获得该称号者能享受省部级劳动模范和先进工作者待遇。参评教师主要是从全省各级各类学校和其他教育机构中获得全国优秀教师、全国优秀教育工作者及以上称号的在职教师（在浙"两院"院士除外）中推荐，他们除了需要具备评选基本条件（全面贯彻习近平新时代中国特色社会主义思想，具有坚定的理想信念、高尚的道德情操、扎实的学识素养和博大的仁爱之心，主动践行"四有好老师""四个引路人""四个相统一"要求，自觉遵守新时代教师职业行为十项准则，教书育人成绩突出，为本省教育事业做出重大贡献）以外，还需要一些具体条件：

（1）忠诚于党和人民的教育事业，有强烈的事业心和责任感，爱岗敬业，甘于奉献，求真务实，锐意改革，受到师生的广泛敬重和信赖，能展现新时代人民教师的光辉形象，在社会上具有较高的知名度。

（2）全面贯彻党的教育方针和有关教育工作法律法规，具有符合新时代发展的教育理念，坚持立德树人，积极实施素质教育，努力追求"轻负高质"①，促进学生全面发展，坚守教学一线，为人师表，在培养人才方面成绩卓著。

（3）具有较强的创新精神和开拓能力，努力探索教育创新，在推进课程改革和教育教学改革、提高学校管理水平、提高教育质量和办学效益方面成绩突出。

（4）治学严谨，具有较高的学术地位和科研水平，在教育教学研究、科学研究、技术推广等方面的成果具有较高价值或显著经济和社会效益，在省内乃至全国处于领先水平。

德技双馨、倾情职教、乐做工匠的栽培师

杨老师在职期间，主动践行"四有好老师""四个引路人""四个相统一"要求，自觉遵守新时代教师职业行为十项准则，教书育人成绩突出，积极投身市委"1433"发展战略，引领专业建设，致力于技术蓝领培养，服务产业发展。他的优秀品质主要表现为以下几方面：

（1）德技双馨，孜孜以求，成为专业建设"领跑人"。他让自己的专业抱负成为全体专业教师的共同追求，不仅自己满怀激情，而且用这种激情点燃整个团队奋力前行之薪火。他所负责的数控专业和实训基地先后被评为浙江省示范性专业、浙江省示范性实训基地、浙江省综合性公共实训基地、浙江省首批骨干专业、浙江省开放式实训中心、国家级实训基地。

（2）倾情职教，倾心付出，被誉为工匠"栽培师"。作为一名教学一线的专业课教师，杨老师可谓是名副其实的"双师型"教师。他有着

---

① "轻负高质"是指学校在教学过程中全面实施素质教育，由"教得活"，到"学得活"，使学生学得好的同时不至于负担过重，也就是说，让孩子们作业少，学习质量高。"负担轻"解放了孩子，使他们得到个性发展的空间。

扎实的专业理论基础，又有高超的技能，与本地30多家企业建立了紧密型校企合作关系。他始终以一个全国优秀教师的言行影响和带领青年教师努力工作，处处起模范带头作用，促使一批青年教师在课堂教学、实训室建设、教材建设、科研教改、专业发展等方面迅速成长。

（3）治学严谨，技艺超群，成为中职技能教育"专家"。杨老师受聘浙江省高校招生职业技能（机械类）考试方案制定及论证专家，连续四年入围浙江省高职命题工作，对高职院校选拔应用型人才做出突出贡献。他精心设计的"基础固化，特能强化、心理细化"三段训练法，帮助学生们在历年技能竞赛和创业创新大赛中取得优秀成绩。他始终倾情创业创新教育。积极组织全校学生创业创新比赛，开展各类小发明、小创造的活动，制订个人创业计划，成立技术攻关小组，培育创业孵化基地。

4.3.5.4　省特级教师评选（以浙江省为例）

1979年，浙江省进行了第一次"特级教师"评选。此后每四年评选一次，到2018年，先后共评选12批，每次评选总数一般控制在中小学教师总数的1.5‰以内。浙江省教育行政部门和学校为特级教师开展工作创造一切必要条件，支持特级教师的教育教学改革实验和教育科学研究，各地根据实际情况，可推荐特级教师到各级人大或政协兼任职务，也可推荐他们担任有关学术、社会团体的名誉职务，以提高特级教师的社会地位，科学合理地发挥他们的作用。在任务安排上，学校尽可能地减少事务性的繁杂工作，留出更多时间让特级教师能安心开展课程改革实验和教学研究。特级教师主管部门有计划地、定期组织安排特级教师参加高校学习、考察和学术交流等活动，不断更新知识、拓宽思路，提高他们的思想业务水平。严格执行特级教师考核评价制度，根据特级教师的职责、条件和考核情况，在学校考核的基础上，每年对特级教师进行一次全面的考核和评价，并填写《浙江省特级教师学年度考核评价情况表》，由市（地）教育主管部门签署意见后，于每年8月底前统一报省教委审核、备案。各级教育行政部门都建立特级教师数据库，及时掌握特级教师的基本情况、工作实绩和动态。

做职业教育的追梦者，做旅游教学的领跑人

　　Z省特级教师、Z省中等职业教育专业教学指导委员会（旅游专业）委员、Z省未来研究会旅游分会理事沈老师是其所在学校旅游管理专业奠基人。最早追溯到1997年，学校在当地率先开设旅游专业，他就作为专业负责人，一直主持主导学校旅游专业的建设与改革工作。20多年里，沈老师着眼高技能人才培养，建设新时期旅游专业，立足职业化成长，培养卓越型旅游专业高技能人才。他对专业建设进行了持续的研究探索，对课程设置、课程内容、教材开发、课程实施与评价、实训基地建设、师资队伍建设、校企合作各方面进行合理规划和周密布局，致使该校旅游专业迎来了黄金发展的20年，2008年被评为Z省示范专业；2009年，学校被命名为Z省课程改革基地学校，旅游是课改专业之一；2010年，以旅游为核心的"商贸旅游服务业实训基地"被评为省级实训基地；2012年被评为J市（旅游）专业创新基地，并且成为该校"国家中等职业学校改革示范校"建设的重点专业之一。

　　沈老师站在全省课改第一线，做专家型教师、学者型校长，站在全省课改第一线的高度，把专业建设、队伍建设、教学管理、德育工作做成了一个个科研课题。在专业建设过程中紧紧围绕旅游专业应用型高技能人才培养，比如，以课题《基于多维协同的技工院校旅游专业平台建设》主导旅游专业建设。以《中职师资队伍"三格三工程"培养策略研究》引领学校师资队伍建设；以《中职学校QV德育模式的实践与研究》推进德育工作，从职业院校学生职业化成长角度，研究从"优质学生"到"优秀职业人"的成长规律，提出了从"职业化的工作技能""职业化的工作形象""职业化的工作态度""职业化的工作道德"等维度进行职业化培养的"QV德育（职业化成长）模式"，并提出了职业院校新型师生关系的构建策略，结合浙江省示范专业、国家示范校重点专业建设以及浙江省课改专业建设，提出了旅游专业"校企融通·四个嵌入"人才培养模式，开通多元成才通道，搭建了多类别课程开发平

台，优化了课程体系。

沈老师以名师工作室为引领，创建多维度师资队伍建设平台。紧扣"业界""行家""说""旅游"等关键词，聚焦学生成长明晰课程目标，把握业态变化明确课程内容，选好业界行家组成课程专家，开创了旅游新业态背景下的校本特色课程——业界行家说旅游。搭建了产教融合、校企合作的桥梁，加速了旅游业界与职业教育界的互动。着眼旅游专业学生的核心素养培育，聚焦在旅游专业学生的职业化成长和多元化成才。让学生在入学伊始就接触大量业界行家，在这些业界行家的引领下，帮助学生从多个角度，多种方位去了解旅游业态特别是新业态的发展变化，从而更好地树立职业理想，规划职业人生，打下扎实基础。

沈老师还开发了多本浙江省课改教材及相关教辅资料，主编了职业教育国家规划教材《导游基础知识》。同时，建成新型实训基地"××旅游产学实训中心"，搭建了浸润型专业实训平台，开创了体验式实训模式。以旅游专业"未来导游俱乐部""未来职业经理人之家"这两个学生专业社团为主要研究和实践的对象，提炼了"两个未来"学生专业社团的建设模式，开辟了基于学生专业社团的校企合作新模式，推动了学校专业建设和实训基地建设。他在专业建设中不断提升自我，并在提升中引领全省旅游职教教师成长。

4.3.6 教育科研机制

坚持以教育科研为先导，一方面，要引导教师根据自身的素质和特长，通过参与教育教学改革研究，逐步形成自己的教学特色；另一方面，要引导教师在参与教育科研、教改实验的过程中，注重培养探索创新精神和教育科研能力，不断丰富和完善自己的教育理论，为今后成长为专家型教师打下基础。

教育科研通常包括基础研究、应用研究、比较研究、发展研究等多种类型。它既有课题立项带动，又有常态研究支撑，同时，如何办学校、如何办专业、如何做好学校管理等与教育教学有关的内容都可以作为研究对象。职业学校教育科研必须与教育教学实践紧密结合在一起，一般以实践研究为主，同时又要有一定的理论高度，而不是纯粹的理论研究。学校教育科研的立足点在于解决学校教育教学中出现的实际问题，以问题为导向，在实践中发现问题，在反思中形成解决方案，并应用于实践中，在实践中落实检验方案。整个研究过程就是教学不断改进的过程，不断发现问题、分析问题、解决问题的过程。通过建立健全完善的激励、保障、约束制度，激发教师从事教育科研的兴趣，把教师的积极性调动起来，同时也是用制度来保障、规范、引导、约束教师教育科研行为，使教育科研有价值、有实效、能落地。

教师发展的本质是自主内在性，自主是教师持续发展向"优秀"迈进的核心和本质，表现为强烈的自主发展意识。这种意识对其成为优秀教师具有重要的导向作用，可实现教师可持续性的发展，而自主发展需要教师在教育实践中不断地去学习和反思，去探求教与学的规律。优秀教师诞生的过程，是主客观因素相互作用的结果，是一个内外因相互结合、不断促进的过程。优秀名师的诞生，外在的环境很重要，而同样重要的是内在强烈的自主发展意识，是内外兼修的自我提升，是想成为"好"老师的一种渴求。名师成长之路就像鸡蛋一样，从里而外打破后，诞生的才是生命。

第5章

职教名师的锤炼之道

对于一名武林高手来说，修炼是必经之路，同样，对于一名卓越的职业学校教师来说，教学能力的锤炼同样是重中之重。杜威说："人必须珍藏某种信念，必须握住某种梦想和希望，必须有彩虹，必须有歌可唱，必须有高贵的事物可以投身"①。作为一名职业学校的教师，心中一定有这样的梦想：有朝一日能成为一名职教名师。然而职教名师，不是想想就成的事情，也不是短时间就能成的事。苏霍姆林斯基在《给教师的一百条建议》中"谈谈教师的教育素养"这条中提到："只有当教师的知识视野比学校大纲宽得无可比拟的时候，教师才能成为教育过程的真正能手、艺术家和诗人。"

有的名师擅长于科研，有的名师擅长于创作，有的名师擅长于课堂教学，有的名师擅长于班级管理。不管怎样的名师，他们身上都有一个共同的特征就是德高望重、博学实干，踏实肯干。我们向名师学习，在于学习他们的实干精神，苦练内功，充实自我，要"嚼得菜根香"，要坐得住"冷板凳"，要耐得住寂寞，守得住繁华。因此，若想从职业学校教师中脱颖而出，要博学于文，修学储能，锤炼修养，全方位拓宽视野、丰富学识，登高望远，每位教师至少要过"德、学、能、研、创"这"五关"，还需要长期潜

① 约翰·杜威民主主义与教育［M］.王承绪，译.北京：人民教育出版社，1990.

心修炼。下面就让我们来探视那些职教名师们，看看他们有什么样的锤炼艺术，从他们身上学到从教为师之经，悟出从优秀迈向卓越之道。

5.1　明德至善

"大学之道，在明明德，在亲民，在止于至善。"明德至善，正是《大学》的核心要义，其宗旨是弘扬光明正大的品德，使人弃旧图新，达到至善至美的完善的境界，这是儒家学者的最高追求。求圣人之德，止于至善。止于至善，是一种以卓绝为核心要义的至高无我境界的追求，是温、良、恭、俭、让的真善美体现，是自我到无我境界的一种自然升华。职教名师应是大师级的优秀人物，无论是学识魅力、人格魅力都要能时刻感染人，激励人。人品是教师成功远行的前提，是职业生涯路上最有力的保障。求圣人之德是一名教师成为名师的必修课。习近平总书记在党的十九大报告中强调，"加强师德师风建设，培养高素质教师队伍，倡导全社会尊师重教。"职业学校要切实把师德师风建设摆在教师队伍建设的首要位置，锤炼新时代职业学校教师的高尚师德。

5.1.1　锤炼高尚师德是立德树人的必然要求

教师作为人类知识的传承者，是立教之本、兴教之源，尤其是职业学校教师承担着重塑学生信心和塑造大国工匠的时代重任。教育的本质是教师和学生在知识、思想、情感、价值观等方面显性或隐性的交互过程，学生所感受和体验到的不仅有知识和技术，而且包括教师的理想信念、思维方式、生活态度等，在学生眼里，老师是"吐辞为经、举足为法"，一言一行都给学生以极大影响。教师思想政治状况具有很强的示范性。在这个意义上，高尚师德是对学生产生积极教育作用的最重要因素，对中职阶段这个人生的"拔节孕穗期"来说更是如此。因而，锤炼高尚师德是落实立德树人的必然要求。

党的十八大以来，习近平总书记对"四有"好老师和"四个引路人"等进行了深刻阐述，为建设新时代高素质职教师资队伍指明了方向。以德为先，教师必须要有高尚的品格，大公无私、公正、善良、忠诚等人类的美好品格是教师永恒的精神财富。一位优秀的老师从他选择职业教育那一刻起就应该把修炼自己的品格作为终身的必修课。把学生塑造成投身中国特色社会主义伟大事业的高技能人才，落实立德树人根本任务，离不开每一位老师的言传身教。尤其是名师，一言一行都具有强大的影响力，必须要带头讲政治、明大德，必须牢固树立中国特色社会主义理想信念，坚定实现中华民族伟大复兴中国梦的信心，这是师德的源头活水，是落实立德树人根本任务的政治保证。

职业学校是高技能人才培养的主阵地，是与最广大人民群众相联系的纽带，教师要做到坚定政治立场，在各种噪声和杂音中始终坚定人民立场，并以此教育学生应该坚持什么、提倡什么、反对什么。做到善于从政治上看清问题、把准方向，引导学生在错综复杂的形势面前划清是非界限、澄清模糊认识，坚定正确方向。把明道、信道、传道作为神圣使命，在以德立身、以德立学、以德施教、以德育德的过程中，塑造学生生命，开启学生智慧，实现立德树人。

欲成"才"先育"人"，用发展的视角去培育每一颗种子

Z省教坛新秀、入选Z省"百千万"高技能领军人才培养工程的陈老师坚信孩子是一颗种子，学生更是一颗需要精心培育的种子。不管是温室之内还是之外，任何一颗种子只要有适合的环境就能成长，当他们用发展的视角去精心培育之后，细小的种子总有成"才"的一天。他说，先育"人"后成"才"是其教育基础；让学生成为社会所需的专业技能人才是其教育目标；采用发展的视角去培育一颗颗"种子"是其教育途径。

陈老师大学毕业后，回归中职母校，带着忐忑与兴奋接任他的第一届学生，这是一个由64位同学组成的大集体，班里仅有5朵金花，男

女比例严重失调，班级管理难度可想而知。在接任之初，陈老师采用班级管理队伍组建先行原则，本着未来当"甩手掌柜"的想法，在短期对学生集体有初步了解的基础上，通过知人善用的形式确定班团干部团队，结合分工制度明确各位班团干部的职责。陈老师微笑着走在班干部队伍的后面，把主动权交给班干部，充分创造锻炼和发展班干部班级管理才能的机会。

对于班级管理工作，陈老师将班级运行总结为"两感、三度"。所谓两感，即距离感、成就感。特别是初任班主任工作的老师，一直难以把握"师"与"生"之间的距离。而陈老师总结的经验是：在接任初期与同学走得近些、频繁些，以利于了解学生的性格特点与心理状态，而在中期则适当与学生保持距离，防止关系过近而让学生有越线的可能。因此，在距离感方面，陈老师给青年教师的建议是结合自身的兴趣特长从军训开始至第一学期的时间段内，利用班级集体活动的举行让师生关系更加贴近。而成就感的打造则是一个互惠互利的过程。同时，陈老师认为，成就感的主体的优先级应按班集体、学生个人、班主任依次排序。他的管理准则中强调集体荣誉先行，允许个性，力争双赢。在学生个体的价值观念出现偏差时，特别要进行个别疏导。从学校、班级的集体活动中去培养学生的集体荣誉感，从学习、文体、技能等单项中去突显学生的个性张扬。

"三度"，即了解度、差异度、自由度。首先是对学生背景的了解度。陈老师特别注重家访工作，他个人所定的目标是：在高中的前两年内，每届带班学生的家里均要走访一次，强化家校之间的沟通桥梁。其次注重个体差异度，他制作了学生的个人档案，记录学生在校学习、生活期间的各种表现，以自己的角度加以分析，然后为学生个体提供以往行规上的表现数据和参考意见。常规档案的建立也为学期末评优提供了令人信服的记录信息。最后是学生发展自由度。他曾对于历年中职二年级学生的分流工作进行多次调查，在中职阶段结束后学生的去向一般有：升学（留校或就读成人），就业（企业实习、当兵、跟随经商等）。作为班主任，陈老师则会在充分尊重学生意愿的基础上给出个人的参考建议。

在偶读作家夏衍所写的《种子的力》文章后，陈老师喜欢把学生比作一颗颗种子，在与学生交流的过程中把他们当成一颗颗需要更多时间成长的种子。某年，陈老师中途接管了 2017 级模具制造技术专业方向的现代学徒制试点班，班上陈某某同学正是老师眼中的"问题生"——成绩差、上课睡觉、逃课等。陈老师深入走访该生以前的老师、前任班主任、他的家庭亲属和周边邻居，多次与该生促膝深谈之后，他认识到该生背后确实有着不一般的家庭状况，个体也有着与同龄人不一样的观念。这个"问题生"脑中有着自己的未来规划，即中职毕业后，将与同村的人合伙，由合作方提供场地、设备，该生出人力做电脉冲操作工，利润二八分。听完他的心声，陈老师心中涌现了一个念头：这不正是中等职业学校人才培养的目标吗！之后，陈老师专门帮助该生制定了操作技能提升计划，帮助联系当地工会，让他参加了相应的操作培训。陈某某获得操作证书后，陈老师又帮助他联系了实习单位，经过这一系列的培训实习后，这位学生既有了理论又有了实践操作技能和经验，顺利地实现了创业的梦想。

5.1.2 锤炼无私爱心是教育的灵魂使命

教师是人类灵魂的工程师，爱学生是教师投身教育事业的灵魂使命。一位老师没有爱心能够做好教育工作是不可想象的。爱是从事职业教育的第一法则。职业学校学生在义务教育阶段由于学习成绩不好而长期不受教师的重视，得不到关心，因而形成了一定的心理障碍，他们的学习目标不明确、意志脆弱、态度不端正；他们内心紧闭，多年来的经验告诉他们，不能相信老师的话；他们内心充满着矛盾，既期待老师来敲启心的大门，又担心被嘲笑，被冷落。因而，职业学校老师不能指望学生主动进入我们设定的世界。从这个意义上来说，能不能进入学生的内心世界成为当今决定职业教育成败的关键一步。这就要求教师在自己的师德师能上狠下功夫，刻苦锤炼，用大爱去温暖、去融化他们。可以说没有爱便没有职业教育，没有爱的职业教育必定是"忽悠术"。

托尔斯泰说，"如果教师只有对事业的爱，那么他是一个好教师，如果教师对学生具有父母一样的爱，那么，他要比一个读过许多书但不热爱教育事业又不热爱儿童的教师好。教师把对事业的爱和对学生的爱融为一体，他就是一个完美的教师。①"职业学校教师的爱是一种天性和修养的结晶，是道德与人格的统一，要求教师具有献身于职业教育的远大理想。职业学校教师的爱应该像父亲般伟岸，母亲般细腻，战士般忠诚，严肃而活泼，活跃而有序，在润物细无声中重塑学生精神。

职教名师是职教师资队伍里的排头兵，大爱精神在名师身上体现得尤为突出。热爱学生是教师的天职，在选择从事职业教育的那一刻起，教师就应把爱作为从事教育工作的起点，做到爱岗爱生，无私奉献，把爱贯穿教育教学全过程、融入人才培养各环节，做到以无私的爱生情怀去关注学生的生命、情感、价值、信仰。用师之大爱去超越一切、激活一切，从而使学生敞开心扉，消散曾经的学习失败阴霾，使学生潜能充分发掘、学生的智慧充分启迪、学生的力量充分发挥。以仁爱之心教书育人、以大爱精神立德树人，让塑造灵魂、塑造生命、塑造大国工匠的时代重任在教师对仁爱之德的践行中得以实现。

❦❦❦❦❦

爱如米兰，温暖执着

"老师窗前有一盆米兰，小小的黄花藏在绿叶间；她不是为了争春才开花，默默地把芳香洒满人心田……"谁都不会想到，儿时学的歌曲，会影响一个人一生的职业追求；谁也不会想到，会有人以米兰为精神之源，将小小的爱缓缓注入 18 年的教育生涯。作为职业学校教师，黄老师始终认为：一生一世界，每一个学生都值得教师倾心相待，将特点转化为亮点。她觉得师德的范畴里除了自爱，更重要的是去爱别人，

---

　　① 托尔斯泰. 教育的果实［M］. 北京：作家出版社，1954.

要始终相信在学生身上可以挖掘源源不断的潜能。在她的信念中，决不允许一个学生自暴自弃，她用爱心去点亮学生的心灯，用爱心去演绎师爱，温暖而执着地用实际行动影响着学生。

"要高考，专业学习就来找我！"

一直以来，学校对旅游班的设定就是毕业后直接就业，学生成绩也是全校最低的。然而在学生中，她总能发现一两团"小火苗"，她们也想参加高考，只要学生有需要，她总能在繁重的工作之余，腾出时间单独指导她们的高考专业课。2005年，黄老师认真研究了高考考纲，果断地帮助小郑同学删除了专业课本上不是考点的知识点（现在想想是冒险了），让她在最短的时间内准备高考，一举上线，成了该校第一个旅游专业的大学生；2008年，她鼓励小杨同学参加高考，并在自己的办公桌旁专门加了一张桌子，让她就跟在"师傅"身边，随时答疑，帮她实现了自己的"大学梦"，小杨同学至今称黄老师为"姐姐"；2017年暑假，已经参加工作一年的小蔡同学联系到她，说还想要参加高考改变命运，她还是那句话："要高考，专业学习就来找我！"9月份开始，她们一起泡在实训室、泡在图书馆，成绩出来那天，她们雀跃地在走廊上，无畏侧目……或许在许多人看来，现在考大学太容易了，但是只有她们知道：从技能考试到理论考试，从服装选择到礼仪展示，从知识点梳理到刷题集训，从最初的梦想到最后的上线，"逆袭之路"有多难。这一句承诺，承载了她对旅游专业学生从世人眼中的"学困生"到"大学生"的期许。

"跟着老黄有饭吃"！

在学校，她可以很准确地从学生对自己的称呼中判断学生的身份。叫她"黄校长"的肯定是初进学校的高一新生；叫她"黄老师"的大多是旅游专业的高一学生；叫她"老黄"的，应该是高二旅游专业学生；还有简称她"黄"的，那绝对是她带的社团里的学生以及学生干部。称呼的不同，意味着"交情"的不同，她很为"老黄"这个称呼沾沾自喜。她当过幼师班、旅游班、机械班的班主任，担任过校话剧社、礼仪队、旅游协会、志愿者协会等学生社团辅导工作，她带的社团，总能激起学生最大的学习兴趣，她的"浅草"话剧社，成了区首批"精品社团"；她的礼仪队，多次受邀参与区、教育局等级别的礼仪服务；她组织的学生志愿活动风生水起，她组建的学生志愿团队获得区优秀志愿服务队称号。在实现校园"月月有活动""次次有主题""人人可参与"的过程中，需要她俯身倾听的时候很多，学生的想法天马行空，学生的要求却很简单，邀学生一起吃饭成了很好的沟通方式，利用旅游教师的优势给表现"很棒"的学生带不同地区的小吃也成了一些学生积极工作的"源动力"。学生中，也慢慢流传起了这样一句话："跟着老黄有饭吃！"是的，她是"美味"的"老黄"！

"为什么我和别人不一样！"

黄老师始终相信，学生的表现源于原生家庭的影响。职业学校学生，出自贫困家庭的不少，小王同学就是其中一位。因为家境贫寒，他胆小内向不自信。2012 年，黄老师看到刚刚走上实习岗位的小王同学为了一件像样点的衣服而在商店前踌躇，考虑再三觉得，实习毕竟是在社会上，穿件好看的衣服应该会让他自信阳光一些。于是在第二天，黄老师将 200 元现金交到了小王手上，说："这是学校给你的助学金，你省一点啊！"小王同学奇怪地问："老师，为什么别的同学的助学金都是打到银行卡里的，我的却是现金？""你在实习，怕你麻烦，我替你拿出来交给你还不好吗？"拙劣的解释让小王红了眼，匆匆离开。几年后，事业上已小有成就的小王发了长长的一段微信，在"嫌弃"老师不会撒谎的同时，感谢黄老师用"善意的谎言"温暖了他这么多年。小慧同学为要代表全区学生志愿者在青年节活动中对话副区长而寝食难安，黄老师一边劝她"神经大条些"，一边陪她拟稿梳理、模拟演练，她记得开播那天小慧笑得特别灿烂。黄老师曾陪要轻生的小王同学坐在沙滩边聊天开解，任他恶语驱赶也不走，直到陪他走回家，她记得那天的星星特别亮；她叫上家人陪着夜里突然重病的小陈同学入院就诊，穿梭在重症监护、收费处、陪护室里，直到第二天孩子妈妈赶到，她记得那天晚上自己的全身都在发抖；她发动全班同学一起寻找走丢了的智力障碍又喜欢结交 QQ 好友的女同学，直到在市区汽车站边的一家面馆找到她并安全送回家，她记得那天她的喉咙已发不出任何的声音……

她知道，爱学生，需要的是专业、勇气与坚持！

5.1.3　锤炼高尚人格是名师榜样的引领责任

人格，是一个人的性格、气质、能力等特征的总和。人格魅力，指一个人在性格、气质、能力、道德品质等方面具有的能吸引人的力量。人格魅力，是一种重要的软实力，是一种非权力影响力，但在实际工作生活中，却往往胜于权力的影响力。人们欣赏一个人时，始于颜，陷于才，忠于品。而一个人最高级的人格魅力，不仅仅只是惊艳的才华，还有将心比心，深扎进心中的温良。古往今来，一个人能不能受到信任、欢迎、拥戴，关键取决于人格魅力。大量事例证明，人格高尚，就能在群体中享有威望，号召力就强；反之，不管位置多高、权力多大，也不会得到群众真正的信服和支持。"轻财足以聚人，律己足以服人，量宽足以得人，身先足以率人。"人格魅力往往能让人不令而行。

人格连着事业，也连着人心。层次越高，本事越大的教师，越懂得发自内心为别人着想，这样的教师有一种由内而发的善良，是一种刻在骨子里的修养，就像是春夜里的小雨，润物细无声，是一种人间顶尖的人格魅力。名师的人格魅力，随时随地都在感染和影响着周围的人，他们的一言一行都让人有如沐春风的感觉，能够将戾气化为祥和，处处体现着自己的教养。名师的高尚人格，体现在勤政廉政、公而忘私上，也体现在健康的生活方式、高雅的生活情趣上；体现在日常的真情感人、真诚为人、帮困助人上，也体现在严于律己、宽以待人的谦谦君子之风上。

教师的人格魅力体现在对学生的潜移默化的影响力和感染力，是生命对生命的一种灌溉、精神对精神的一种濡染，能够使教师在向学生传授知识的同时，时刻以强大的人格力量去影响和塑造学生的品格、品行、品位。中职学生正处于价值观形成的重要时期，正处于扣好人生"第一粒扣子"的关键阶段，在此期间，教师以什么样的人格去面对学生、塑造学生，直接影响着学生具有什么样的德、成为什么样的人。有些老师没有得到学生的认可，也没有得到家长的认可，究其原因往往不是失败在方法上，也不是失败在学识上，而是失败在人格魅力上。一个人品格低下，他的行为不可能高大；一个人品格卑鄙，他的行为不可能磊落。如果我们仔细考查一下历史上成功教育家的业绩，我们不难发现，每一位教育家都是一位品格高尚的人。

境界的高度决定人格魅力的大小，人格的完善只有起点没有终点。"从善如登，从恶如崩"。人格魅力等不来、要不来，只能来自长期的修养、严格的自律、高尚的追求。教师从心灵上净化自己，学会懂得知恩图报，才能做到一辈子问心无愧，不嚼别人的舌根，不道人非，不揭别人的短板，不嘲笑别人的痛楚，不彰显自己的优越；学会宽宏大量，不究人过，不在细节上斤斤计较别人的错误，宽容地对待身边人，广结善缘；设身处地地为别人着想，将心比心才能获得真心。纵然世间有千万的苦楚牵绊，心中一定要留有百般的温柔，真心地对待生命中出现的每一个人。

新时代职教名师必须认真践行"四有"好老师和"四个引路人"，坚守教育报国初心、勇担立德树人使命担当、始终做到"学为人师、行为世范"；引领广大教师全面系统学、及时跟进学、联系实际学、带着责任学、带着问题学、融会贯通学，在原汁原味深读精读、逐字逐句细研细悟中，领悟教育教学工作与国家富强、民族复兴之间的内在关联；引领广大教师筑牢信仰之基、补足精神之钙，感悟教书育人事业的崇高与辉煌，体悟立德树人使命的伟大与神圣；在"立言"和"立行"的高度统一中，真正做到知行合一、身体力行，将初心和使命内化为新时代教师的高尚师德，进而通过言传身教在学生的心灵播下真善美的种子，并以此影响和推动学生走向伟大和崇高。

5.2 博学笃行

《礼记·中庸》中说："博学之，审问之，慎思之，明辨之，笃行之。"意思是说，学习首先要有好奇之心，广泛涉猎，唯有博大和宽容，才能兼容并蓄，使人能有高远的眼光和开放的胸襟，真正做到"海纳百川、有容乃大"。学习必须要有质疑的精神，能对所学加以怀疑，能有针对性地提问请教，问过以后还要不断思考，形成清晰的判断力，最后用学习得来的知识和思想努力践履所学，指导实践，使所学最终有所落实，做到"知行合一"。

5.2.1　博学是教师专业发展必然要求

21 世纪的知识更替和发展速度超过所有人的想象，每个人都需要不断学习，需要学习一切反映当代世界发展的新知识，学习做好工作所必需的一切知识。教师这个职业的使命是传道授业解惑，职业学校教师尤其是专业课教师，不仅仅要懂得教育教学理论，还要有精深的专业知识和渊博的相关学科修养。在专攻某一专业的同时广泛地拓展与之相关的其他专业的知识，形成"一专多能"的知识结构。还要随技术发展而更新技术理论知识和操作技术，必须树立终身学习的理念，在不断的学习中突破自我、超越自我、完善自我。

教育家和名师的成功往往令人羡慕，他们博大的学识、深厚的文化底蕴、丰富的思想内涵、精深的专业技能令人叹为观止。无数职教名师成长经历告诉我们，学习是推动教师成长的有力"杠杆"。学习也正是青年教师成长的必经之路，没有任何捷径可走。学校作为传播人类知识经验的重要场所，教师作为传递科学文化知识的主体，只有不断学习、善于学习，才能始终保持清醒的头脑、敏锐的意识，才能紧跟时代步伐，牢记立德树人的根本任务，做好信息化时代教育的"领路人"。

要给学生一杯水，自己不仅要有一桶水，更要有"源头活水"。汲取源头活水的渠道就是读书。读书是教师专业成长的必由之路。在推进教师专业化发展过程中，虽然有专家引领、进修培训、校本教研等多种途径，但最有效的途径还是读书。因为书籍是知识的沉淀，是文化的载体，社会进步的最重要的阶梯，是继承和创造的基础。读书是教师专业成长的有效途径。教师精神成长，需要高品位阅读的滋养；教师专业发展，需要经典教育专著的引领；教师职业特征，需要博学和睿智。面对纷繁复杂的物质世界，教师需要有淡泊心境、远离浮躁的心态，读书就成了教师的必然选择。读书可以使人们富有思想，成为一个精神贵族，可以使每个教育工作者平添"腹有诗书气自华"的灵气、不卑不亢的傲气、务实向上的心气和安贫乐道的骨气。读书可以陶冶情操，能够促进教育智慧的形成，是教师摆脱职业倦怠最有效的方法之一。

促进教师的专业成长，我们该读哪些书呢？对于教师而言，要学的东西太多了。培根说，"读史使人明智，读诗使人灵秀，数学使人深刻，伦理学使人庄重，逻辑修辞学使人善变，凡有所学，皆成性格。[①]"职业学校教师想要成为名师，读书不仅要有广度还要有深度，一定要坚持开卷有益、多多益善的思想，要与好书为友，与经典对话，与博览同行。系统地读教育书籍，读教育教学理论、读教育理论书刊、读科研论文，是教师专业成长的催化剂。阅读中外经典名著，可以丰厚自身的文化底蕴，使人知识渊博，情感丰富，提升素养，增长智慧，净化心灵，道德高尚。围绕提高思想水平、增强教学与管理能力、完善知识结构、提升精神境界，选择阅读与教育教学密切、兴趣爱好的书，不断更新专业知识，尝试新的教育理念与教育模式，剖析自我，可以厚实为师的底气。通过书本学习、网络学习、团队学习、实践学习等多种形式，让学习真正成为专业成长的"营养品"和"必需品"，在汲取中不断充实自己，不断提升综合素养。读书还要讲究方法，养成良好习惯，做到锲而不舍、持之以恒，才能实现自我超越，成就精彩教育人生。

5.2.2　笃行乐教是职教名师的时代使命

坐而言不如起而行，教师必须努力践履所学，使所学最终有所落实，做到"知行合一"。功成无不与坚持相伴相生，贵在行动，贵在坚持；失败无不与懈怠相伴左右，难在行动，难在坚持。只有有明确的目标、坚定的意志的教师，才能真正做到"笃行"。"实践是检验真理的唯一标准"，真正的名师是在学校里、课堂里摸爬滚打出来的。教师要在教学实践中去寻找与学生的相处之道，在教学实践中摸索育人之理，在教学实践中去开拓教学之法，潜心研究现代职业教育理论，主动探寻职业教育教学规律，并将研究心得运

① 弗兰西斯·培根. 培根随笔全集［M］. 南京：译林出版社，2011.

用于教学工作的实践。一个教师，只有立足长远，勤于实践，不辞辛劳，脚踏实地，在实践中探索，在探索中实践，才能逐步走向名师。"教学"是一项充满复杂性、长期性、创新性的活动，教师学习绝非仅仅学习任教学科领域的专业知识，亦非单纯掌握教育专业领域的既定理论，而是要学习如何在实践中学会，学习如何在探索中发现新知、创新理论。

笃行重点在于根植教学实践，根本在于课堂教学，本领也是彰显在课堂教学中。因此，学习名师，重点要指向课堂教学实践。为此，我们要多观摩名师的课，多学习名师的教学，在名师真实的课堂上汲取"营养"，实现专业成长。积极主动地与名师一起钻研教材，研究教法，设计教学，参与同行们的交流互动。教前、教中、教后，教学实践全程参与，我们才能对教材、教法，对课堂、学生有全面的认识和把握。课堂教学是师生互动的动态过程，名师课堂上的即时生成是名师驾驭课堂、组织教学的智慧体现，名师课堂上的临场发挥、随机应变，正是他们的功力所在。这些课堂教学的"闪光点"，我们要积极捕捉，感悟内化。好的教案不等于好的课堂，要从学习模仿走向自主实践，进而走向融会贯通，创新突破。

教学实践能使青年教师的课堂教学从生硬到熟练，也能增加教师对教学工作的热情，对课堂的探索，以及对整个职位的重新定位。新手教师只有在教学过程中不断地积累经验，研究课程、研究课堂，不断改进教学方法，才能唤起学生学习的兴趣。教师必须树立现代职业教育观，坚持把学生的发展放在首位，树立"学生主体"的观念，尊重每一个学生，努力为学生提供一个可持续发展的环境，并不断将新的理念与教育形式融入教育教学行为中。在教学过程中要留心观察每一个学生的行为表现，善于捕捉学生的非常时刻，观察入微，不断提高观察分析能力，及时将学生的在校情况反馈给家长，构建家校共同体，并根据学生的实际情况，认真制订各类计划，及时跟踪。因而，在这个过程中青年教师要不断寻找自己的不足，不断充电，提高自身实践能力。

笃行成效在于有效开展教学反思，它是指教师对教育教学实践的再认识、再思考和经验教训的总结，是从自己的教育实践中来反观自己的得失，是通过教育案例、教育故事、或教育心得等来提高教学反思的质量，是教学实践经验有效转变为实践的教育智慧，是教师提高个人业务水平的一种有效手段，教学上获得一定成就的教师一直非常重视这方面。美国教育心理学家波斯纳提出了一个教师成长的公式：成长＝经验＋思考（反思），这个公式充分说明了教学中思考对于教师成长的重要性。每个人都会倦怠重复的工作，这主要来自简单重复和单调。缺乏思考的重复忙碌，犹如疯长的野草，如果熟视无睹、不求革除，将在习惯的支配下蔓延。反思类型可分为纵向反思、横向反思、个体反思和集体反思等；教学反思方法有行动研究法、比较法、总结法、对话法、录像法、档案袋法等；反思的途径有撰写教学日记、听评课、学生反馈、撰写论文和课题研究等。教学反思的过程要经历"具体经验—观察分析—抽象的重新概括—积极的验证"四个阶段，是教师教学经验不断总结、认知不断更新、能力不断提高的过程，是教师借助行动研究，直接探究和解决教学目的、教学工具和自身等各方面教学中出现的实际问题，不断提升教学实践的合理性，不断提高教学效益和教研能力，促进教师专业化和全面发展的过程。

5.2.3　博学笃行唯有勇攀高峰者胜

职业教育的教师生涯没有捷径，唯有不畏艰难，勤勤恳恳，勇于攀登，脚下的路才会越走越宽。虽然上坡路很难走，但路的尽头会有无限风光，而下坡路虽好走，但它留给你的只有落寞和失望。

勇于担当，迎难而上，在攻坚克难中增长才干

王老师在还是大学生时，不仅学习成绩优良，还在学习之余参加了机电工程本科自学考试，平时更是踊跃参加社会实践，丰富自己的各方面知识和能力，因此，她每学年都取得了奖学金，并被评为省优秀毕业生。毕业实习期间，她发扬勤学苦练的精神，白天兢兢业业工作，晚上加班加点充电，很快得到了单位的好评，提前一个月与单位签订了就业合同，并多次获得单位嘉奖，又因业务水平优良，在单位一年来曾带徒

弟 4 个。

　　与此同时，她发现机电专业与计算机联系越来越紧密，便毅然报读了计算机技术与应用本科，人们都夸她聪明好学，肯学肯干。凭借着大学里勤学积累的一定社会实践能力，她以面试第一的成绩进入了某实验中学教育集团。但她清醒地认识到自己所学专业与学校教育教学业务有一定的差距。为弥补短板，她不畏艰辛，用业余时间跑图书馆，跑学校，不断充电学习，最后成功获取了国家心理咨询三级证书和教师资格证。随着时代的发展，机械已逐渐走向了自动化方向，于是她又报读了重庆大学的机械设计制造及其自动化专业本科。

　　王老师对于学习一直饱含热情，迄今为止从未间断过学习步伐，现已拥有计算机、机电、机械自动化等三门学历，拥有模具、数车、心理学等三项高级证，现为绘图员技师、钳工考评员，并且在她所涉及的行业里都得到了专家学者的一致好评。并且多次在省级技能比赛中获奖。王老师一直在学习中与时间赛跑，她用生命来实践"书山有路勤为径，学海无涯苦作舟"，传承生命不息、学习不止的学习精神，更可贵的是，她勇于探索、将学习所得服务于社会，这份精神非常值得青年教师发扬学习。

5.3　砺能强技

　　《尚书》云："砺乃锋刃，无敢不善。""砺"原意为名词"磨刀石"和动词"磨"，后引申为"锻炼、磨练"。"能"语出《诗经》："各奏尔能"，指才干和技能。《庄子·养生主》云"道也，进乎技矣"，《尚书·秦誓》："人之有技，若己有之"，《荀子·富国》曰："百技所成，所以养一人也"，这些话的意思是学有一技之长，精通一门技术，都必须通过长期的、艰苦的具体实践，摆脱一切外界凡俗及功利的干扰，才能达到一种精诚之境。砺能强技就是首先要磨砺、锻炼、打造教师自身的技术才能。职业学校是以培养学生的职业技能为主的教育，职教专业课与文化课的最大区别在于其实践性较强，要求专业课教师具备丰富的专业知识和实践经验，要求专业课教师既要有理论讲授能力，又要有动手操作能力，强调理论与实践相结合，强化技能训练，培养高素质技能型专门人才。

5.3.1　强化实践技能是职教专业课教师的职业使命

职业教育是以职业技能培养为核心，面向工作岗位要求为目的，以适应企业需求为重点的就业教育。《中等职业学校教师标准》明确要求中职学校专业课教师要以职业技能为主，要在教学和育人过程中把专业理论与职业实践相结合，遵循职业教育规律和技术技能人才成长规律不断提升职业技能水平。也就是职业学校专业课教师要一手理论教学，一手实践指导，既能上得了三尺讲台，又玩得转各种实训场。这样的"双面手"甚至"多面手"的"双师型"教师，对于侧重于培养技能人才的职业教育来讲，"双师型"教师可以说是职业院校的"刚需"。"双师型"教师不等于"双证"教师，"双证"即教师资格证、职业技能等级证书，是评判"双师型"教师的基本条件，而更高的要求是"双能"，即既有教学能力又有操作技术和开发技术能力。

职业学校的核心竞争力在于专业课教师的技能水平和综合素质，直接影响着学生的发展。但是绝大多数专业教师都是从学校毕业后直接走上讲台，他们没有现场工作经历或实践工作年限偏低。由于专业实践技能不熟练，不了解单位的实际用人需求，必然导致其培养的学生上岗适应能力差，难以满足市场及行业的需求。通俗地讲就是自己都搞不定，如何教学生。职业学校有很多工作如技能兴趣小组、技能大赛、技术开发、专业技能课程开发等，不仅仅是时间紧、责任大、任务重的问题，更需要的是专业教师的真才实学，需要精湛的技艺，还需要花费大量心血，甚至牺牲很多业余时间才能完成。比如，技能比赛指导，如果教师自己都没有这个动手能力，又如何去指导学生？

相当一个时期，社会对于技术工人特别是高级技工的需求严重不足，出现"技工荒"现象，特别是新兴的专业行业不断涌现，高科技的产业发展迅猛，而专业技术实用型人数跟不上专业科技发展的步伐，技术性应用人才严重短缺，技术用人出现断层。当前职业学校在高科技类专业设置项目上几乎是空白。这同职业技术教育在学生培养方向和专业设置上与社会需求存在的差距有关系，同职业教育与现代经济社会发展的衔接与契合度不强有关系。出现这种情况的原因主要还是职业学校很少有技术能力很强的教师。

新时代新要求，职业教育也正在经历深刻的历史性改革，而改革的内容是围绕培养高素质、技能型、创新型人才培养为目标，强化技术实践能力和创业创新能力。职业教育人才培养目标是要适应企业的需求和国家工业制造发展的需求，要适应经济建设和社会发展的需要，为行业、企业培养大量合格人才。这是职业教育的任务，也是职业教育专业课教师的职业使命。中职专业课教师要有强烈的责任感和事业心，齐心协力，共同奋斗，不断加强学习，努力提高自身素养，使中职教育教学质量迈上一个新台阶。

5.3.2　砺能强技是践行工匠精神本质要求

工匠精神是指从业者不仅具有高超的技艺和精湛的技能，而且还要有严谨、细致、专注、负责的工作态度和精雕细琢、精益求精的工作理念，即对职业的认同感、责任感、荣誉感和使命感。它是职业道德、职业能力、职业品质的体现，是从业者的一种职业价值取向和行为表现。现代社会，工匠精神已然是一种情怀，更是一种文化。当前我国正处于经济转型期，正从"制造大国"走向"智造强国"，由此对技术技能人才的要求也越来越高，既要有精湛的技艺，还要有敬业的精神和甘于奉献的品质。同时，我国职业教育的发展也日益迅速，培养紧贴市场需求，具有"工匠精神"的高技能人才，也已成为职业教育的重要任务。

人的精神创建在任何一个时代和领域都是首要的。在培育匠技的过程中，植入学生"工匠思想"和传承"工匠精神"显得尤为重要。职业学校在培养学生职业技能的同时，更要植入职业技术的文化，也就是我们目前注重的"工匠精神"。技能是从事职业的一种专业能力，而文化则涵盖了人的整个专业能力提升、境界升华的精神。每一个职校生，进入学校伊始，就要接受职业精神、工匠精神的洗礼，坚定对技能之精湛的追求和坚守工匠之本真的执着。职业教育要在所有的专业课程设置中融入"工匠精神"的元素，把"工匠精神"注入教育的每一个环节，努力让一丝不苟、精益求精、改革创新成为学生们的职业追求。

培养学生的"工匠精神"，首先应成就教师的工匠角色，然后才能有在应用工艺和技术中不断学习、传承、创新、脱颖而出的过程，形成一种工匠文化，达到"工匠精神"的蝶变。一个成熟"双能"教师的实践与磨炼过程是漫长的，这对新时代急速发展的职业教育是一个极大的挑战，所以，教师的砺能强技是当务之急的重大任务，应把它内化为教师为人为学的精神品格，成为学校励精图治的灵魂所在和蓬勃发展的不竭动力。

5.3.3 职教专业课教师砺能强技的途径

中等职业学校是中高级技能人才培养的主要阵地，学生往往都希望能学到一技之长，对专业课的学习抱有更大的求知欲，这就对专业课教师的素养提出了更高的要求，专业课教师素养的高低直接影响着教学的效果和教学的质量。专业课教师，必须要站在知识的最前沿，不断地完善和提高自己的专业技术能力，满足学生对拥有一技之长的需求。专业课教师砺能强技的途径主要有以下两个：

首选是下企业实践。这是提高职业学校教师的职业能力最直接、最有效的途径。专业课教师下企业实践锻炼，通过参加企业生产实践、项目开发活动和参与企业管理，教师能了解企业、行业的生产、技术、工艺、设备的现状和发展方向，不仅可以拓展眼界，学到新知识，完善自身的知识结构，丰富专业教学内容，提升实际操作能力和专业知识应用能力技能，也能掌握行业对本专业人才的需求，从而进一步提高自身的思想认识，增强职业认同感。下企业锻炼过程中，教师要抓住一切机会阅读企业的一些内部参考资料，与业内专家和一线员工进行交流，捕捉行业发展的最新动态，深入企业调查研究如：收集企业人才需求信息、企业员工素质状况、毕业生在企业的适应性状况等，为学校在专业调整、确定培养方案及教学改革等方面提供了直接依据。教师要把企业的最新技术、最新标准和最新要求带到课堂中来，使教学与行业与时俱进，满足行业的用人需求。

其次是到技能大师工作室提高技艺。技能大师工作室以高精机械加工、传统技艺传承和高新技术产业为重点，研究的主要内容是科技和技能含量较高的产业、行业和职业，由具有绝招绝技的高技能人才和技能带头人领办或创办，立足企业进行科技创新和技术攻关，实施技术改造，解决生产技术难题，推动企业产业升级和技术进步。教师通过这个平台向技能大师学习绝技，开展技术交流，技术研修和创新活动，整合资源，形成团队优势，实施重点攻关、重点突破。围绕名师带徒、技能攻关、技能推广、课程开发、技能培训等内容，教师积极参与其中，主动承担新技术、新工艺的推广和技能培训等任务，通过技能大师在生产实践中传、帮、带的作用，使教师的自身实践技能得到切实提高。

5.4　钻坚研微

钻坚研微，意思是说钻研艰深精妙的学问，语出《晋书·虞喜传》："博闻强识，钻坚研微，有弗及之勤。"我们这里的学问是指职业教育的科研，它是以教育科学理论为武器，以职业教育领域中发生的现象为研究对象，以探索职业教育规律为目的的创造性的研究活动，以解决新问题、新情况。教育教学科研能力是优秀老师素质中不可缺少的一项基本功，要求教师要有强烈的教育科研意识，要不断对教育教学的新情况、新热点进行研究，在研究中改善自己的教育教学实践活动。对于职业学校的教师来说，教育科研之路是布满荆棘与坎坷的，只有不畏劳苦沿着陡峭山路攀登的人，才有希望达到光辉的顶点。在一篇又一篇论文、一个又一个科研项目和一项又一项荣誉背后，承载的是教师对教育的执着，对科研的热爱，对成功的渴望。走在这条陡峭山路上的，都是勇敢者，都是不畏劳苦、勇于攀登的教师。

5.4.1 研究型教师是职教名师的必备素质

随着职业教育改革的不断深入推进，传统的、经验型的教师已越来越不适应现代职业教育的发展需要。职业教育教学改革，尤其是学生学习方式的变革，呼唤研究型教师的诞生，教师不只是知识和思想的消费者、应用者和验证者，更应该是知识和思想的拓荒者和创造者，没有教师主动的研究和有效的创新，就不可能有职业教育的可持续发展。教师应挣脱经验型教师的束缚，完成从经验型教师向研究型教师的蜕变，以适应教师专业化成长的需要。教育科研的价值就在于通过对教育教学实践活动的研究，揭示教育规律，探索新的教育教学运行机制，推动职业教育改革与发展。

教师应主动进行教育科研，进行理性化的反思和批判，从理论的高度揭示教育规律，并自觉以教育规律指导和改进实践。其普遍意义在于，教师通过教育科研总结教育改革的成功经验与不足之处，必将进一步推动和深化教育改革。其目的在于发现教育规律，并自觉按教育规律教书育人，减少盲目性，增强科学性、有效性，全面提高教育教学质量。其突出的特征就是教育教学实践的理论性与教育理论学习的实践性的高度统一，从而有效构建起理论与实践的辩证联系。

主动进行教育科研是教师提高自身素质、走向专业化的必要条件之一。许多优秀教师的成长经历都表明，投身教育科研，有利于教师职业意识的增强，有利于教师摆脱自身的狭隘，在更高的层次审视和改进自身的教育教学实践。以理论水平的提高带动自身专业化的全面成长。教师开展教育科学研究，有利于养成在学中教、教中学、相互研讨教育教学思想、方法的习惯，在推动教学改革与创新的同时，有利于在教师团队中形成浓厚的学习氛围，从而不断影响学风、教风乃至校风。在学校里形成基于学习的发展模式，为营造学习型学校打下坚实的基础。

教育科研能力是研究型教师必备的基本素质，教师主动而有效地进行教育科研，也是教育事业的发展和教师成长的必要途径。因此，教师应不断强化教育科研意识，拓宽教育科研能力，在教育教学实践中进行教育科研，在教育科研中审视和改进教育教学实践。

5.4.2　如何让教育科研成为教师成长的快车道

教育科研是分层次和境界的。当教师处在"见山是山，见水是水"的层面时，不去钻探，就只能与教学艺术失之交臂了。如果能提升到"见山非山，见水非水"的层面，往往也能教出几堂好课来，因为此时的教者已经能用理智思维和审美标准去观赏物象了。修禅的目标是达到"悟"的境界，教学之道亦是如此。当达到"见山又是山，见水又是水"的层次时，就已经具备了既能走进教材，又能走出教材的智慧。从"见山是山，见水是水"进入"见山非山，见水非水"，又回归到"见山又是山，见水又是水"，需要长期艰苦的修炼，需要钻坚研微。

如何开展教育科研？首先，要养成良好的问题意识。教师应自觉养成良好的问题意识，善于和敢于发现问题、提出问题，形成教育科研课题。教师在教育教学实践中，至少要经常思考"四个问题"：为什么教？教什么？何时教？怎样教？要形成教育科研习惯，广泛阅读，特别是读教育方向的科研文章，学习别人的优秀成果，把别人文章中高效的策略内化为自己的教育教学方法，在别人的基础上融入自己新的观念、想法和实践，建立自己的教学模式。要善于思考，勤于思考，细致入微，经常反思总结，与教育理论对话，探求教育规律。学会从复杂而具体的教育教学实践活动中归纳、提炼出符合时代精神、客观条件和主观需要的有创见性的课题提升撰写论文与课题研究的能力。要想成为科研型的教师，就得加强教育教学科研，学会进行课题研究，撰写教科研论文。

在专业建设与教育教学中找到研究点与创新点

2004 年，非师范类旅游管理专业毕业的孔老师，刚上讲台时对教育教学一知半解，特别是对职业教育理解肤浅，面对职业学校的学生，他感到很迷茫。每当学生对教学内容缺乏兴趣，对教师缺乏回应时，他往往陷入无奈和不知所措。经历了一段适应期后，孔老师逐渐发现，职业教育的教育教学工作还是有规律可循的，课堂教学的开展也是有章法可依的，职教学生有着巨大的潜力，他们比普高学生更需要的是教师的关怀和引领，需要教师更多地在教学过程中点点滴滴的浸润和启发。于是他开始关注教育教学与学生的研究，2006 年，他第一次撰写论文并参加县里中等职业学校教师"如何面对挫折和失败"征文比赛，他获得了区三等奖，尽管是区三等奖，但由此开启了他对教育教学的研究之路。通过撰写研究论文，他认识到教育教学的研究是有助于课堂教学的，也有助于调整教师的状态，面对学生也更加从容，也认识到教学研究与教学是互为补充、互为促进的。从那以后，他给自己定了一个"小目标"，即每年写一篇教学研究论文，争取获奖或发表，以此来督促自己不断地思考职业教育问题，不断总结自身的教学经验。从此，他积极参与每年的地方论文评选和课题申报。随着撰写次数的增多，他的教学研究也从单一的课堂教学领域，拓展到现代学徒制、校企合作等关于职业教育的各个方面。2015 年担任旅游专业负责人后，他更是加强学习，提升专业视野，紧紧抓住"十三五"期间中职质量提升工程创建的契机，从专业人才培养方案、专业课程标准、人才培养模式、课程体系、师资队伍、社会服务、校企合作等方面找到研究点和创新点，科研能力迅速发展成长起来，一大批科研成果涌现，很快孔老师被确定为当地中等职业教育名师培养人选。

5.4.3　学名师之研究

名师在教学、写作、科研等方面水平都相当高，因为"教"是"研"的前提和基础，"研"是"教"的总结和提高，而"写"则是"教"和"研"的概括和升华。要成为一名研究型教师不是一蹴而就的，需要长期的沉淀与积累。无论从哪个角度来理解"研究"，都可以发现，教师其实拥有大量的研究机会。每一个课堂都是一个实验室，每一位教师都是教育科学研究的成员。名师的研究是建立在研究教材基础上的研究，是基于实践基础上的研究，是基于不断积累上的研究。名师的成长过程就是伴随着研究的过程，唯有这样，名师才能不断适应时代发展的新要求，才能不甘平庸，追求卓越，才能在平凡的岗位上干出不平凡的业绩。对于青年教师来说学习名师的研究方法，并且从名师的研究历程中汲取营养能使青年教师在成长与研究的道路上少走弯路。

教学研究成功的秘诀

姚老师，某信息工程学校高级讲师，学校首批行业专家型教师，某市第一层次培养名师。姚老师以创新的理念、严谨的学风、出色的业绩赢得了大家的尊重和爱戴，成为职业教育界的专业教学骨干、行业技术专家、创新发明能手、团队建设核心、为人师表楷模。姚老师教学成功的"秘诀"是不断追求，不断研究，勤奋刻苦，持之以恒。

首先在教学实践中寻找独到的发现，教学研究来源于教师的教学实践。姚老师的研究方向是工业自动化（信号与信息处理），在本专业领域有扎实的理论基础与实践能力。姚老师善于把自己对研究的独特发现经过精细的加工处理运用于教学实践，他站在一个全新的教学思想的高度创新教学模式，彻底打破传统的教学结构模式。2013年，国家示范校建设任务全部完成，姚老师潜下心来思考：十六年的教育生涯，是对职业教育本质理解的一个循环，是不断改革创新的一个循环。在这个循环中，他发现教育最核心的问题，那就是课堂。姚老师提出了"四点共圆"的课堂教学模式，即以学生成长为轴，文化基础课、专业课、实训课、能力拓展课四种课程共圆，螺旋上升。他编写专业基础课与专业课合一的电子技术应用教材，筹建课程教室，让职业教育回归本真，回归原点。

姚老师教学研究成功的原因还在于他一贯注重资料的积累，他认为，掌握、拥有丰富的教学教研信息，是一个教研员思想活跃、视野开阔、见解深刻、方向准确的必要条件；收集、积累教学教研信息是教研员必须具备的基本素质。姚老师最信奉的名言是"我思故我在"，他的诠释是"不断地思考和创新，现实的'我'是一个全新的'我'，这才是我存在的价值"。要成就一个全新的自我，姚老师非常珍惜时间，注重学习，每天晚上10点到凌晨2点，是固定的专业技术学习时间。专业书籍和科技网站是学习的源泉，图纸和软件是桌上的常客，灵感和思路是驱赶瞌睡的良药。苦思许久突然灵感忽现，就有一种全身的舒畅。每天坚持学习，带着问题学习，了解最前沿的新材料、新技术、新工艺，知识更广，眼界更开，为课堂教学和解决技术难题带来了利剑。厚实的积累，使姚老师成了一个十分丰富的人，同时也为他创造性地开展教学研究工作打下了坚实的基础。姚老师研究教学在"厚积"的同时，也注重"博发"，数十年来，姚老师孜孜不倦，勤于笔耕，尽心竭力攻坚，主编了多本中职规划教材和多项省市级课题。

5.5　求是创新

《汉书·河间献王传》云："修学好古，实事求是。"意思是做学问要根据实际问题和事实，以求索其真知，着重倡导一种学习、研究的科学精神和科学态度。《礼记·大学》云："苟日新，日日新。"强调及时反省和不断革新。求是创新要求职业学校教师要一切从实际出发，把握和遵循职业教育规律，在实践中不断探索进取，发现新问题，建立新理论，创造新业绩，从本质上揭示了职教名师的精神追求和使命担当。职教名师必须有很强的创新能力，不因循守旧，不走老路，敢于言人所未言，见人所未见，其思维是发散性思维、求异性思维、逆向性思维和多角度思维。职业教育之所以名师少，其中很重要的原因是缺乏创新型教师。

5.5.1 求是创新是新时代职教的要求

在"大众创业、万众创新"的时代背景下,职业教育面临新时代的要求——跟上新产业迅猛发展的步伐,需要比传统校园能够给学生提供更多的实操性、体验性的教育,让教师以"教练+师傅"的教学方式,为学生提供个性化的教育,兼顾启迪心智和开阔视野,促进人的全面发展。因此,成为创造型教师是时代赋予教师的任务,是时代的呼唤,也是时代对职业学校教师提出的前所未有的挑战。创新型教师是指具有创新素质,能够有效地利用创新教育的原理和方法,卓有成效地培养创新型人才的教师。创新素质是创新活动的内在动力机构,包括创新精神、创新意识、创新人格。创新精神指推崇创新,追求创新,以创新为荣;创新意识是指善于发现并提出问题,具有强烈的"问题意识";创新人格指具有好奇心、求知欲,具有献身科学、献身职教事业的内在动力和坚强意志,具有敢闯、敢冒风险、敢于怀疑和批判的科学精神,具有良好的精神状态和心理素质。创新素质要求具备宽广而扎实的基础知识,广阔的视野,以及善于综合开拓新领域的能力,掌握创新知识的方法论,尤其是具备良好的创造技能,包括教学能力和动手能力,熟练掌握和运用创造技法的能力,创新成果的表达能力、表现能力和物化能力。

5.5.2 求是创新必须体现创新教育能力

创新是一个民族进步的灵魂,是国家兴旺发达的不竭动力。知识经济呼唤创新教育,职业学校强调学生职业能力的培养,需要学生具备一定的创新素质,更应把职业教育与创新教育有机地结合起来。创新教育是培养具有创新素质的人的教育活动,以人为本的主体性教育,在环境上具有学术自由和民主特性,在过程上具有质疑解疑的尝试性,在方法上具有因材施教的差异性,在评估测量上鼓励创新的求异性。这是创新教育的基本原理,也是创新教育的基本原则。创新教育的方法十分灵活和丰富,既包括传统教育方法的创新运用，也包括对传统教育方法的重新组合和改革，还包括创造新的教育教学的方式方法。

职业教育是以提高职业技术水平为目的，给予学生从事某种职业或生产劳动所需要的知识和技能的一种专门教育。培养高素质的技术性和应用性为一体的人才，最突出的特点是强调职业能力的培养，理论教学以服务实践为目的，学生毕业后就能胜任本职岗位的工作。职业教育需要调整和转变教育观念，更新教学方法和措施，但这些还不够，就职业教育的目的和要求来说，还需要学生具备一定的创新素质，对创造性思维及其方法有一定的了解，对常规的创新创造技能和方法能较熟练地掌握。职业教育加强了学生的实践活动，为开展创新教育创造了良好的氛围和环境，因为创新的关键在于实践，创新的潜能只有通过实践才能变为物质力量。如果对学生的知识结构与实际工作进行优化，并与创新教育有机地结合起来，必将大大提高学生的创新能力，为社会培养更多高素质的应用型人才。

创新教育能力培养的方法在于教学措施和方法的调整和转变。首先是对自身创造力的开发。只有教师具有良好的创新意识、创新技能和方法，才能真正解决职业学校创新教育的无力局面。其次，通过修订教学计划，调整计划中的知识结构和能力结构，增强能力环节的教学。最后，在教学过程中结合教育内容，挖掘各门教材中能培养学生创新思维的因素。在教学中，教师要采用精讲、多引导、多实践的方法，增强学生的创新意识，保持学生的好奇心，解除学生对错误的恐惧感，鼓励学生幻想，鼓励发散思维，传授创新原理技能方法，采用矛盾法、发散集中法、定势打破法、反思法、类比法等多种教学方法。教师要运用现场教学模式进行教学，将教学的重点由"教"转移到"学"，必须将探索知识、研究问题的方法传授给学生，提高学生发现问题、解决问题的能力。更重要的是教师要充分利用职业教育实践性较强的优势，对本专业所涉及的设备工艺挑毛病、找不足，发现问题后再改进工艺和创新发明，提高学生的观察能力以及发现问题和解决问题的能力。

5.5.3　学名师之创新

名师一般都有很强的创新能力。名师之名，贵在创新。如，圣人孔子的有教无类，因材施教；朱熹的教必有法，商讨式教学；陶行知的知行合一、生活即教育，教学做合一。他们都是创新的典范。创新就是不因循守旧，不走老路，敢于言人所未言，见人所未见，其思维是发散性思维、求异性思维、逆向性思维和多角度思维。名师的创新是建立在传承基础上的创新，是基于实践基础上的创新，名师的成长过程就是伴随着创新的过程。学习名师之创新，在于不断适应时代发展的新要求，不甘平庸追求卓越，在平凡的岗位上干出不平凡的业绩。

潜心教学改革创新，谱写精彩职教人生

谢老师系省人大代表、省特级教师、省功勋教师，在执教的这些年中，始终怀着赤诚之心，坚守教学一线，真情倾注人才培养，在平凡平淡中书写着一位教师教书育人的精彩人生。他的先进事迹所体现的忠于事业、竭诚奉献、锐意创新、诲人不倦的高尚精神，为教育工作者切实履行教书育人的崇高使命提供了深刻的启示。谢老师认为只有始终潜心于教学的改革和创新，教书育人才能具有生机活力。那么，怎么创新，又从哪几方面创新呢？大家知道，职校生大多底子薄，从小没有养成良好的生活和学习习惯，难教、难管、被社会认为没出息，许多家长把孩子送来职业学校都是无奈的选择。

谢老师的第一个创新举措，就是带领全校老师破解"难教"这个难题。他根据自己从事职教教学十几年的经验，反复思考，确定了从改革教学内容、改革教学方法和改革评价模式入手的教学改革方向。2002年，他主持完成了市重点课题《职业学校学分制分层教学管理模式》，从行动中开展研究，并以研究来指导教学改革。他亲自倡导并带头尝试"先动手后理论，在做中学理论"的教学方法、带头尝试案例教学方法、

推行实训课复式教学方法等。2005 年他在某中职校（以下称 A 学校）首先尝试理实一体小班化教学，2006 年开始试行引企入校、工学交替、半工半读等多种人才培养模式，2009 年开始尝试产学研一体化人才培养模式。这样，从 2002 年开始至今，他一直走在全省中职教育的前列，带领全校老师努力探索新的教学方法和新的人才培养模式，找到了一条适应职校生实际的教学方法和人才培养方法，使 A 学校的毕业生质量不断上升，受到企业的追捧，也为全市、全省职校教学改革提供了许多创新的经验。2005 年，市教育局职成教处在 A 学校召开学分制现场推广会，省内外 30 多所中职校来 A 学校学习。2011 年，市校企合作现场会在 A 学校召开。谢老师在某大学职教院连续三年作学分制报告会。产学研联合体人才培养模式成为 Z 省现代化工程之一。

谢老师的第二个创新举措，是要克服职校生"难管"这个困难。他担任过职校班主任 8 年，职校生大多是在鄙视、指责、批评中长大。传统的教育方法很难取得实际效果。因此，他设计并要求全校教职工尝试一种新的德育模式——试行中职生阳光德育系列行动。中职生阳光德育的核心理念是以爱育爱，以爱心唤醒爱心。为此，他亲自起草了班主任阳光德育、寝室导师阳光德育、招生导师阳光德育、全员管理阳光德育以及阳光教育系列。在时间、空间上不留管理死角，在教育方法上以肯定、鼓励、表扬为手段，在教育结果上强调一个"改"字。就这样，他们充分挖掘每一个职校生的闪光点，并放大闪光点、把盆景变成风景。现在，中职生阳光德育系列行动已经上升到理论成果，收集成书，并在实践中取得了较大成果。A 学校学生在校期间的违纪率逐年下降，打架的少了、抽烟的少了，社会满意度上升了。中职生阳光德育在全省职校德育工作经验交流会上做了专题报告，也成为该校一道亮丽的风景线。

谢老师的第三个创新举措，就是要让学生有出路，有出息，能够体面生活。经过多年创新后，他们的老师能教了，他们的老师也能管了，谢老师开始着眼于学生的未来。他觉得职校生不仅仅是有技能就行，职校生也不仅仅是一个打工仔，他们也能够过上体面生活，他们也可以成为技术能手、成为新技术创新的能手，他们也可以创业甚至创大业，他们也能够为社会提供就业岗位，也能够为社会创造财富。于是，他着手研究创新教育和创业教育。2005 年，他在某大学做高级访问学者期间，和该校老师一起编写《中职生创造力开发》教材，并让该校教务处开设了《中职生创造力开发》选修课，他和几位老师按照讲义试教。没有想到一发而不可收。《中职生创造力开发》这门课立即得到了学生和老师的喜欢，师生们在这门课中发现了不一样的天地。学生们对他说，学了这门课，脑子里一天到晚想着一个"变"字，看到什么东西都想改一改，变一变。2007 年，他又开始谋划创业教育，申报了省重点课题"职业学校创业教育研究与实践"，在学校开设了创业教育课程、自己和老师一起编写《中职生创业教育》教材。同时，在校内营造创业教育氛围，不挂名人头像挂毕业生创业典型；开设了创业教育一条街，让学生试水创业；每学期举办创业计划书大赛，邀请企业家来校作创业报告会。不出两年，A 学校的创新创业教育引起了省教科院的重视，并在全省推广。由此，省教育厅在全省范围，每年举办中职教创新创业大赛。理所当然，A 学校在省创新创业大赛中，连年取得优异成绩，成为全省创新创业教研大组理事长学校，成为职教界创新创业教育的典型。谢老师也被国内主流媒体誉为创业教育的操盘手。

创新，使谢老师的职教人生变得丰富多彩，让他在职教创新的道路上，收获了许多丰硕的科研成果，当然也收获了许多鲜花掌声和很高的荣誉。

第 6 章

对话职教名师

怎样成长为一名职教名师？这是很有意义也是很有挑战性的话题。

名师是教育教学领域中知名度高、学生喜欢、家长欢迎、同行爱戴的教师，是一种资源而且是稀缺资源，职教名师更是稀缺资源中的稀缺资源。当前职业教育在社会中的认可度低，屡屡出现"生难招、书难教、人难管"的尴尬境况，社会对职业学校的批评意见较大，这些情况是多种因素造成的结果。本书认为很重要的一点是职教名师的严重稀缺，这严重影响了职业学校对学生的吸引力，制约了学校品牌的树立。学校的发展需要职教名师的感染力，需要职教名师的学术氛围的熏陶。职教名师既是教师个人渴望得到认同，又是学校内涵发展的必需。

然而，职教名师的诞生非一日之功，需要长期的孵化与培养，要像足球训练从娃娃抓起一样抓名师的培养。职教名师要从青年教师抓起，青年教师是学校的新鲜血液，也是职业学校发展的重要保障，青年教师选择从事职业教育，自然会想要成为受人尊敬的名优教师。但是，青年教师由于经验不足，在教学中存在众多问题，也不知道成长的路径和方法。要想成为职教名师不仅需要教师的自动自发，激流勇进，还需要学校为青年教师的成长提供良好的外部环境，将二者有效地结合，才能促进青年教师的迅速进步与成长。

当前职业教育正经历政策红利期，我们要抓住机遇，着力培养教师的工匠精神，贯彻落实立德树人的目标，培养一大批职教名师，为职教正名，提升职业教育的吸引力。那有什么好的方法与途径来引领青年教师进阶为名师呢？本书认为名师引领青年教师是不错的途径。职教名师有着自己的土壤，在成长和发展中有独特的风格、路径，形成自己特有的教育理念、情怀、风范。职教名师一定是具备高超的教学技能和实践能力的教师，他们的经验、方法是在长期摸爬滚打的教学实践中提炼出来的，对于青年教师而言十分宝贵，对于青年教师成长大有裨益。职教名师是职教的灯塔，他们的先进教学理念、教育教学经验是一座座瑰宝和财富。能与职教名师为友，与大师对话和交流，可以更新我们的教育理念，影响我们的教育行为，滋养我们的语言，洗涤我们的心灵。为更好地发挥名师引领、示范和辐射作用，我们访谈了浙江省职业教育领域中具有代表性的几位职教正高级名师、特级教师和名校长，围绕"教师专业发展与名师成长"为主题，进行深度对话与交流，与大咖们一起探讨教师专业发展与名师成长路径。希望通过"对话名师"访谈活动，挖掘名师成功的经验与教训，从名师的素质养成、成长经历、人生感悟、示范辐射等全方位展示名师成长之路，从学校的角度探讨为教师专业化发展、为名师成长提供途径，从而提升青年教师的教育教学与管理水平，引领青年教师成长，促成更多职教名师队伍成长与壮大，发挥他们在职业教育中的示范、辐射作用，以点带面，引领和推进职业教育的改革与发展。

6.1　与名师对话成长经验

名师往往是全面发展和人格完善的人，在其自身专业成长过程中，会有先人一步的专业发展观念和意识，这是名师自我专业发展的强大的内在自驱力。名师寻求自我专业发展的途径过程中有许多共性的可借鉴的经验、方法，诸如如何开展学习与培训、怎样做教育研究和教学反思等。

6.1.1 在适当的时候，做出理性的选择，自觉地创造自身职业生命

名师往往会比普通教师更加清晰自我职业生涯发展规划，自身的努力程度也远远超越一般教师，名师都是在自觉地创造自身职业生命，自觉促成自身的专业成长。每位老师在专业成长过程中都会有其特殊的体会，浙江省特级教师、正高级教师戴老师认为，在自身的专业成长过程中，选择很重要，要在适当的时候，做出理性的选择，要处理好专业成长、行政工作和承担家庭责任三者之间的关系，她的专业成长经历值得我们思考。

在适当的时候做出理性的选择

2008年，戴老师被学校任命为德育处主任兼校团委书记，一个近5000人的大学校，两个重要的行政岗位一肩挑；2009年，中职语文教学大纲颁行，全国掀起学大纲热潮，有几位专家希望她成为骨干教师去承担重要任务；同时，她的孩子一年后将面临小升初，而她先生又经常出差，没法常态化陪伴与指导孩子，孩子成绩下滑，自信心缺失。领导的信任不能辜负，专业的成长不能懈怠，妈妈的义务必须履行，三重压力齐刷刷到来，她开始审慎思考，做出了抉择。在中层竞聘时，她选择了教科室，因为教科室可以用课题研究的思维为学校建言献策，为提升教师的专业素养而做出贡献。于她个人而言，教科室的工作可以拿到家里做，她深信父母努力学习、积极进取的状态能春风化雨般地影响孩子。果不其然，2014年，孩子保送升入当地最好的高中，而她的努力也结出了硕果，被评为浙江省特级教师。

2014年她又一次面临选择，学校中层开始轮岗，她选择了让很多人不能理解的岗位——实训中心主任。她认为，中职教育作为一种特殊类型教育，中职语文也应该呈现高中语文不一样的教学模式与教学方法。教育部中职语文课标明确要求，"在深化产教融合、校企合作

的背景下，教师要创设与行业、专业相近的教学情境，探索中职语文教育与专业实践相融合的教学新模式"，作为课标研制组成员之一，她深知实训中心主任的岗位，能助力她走近并较为深入了解各个专业，助力她从中职语文人走向中职教育人，如今，她所带领的"中职教师跨界融合发展共同体"能走出浙江，走向全国，3 年半实训中心主任经历功不可没。

6.1.2　把个人融入专业建设中，成就专业的同时也成就了自己

教师专业发展是教师个人的需要，更是学校发展的需要，没有教师的专业发展也就谈不上学校的发展。什么是一流的学校？那就是要有一流的教师队伍并且他们愿意为学校的发展做出努力。教师高度的责任感和事业心，是以教师的专业发展为条件和基础的。在谈到用怎样的措施和行动，来实现个人发展规划，并最终实现个人和学校发展的双赢时，浙江省教授级中学高级教师、正高级教师、浙江省中学特级教师娄老师认为，培养出符合当地社会经济建设需要的优秀技术工人，是作为职业学校的教师责任所在，要实现教师个人与学校的双赢，把个人融入专业建设中是最佳机会，成就专业的同时也成就了自己。教学质量的提高需要教师自身教学能力的不断提高，需要教师自觉投入专业建设，进行创造性的工作。

成就专业的同时也成就了自己

1996 年开始，娄老师所在学校机械专业只招生一个班级，他被调整到计算机专业任课。5 年后学校根据当年形势开设了数控技术应用专业，同时采购了一批数控设备，安排了相关人员去培训，学校要求有人来牵头做数控专业的教改实训小组，多次发动没有人站出来时，娄老师主动站出来承担这个组长工作。娄老师之所以主动承担这个工作主要基于以下两点理由。其一，他在任教计算机专业的同时也在学习机械类相关先

进软件，当时他的 CAD 技术在职业学校老师中是最好的；其二，他对专业的认识比较到位，他认为机械类专业转型时机已到，事实上也是他个人作为中职专业教师转型时机已到，这是他把个人融入专业建设的最佳机会。

结合数控专业建设，娄老师提出了实训教学改革，提出加大实训基地建设并组织实施了校企合作项目，学校与近十余家公司进行了来料加工、"订单式"学生培养合作、教师下企业工作和建立校企合作委员会等多种产学合作方式的实践，推进了数控人才培养模式研究工作，学校因此成为首批省级先进制造业人才培养培训示范基地。在成就专业的同时娄老师也成就了自己，又是一个 5 年后，他顺利地被评为浙江省特级教师。

6.1.3 专家和同伴是名师成长中重要的"贵人"，对名师职业生涯轨迹影响深远

每个人在自己的成长过程中，总会有一些事情、一些人能在极短的时间内撼动我们的灵魂，恩赐于我们不可思议的成长。他们不一定是大人物，但确确实实曾经激荡着我们的心灵。他们是我们眼中的贵人，或是某个契机，或是机缘巧合，在一段时间内改变了我们的思想和前途。

专家的指导深远地影响着名师职业生涯轨迹

戴老师在名师的成长过程中，特别要感谢的是倪文锦教授 15 年来对她的指导与鼓励，也特别感谢高等教育出版社给予她很多机会和平台。2004 年 11 月，戴老师很荣幸地参加了全国首届创新杯说课大赛，并获一等奖第一名。那之后，戴老师幸运地加入了高教社编委行列。从一开始的编写练习册，到后来做配套资源，再接着开始做教材和 MOOC 课程，最后成为中职语文国家规划教材的主要编委。在倪教授等专家的

帮助和指导下，戴老师一直在提升专业素养，提高业务能力，最终作为一线教师代表成为了教育部中职语文课程标准研制组成员。在课标组这样一个最顶尖的团队里，戴老师的成长进入了"快车道"，2019 年，她有幸成为教育部职教所中职语文课标培训的四位专家之一，赴全国各地进行课标宣讲。同年，在完成课标研制后，在教育部职教所专家的指导下，课标组开始集体编写课标解读用书，由高等教育出版社出版，配合课标同步发行。承蒙倪文锦教授等课标组专家的信任，她带领团队开展专题教学设计与实施的实践研究，形成了近30个专题教学案例并落地到课堂教学，与团队15位老师合作撰写的6个专题教学设计被选入课标解读用书，相关论文在各大刊物发表。追根溯源，戴老师和她的团队正是在倪文锦教授等专家的历练和培养下，成长为一个研究专题教学的领先团队。

娄老师认为，优秀中职专业骨干教师的成长至少需要两次成长过程：第一次主要集中在入职到高级（中级）教师评聘时间段，约 10 年时间。第二次成长主要是从相对优秀成长为卓越教师的过程，此段时间需要 10～20 年。现有教师培训方式和途径对教师第一次专业成长是有效的，但对第二次专业成长则效果不大。一位教师要走向成功，仅有第一次成长是不够的，起决定性作用的是第二次成长；当前教师成长遇到的瓶颈，不是第一次专业成长，而是第二次专业成长。

寻求专家指导和同伴互助，实现专业的两次成长

娄老师 1987 年入职，2002 年评上高级教师，在这段时间给他帮助最大的人是当初市职成教教育室的杨老师，认识他是通过参加市教研活动。当时参加市教研活动机会很少，但娄老师有一个良好的习惯，只要是他参加活动就要争取发言，每次发言又是准备充分，这给杨老师留下深刻的印象。娄老师第一次参加省级教研活动时，省职成教教研室提出要编写省级教材，问有谁愿意牵头做这个事，杨老师也是参会者，娄老

师及时与比自己资深的杨老师联系商量是否可以做这个事，杨老师给予了支持，这直接影响了娄老师后期从教生涯。在后来的会议中，杨老师主动提出由娄老师来负责《金属材料与热处理》这本教材。当时参会的很多人不认识娄老师，对他是否可以承担这个任务表示怀疑，杨老师在会上提出由他帮助娄老师一起编写，这样才得到大家的认同，这也是娄老师第一本书，花了两年时间编写，于2000年正式出版。

2001年开始做教改实验期间，一位毕业后回到学校当机械专业老师的小杨老师，也曾是娄老师的学生，给予了娄老师很大帮助。记得浙江省第一次举行数控专业学生技能竞赛是在2004年，指导教师就是他与小杨老师二人。当初设备少，训练学生多，为了能让学生有充分的训练时间，他们安排学生轮训，设备不停，但需要教师指导，每天近20小时的训练就是他们二人轮换指导学生，住在车间。经过近2个月训练，学生获得了首届数控专业技能比赛全省团队第一名。这个过程让娄老师对团队组成产生很多的想法，也就是从这个项目完成后，娄老师着力于团队建设，2005年建立了名师工作室。

6.1.4 在迈向特级教师、正高的过程中一定是"学高为师""身正为范"

一名优秀的教师必须站在职业教育理论的最前沿，具备深厚专业背景知识，具备扎实的知识技能，拥有独特的教育思想，掌握灵活的教育方法，具备丰富的人生智慧和良好的沟通能力等基本特征。在成为名师的过程中自身必备的条件是什么？在迈向特级教师、正高的过程中最需要具备哪些素质？访谈中有老师认为，成为名师应该具备的必要条件如下：第一，要有崇高的理想信念与优秀的思想品德，具备良好的职业道德与行为规范，能言传身教。第二，要掌握教育科学理论，具备过硬的专业素养和较强的教育科学研究能力，不断学习，努力奋进。第三，要有前瞻性的思考和统筹能力，能时时反思自己的行为并不断改进。第四，要有良好的心理素质和身体素质，拥有积极乐观的心态和随机应变的能力。第五，要有很强的人格魅力，具备良好组织管理与沟通协调能力。

在特级教师与正高的成长之路上，不是刻意功利性地去追求，而是要本着真正的热爱，自觉地投入。不仅仅是正高与特级，所有教师的成长，学习＋思考＋行动＋记录＋反思＋提炼＋好心态＋持久力，八项素养缺一不可。在汲取他人精华的同时，要把自己处于思考的"多震地带"，既抬头看天，又脚踏实地，既考虑宏观的教育，也要反思自己的教学实践，因为基于自己的教学实践开展的研究更容易出成果。名师会在思考后立即行动，并及时记录课堂上、德育管理中、行政岗位上的问题，思考破解难题的策略，经过一段时间的积淀，最终提炼成一个个教学成果、一篇篇论文和一项项课题，慢慢地就会形成自己的教学主张，有自己的课堂教学模式与教学方法，之后就水到渠成了。

教师的工作是脑力劳动与体力劳力相结合的专业技术性质工作，如果一直抱怨，就会身心俱疲，找不到职业的成就感，而名师会以"方法总比困难多"的阳光心态，用探究的方式去工作，好心态再加上持久力，慢慢地就会品尝到"累并快乐着"的幸福感。"教育恒久远，创新每一天"，名师成长需要心智支撑，既要有攀登高峰的勇气，也要有完善自我的明智，最终达到"你若盛开，清风自来"的境界。

6.1.5　职业学校学生管理需要大智慧，教育需要设计、教育需要迂回、教育需要无痕

学生管理是职业学校教师最中心和最常规的工作，也是从事职教的教师们特别是奋战在一线的职教同仁们最头疼的难题，职业学校学生管理需要大智慧。职教名师必定是一个出色的学生管理者，是学生学习的引路人，是学生学习的榜样，是学生成长的灵魂导师。对职业学校来说，学生管理是基础，教育教学是目的。只有在管中教，在教中管，管教结合，寓教于管，以管促教，以教促管，把教育教学和学生管理有机结合起来，才能取得良好的效果，这样的管理才是好管理！浙江省第二届黄炎培职业教育奖"杰出贡献

奖"获得者、浙派名校长贺老师认为，"教育需要智慧，教育需要设计，教育需要迂回，教育需要无痕。"

职业学校学生管理需要智慧与艺术

贺老师对于学校德育工作的组织架构、德育活动的体系建构、校园文化活动的整体设计、社会实践活动的空间打造、学生不良行为习惯的预防矫正，是具有一定的"独到之处"的。这种"独到之处"自然与他的理论学习、理性思考有关，但其实践之根，更多地源自班主任工作的经验积累。大概在 2009 年的那段时期，学生在校园周边吸烟现象时有发生。为此，学校采取校园及周边的巡视，阻止吸烟现象的发生；严明纪律、校纪处分，发挥校纪的威慑作用。这些措施无疑产生了一定的效果。刚性的方法可以治标，能否用柔性的方法治本呢？

于是，贺老师策划了一场"我为学校控烟献良策"征文比赛，让吸烟的学生也参加征文比赛。在角色定位上，使学生从"接受批评者"变成"献计献策者"；在接受教育的形式上，从"由外向内式"变成"由内向外式"。方法上的"温柔"，可以消除学生的反抗心理；人格上的尊重，可以增添学生的自爱；形式上的"新颖"，可以激发学生的兴趣。他与德育线的同志们"假戏真做"了这一场"我为控烟献良策"的征文比赛。

为了让竞赛过程"无痕"，学校还特别邀请学生作文教学"专家级教师"朱老师举办了一次征文写作的专题讲座。"第一部分，通过调研，了解和撰写职业学校学生吸烟的现状；第二部分，通过阅读书籍或观看视频，分析吸烟对学生身心的危害；第三部分，通过交流，了解个别学生吸烟的原因并进行分析；第四部分，根据产生吸烟现象的原因，提出学校、社会、家长对学生进行控烟应该采取的举措；……"随后，学校学生处专门召集参加征文竞赛的学生，进行征文竞赛的规则解读，还专门组织参赛学生观看吸烟危害健康的视频，参赛选手则需要在赛前做采访、交流等工作。

为了让竞赛结果"无痕"，学校学生处特别关照参加批阅、评分的语文老师，对因吸烟而"记录在案"的学生要"另眼相待"，不管怎样，要给予一个"奖"。对于获奖学生学校专门准备了获奖荣誉证书和奖品，还正儿八经地举行了征文竞赛的颁奖仪式……

"假戏真做"，一切都在"无痕"中悄然进行，在这悄然中学生反思着自我、教育着自我，而自我的教育是最有效的。一届又一届学生、一次又一次"无痕"的教育，学生的吸烟情况在他所在的职业学校也悄然减少，至今已经几乎消失。

教育需要智慧，教育需要设计，教育需要迂回，教育需要无痕。我们践行"真"的学生培养目标观、"善"的教育质量评价观、"美"的教育环境生态观。也许这样的教育更能使学生在不知不觉中接纳，这样的教育更能减少学生内心的伤害，这样的教育更能产生持续的效果。

6.1.6　做职业教育教师需要坚守与执着，在不断实践与创新中前进

真正的职业教育亦可谓是纯手工打造的，很难看到直接的"分数"效果，需要教师敢于担当、从严打磨，耐心地等待、默默地坚守。职教名师的成长过程依赖于漫长的职业生涯中的渐进累积。教师需要像手艺人一样地浸淫艺中，心无旁骛，在激情飞扬和挥汗如雨中享受职业教育自身带来的酸甜苦辣，需要有这份耐心慢慢地陪伴，静静地等待，悄悄地聆听，不浮躁、不偏激、不孤傲，需要"推石上山，变不可能为可能"的坚守与执着，给自己定目标，大胆地想、闯、试，抓住机遇、克服困难、百折不挠地奋力前进。

坚守园林技术专业三十载，成就一名学者型职教名师

生命由一段又一段的旅程衔接而成，在每段旅程中，都能发现不一样的风景。从中专到大专、到本科、到硕士，从风华正茂的青年教师到老成持重的杏坛权威，浙江省第二届黄炎培职业教育奖之杰出教师奖获

得者、风景园林高级工程师、省中职名师及名师工作室导师傅老师，坚守园林技术专业 30 多年，他是如何成长为一名学者型教师的呢？

1983 年 8 月，还是初中毕业生的小傅同学收到了一所农业学校的录取通知书，成为一名中专生。转眼到了第二年，学校刘老师主持的一项农学专业花卉专门化的教学改革项目改变了他的后半生，使他一个无名小卒有了成才的机会，从普通生变成了当时学校中少数的几个优秀毕业生之一，并在学校领导和班主任的推荐下留校任职，成为一名学校园林实践基地的小老师。当时的基地比较大，地里的农活比较多，所以需要早出晚归干农活：除草施肥，整枝修剪……在基地、在课堂、在社团到处都有他与学生一起劳动的身影……校园的绿化好起来了，基地的鲜花多起来了，学生的文化与活动灵起来了。

傅老师花了 14 年实现了知识和能力上的一定程度的跨越。他的学历水平从中专提升为大专、本科，职业岗位从技术员、实验员提升为讲师、高级讲师，行政职务从普通教师提升为政工处副主任、政工党支部书记、教研组长。

进入 21 世纪后，傅老师开启了一段不平常的历程。一个因期末考试违纪被学校留级处理的学生，被介绍到学校苗木基地学习。傅老师不仅没有嫌弃这位学生，而且与该生同吃同住同劳动一年，帮助该生走上了园艺的道路。学生毕业后直接来找他合资创办园艺场。于是傅老师和这位学生开沟挖土、垒筑围栏、构建大棚、盆景盆花……开始创业之路。两年后有了初步成效。然而，天有不测风云，那一年，苗木被严重偷盗，傅老师家中夫人又重病在身，学校工作与私人事务矛盾重重。一个个打击接踵而来，那个学生因为搞园艺太苦太单调，走了，第一次创业最终以亏本转让告终。在这个身兼双职的过程中，他认识到了创业的艰难，认识到了专业教师的社会实践的重要性，认识到了身兼数职的不容易。所以，他决心在理论与实践中进一步提升自己，他考取了南京农业大学园艺系在职研究生，主研无土栽培。在读研期间着手撰写研究论文，慢慢地从一个单一的教书匠向懂得初步研究教育的好教师的道路上迈进了一小步。

2009 年学校合并，新学校的园林专业在城里没有基地，又缺乏资金，只好在操场边角搞了一个实训场，也没人管事，怎么办？当时他是教研组组长，所以，白天他自己管，节假日和晚上招一些有意愿的园林专业班的学生进行管理，并根据当时学校搞社团的形式创办第一个企业化学生社团的股份公司，每一个参加社团的师生都自愿出钱出力组成公司，并争取以基地为场地，让学生自己种花自己销售，并走出校门进社区学雷锋进行社团活动与义务志愿，这样就大大锻炼了师生的实践动手能力和沟通交际能力，社团的活动在当年还实现了5000多元的业务收入，涌现出了县十佳好少年、市大中专十佳社团等。由此，傅老师的校企合作能力、教育教学能力、专业科研能力也得到了进一步的提升。他既参与过小微型园林工程的设计、施工、预算与监理工作，又担任过多达5000多万元的大型园林工程的项目经理；既有校级的课题研究也有省级的课题项目。在科研论文、科研项目、工程项目、创新发明、教材主编、校本教材开发、农民实用技术培训、香榧盆景研发等项目上进行了全方位的提升，成为了县花卉园艺技能大师，并获得各类奖项，还成立了名师工作室，完成各项工程20多项，培训农民工1000多人次。可谓是收获良多。在这十年的工作实践中，他发现自己又成为了一名学生，因为要学的东西实在是太多了，如果一个人光是依赖大学学习的一点知识来教现在的中职生是彻底不合格的。

教育需要有创意的思想与行动，傅老师为之努力，也将在不断实践、创新中前进。职业教育必须走校企合作之路，保持良好的校企合作关系能为专业建设、专业成长发挥更大作用。

6.1.7 扎根专业，在专业起步中积蓄能量，在专业发展中努力蝶变

在这个相对浮躁和功利的社会中，教育是良心的事业，教师职业的特殊性注定了教师需要淡泊名利、扎根专业。教师只有守住这份平淡与宁静，不

驰于空想，不骛于虚名，教师的成长才能变成有水之源、有本之木，根扎得越深，就越能枝繁叶茂，越走越坚定，越走越宽敞。扎根专业，教师首先要做先知先觉、锲而不舍、不断前行的学习者；扎根专业，教师要视科研为自觉行为，做课改工作的引领者；扎根专业，教师要创新团队力量，提升专业建设的核心竞争力，真正成为专业建设领跑者，引领专业建设跨越更高的山峰。

专业起步中积蓄能量，在专业发展中蝶变，在专业提升中自由飞舞

"花的事业是尊贵的，果实的事业是甜美的，让我们做叶的事业吧，因为叶的事业是平凡而谦逊的。"这是张老师的工作笔记本上的一句名言。职业的特殊性注定了教师需要淡泊名利、扎根专业，只有守住这份平淡与宁静，不驰于空想，不骛于虚名，根扎得越深，就越能枝繁叶茂。浙江省中职名师、数控技术应用品牌专业负责人张老师所在学校的数控专业从开始的蹒跚起步发展到现在的浙江省示范专业、品牌专业，张老师是开拓者，是引领者，而他本人，也在专业发展中实现了从一个乡下转专业加入的"小楞青"到省级名师的蝶变。那么，他是如何在专业发展中"蝶变"的呢？张老师的秘诀在于在专业起步中积蓄能量，在专业发展中努力蝶变，在专业提升中自由飞舞。

在专业起步中积蓄能量。时间推移到2004年，浙江技术师专毕业的张老师从乡下调到现在的中职学校，从初中的教数学、物理、体育等课程到职业学校的数控专业，他是畏惧的，也是迷茫的。而那时的学校数控技术应用专业也刚在起步阶段，仅有45个钳工工位和包括他在内的4名专业教师。"我要和专业一起发展。"他给自己定了个目标。专业知识和专业技能都从"零"开始，努力成为一名合格专业教师是他刚到学校的最大目标。为使自己快速成长，他不放过任何一次提升自己的机会，钻研专业，和学生一起技能训练，一起参加技能考证竞赛；参加每一次的教学评比和培训。不到1年时间，他练就了专业技能和教育教学

的过硬本领，获得了市优质课评比一等奖、教学设计一等奖，以及教坛新秀的称号，也顺理成章地当上了教研组长、专业负责人。

有了一定的话语权后，他开始思考专业建设问题。那时候，专业教师常常是"黑板上开机器"，为改变这种状况，他以"项目导向"推动专业建设，首先从实训室建设开始，通过争取"六项行动计划"项目资金改变落后的实训条件。在他的推动下，学校建成了数控实训中心、数控仿真实训中心、金工实训中心等。专业也成为省示范专业、省骨干专业，基地成为省示范性实训基地。专业发展了，他变得更忙了，可他乐此不疲，进一步着手专业由机械向数控技术应用专业转型，数控专业由2个班扩充到5个班，数控技术应用专业成为学校重点建设专业。而他也顺利地评上了县学科带头人、市优秀教师等，并获得数控车工技师称号。扎根专业，一个人的成长才能变成有水之源、有本之木，才能在发展中越走越坚定，越走越宽敞。

在专业发展中努力蝶变。当时间的指针指向2011年的时候，此时的他成为了数控专业负责人及机电学部主任。完成了数控专业基地建设、专业发展的"量的扩展"之后，他又开始思索专业"质的提升"。实训、课程和师资是专业建设的"三要素"，在完成实训基地建设的基础上，他将目标瞄准课程改革。带领团队推动专业选择性课改，深入产业调研，构建专业选择性课改体系，制定专业人才培养方案，推行理实一体教学模式，推进项目教学法，推动专业设置与产业对接的汽车零部件加工专业方向，实行校企共同培养，着力构建专业教学评价体系。对于这一阶段的专业发展，他更为注重"研究导向"，着眼于人的培养，从培养模式、教学模式、教学方法、教学评价等方面的研究推动专业课程改革，实现专业发展"质"的飞跃。

推动专业大胆改革创新发展的实践，也为他积累了教育教学研究的实践基础和重要素材。做有心人，总结提炼，潜心科研，也更清晰了专业建设的思路。他的多篇论文和多个课题获得市级一等奖。他被选为市级机械教研大组组长，成为市级机械专业学科带头人，在努力中悄然发生着蝶变。

教育教学改革是一个专业内涵提升的根本，而从事教育教学改革实践和研究更是一个名师成长的必由之路。

在专业提升中自由飞舞。2017年对专业和他本人来说都是不平凡的一年，在浙江省首批"三名工程"立项建设项目中，学校的数控技术应用品牌专业和"名师工作室"榜上有名。这是机遇，但更是压力和责任。"品牌专业"的"品"和"名师"的"名"如何更好地展现？这是摆在他面前的又一个大问题。

为打造品牌专业的"品"，他将专业的发展聚焦在专业的团队建设上，依托品牌专业名师工作室项目建设，提出了师资团队教育教学能力、技能竞赛与辅导能力、科研创新能力及社会服务能力"四大能力"，实行省、市、校三级名优教师的梯队帮扶，鼓励教师校企双栖共育，带领团队参加省"三名工程"数控协评会的精品课程资源建设和工业机器人教材建设，通过工作室联合培养与协助交流，搭建多种平台促进教师专业成长。作为名师，他愿意做年轻教师成长的阶梯，以带出比自己更优秀的徒弟为荣，为年轻教师制定个性化成长规划。他担任着校内骨干教师研修班的班主任，经常深入课堂悉心指导，努力将一个个岗位新手培养成教学骨干。他自己也努力尝试着组织形式、教学模式、教学方法的改进，打造工作室教学科研的特色和亮点，构建基于学生核心素养导向的精准教学模式，努力形成自己的教学风格，自由飞舞。

在教育的土壤上努力地生长，长成一棵大树的样子，才能唤起一片森林的勃勃生机。"师者，教不止而学亦不止；匠者，治已精而益求其精。"成为名师的张老师，以此为座右铭，一直在路上上下求索。

6.2　与名师对话成长机制

"山不在高，有仙则灵"，名优教师对学校品牌建设的作用是毋庸置疑的。学校诞生一名"名师"，意味着一名教师成为品牌，更意味着学校人才资源的综合实力。名师不仅能引领学校教师成长与进步，从而推动学校的发展，更是成为学校招牌，学校因此而成为名校。如帕巴雷什中学与苏霍姆林斯基，武侯中学与李镇西，这就是"名师效应"。为教师个人成长创造机会是学校专业发展计划的核心，目的是为教师提供尽可能多的机会，促进教师不断提高教学技能和教学水平。

6.2.1　利用"名师带徒"平台，充分发挥校长在教师专业发展的引领作用

校长是学校团队的管理者及领导核心，是学校教师学习的引领者。校长在引导教师专业成长的过程中，最根本的还是需要重视促进教师精神层面的成长，从而使不断学习不断超越成为教师的自觉行为。浙江省首批教授级中学正高级教师应校长认为学校要充分利用"名师带徒"这一平台，通过活动发现有潜力的教师，主动培养，主动帮带。"名师带徒"是一种实现名师对教师引领的比较合适的途径，通过这个平台可以成就一批优秀的教师，打造一个优秀教师群。

主动培养、主动帮带，形成优秀教师群

应校长在"名师带徒"实践中，考虑的是通过多种活动、多种途径来实现对教师的培养，课改就是一个很好的培养契机。在围绕省课改项目实践中，应校长引领着教师们共同制订教学计划，一起建立教学档案，一起探讨改革的得失成败，使这些教师通过课程改革，发现自己的教学特点，进行教学反思，形成自己特定的教学风格。通过多年的"名师带徒"活动，应老师培养了一批骨干教师，这些教师也获了很多奖，有些还成为了教学科研上的骨干。

师徒传承也表现在他们实践上的师徒相授。为了泥金彩的传承，他们成立了"泥金彩漆课改工作领导小组"，对这项民间传统工艺进行仔

细调查、深入研究。在"传统手工作坊式师傅带徒弟"基础上，学校首开"传统师徒相授融入学历教育"之先河，还与当地企业、文化馆等企事业单位、行业协会合作订单培养人才。现在，泥金彩传承人培养进入了正规中职教育与传统师徒相授教育相结合的新阶段。他认为：职业融入学业，学业凸显职业；艺术融入技术，技艺凸显艺术，才能弥补现行美术教材的不足，才能有力保护地方性文化艺术遗产。

6.2.2 优化名师培养制度设计，充分发挥学校的基础性环境支撑和保障作用

名师的成长除了自身的努力外，离不开学校的环境支撑，其工匠精神的培育更离不开学校制度文化的熏陶。在促成名师成长机制方面，管理学博士、正高级讲师王校长认为新时代职业教育是培育工匠精神的摇篮，因而工匠精神是新时代职教名师必备的素养，职业学校教师成长为名师，需要持续培育工匠精神，并将工匠精神转化为助其走向新的辉煌的强大动力。

实施"三格三入工程"培育工匠之师

王校长把"名优教师"队伍建设的重点聚焦于以弘扬工匠精神为核心，以学校特级教师沈老师提出的"三格三入工程"为载体，分层、分类培养。即根据教师学历、资历、业务能力，按"入格""升格""风格"三个层次展开，并通过"进入学府深造""深入企业实践""返入学校研修"的"三入"途径，给教师的成长提供阶梯式成长平台，满足他们专业成长需求，将工匠精神内化于心、外化于行。近年来，王校长所领导的学校获评省特级教师、省"百千万"高技能领军人才、优秀技能人才、省技术能手、省级专业（学科）带头人、市教育领军人才、市杰出人才、省级及以上教学名师等荣誉共50多人。

为培育和传承工匠精神，学校以"三名工程"建设为契机，通过组

织保障、制度保障和经费保障，创新激励和约束机制，分专业制定了"教师素质提升行动计划"。产教融合、校企合作是工匠精神与职教名师培育的关键环节。他们坚持做有深度的产教融合，吸引行业企业能工巧匠、工程师担任产业导师，甚至直接引进为正式教师。在制度设计上，开展新型现代学徒制试点，推行名师带徒制度，创建"技能大师工作室"。在培育模式上，引进行业企业参与人才培养全过程，校企协同建立专业建设方案、人才培养标准，将工匠精神培育细化到校企合作各环节。选择专业对口的行业企业做培训基地，聘请国内外知名职教专家、技能大师、能工巧匠言传身教，将工匠精神融入教师教育教学全过程，并以严格的绩效评价，真的做，做真的，让有为者有位，让干事创业者有味，从而使"三格"培养机制和"三入"培养途径得到切实实现。具体来说：

对三年内新教师进行"入格"培养。在教育教学与研究、进修、下企业诸方面提出要求并创造条件、落实措施。主要途径是通过新、老教师"结对子"，以"传、帮、带"方式促进新教师快速提升业务能力；组织新教师参加各级各类教师教学能力提升培训班、"认知性实习"、针对性强的企业实习，探究工匠精神如何与专业课程、企业实际相结合。

对35周岁上下的教师进行"升格"培养。通过"进入学府深造、深入企业实践、返入学校研修"等培养路径，以"立足自身培养、引进提升层次、充实优化结构"为原则，依托某职业教育平台，深入开展了"一名教师联系一个骨干企业，一名教师结对一名企业技师，一门学科跟踪一项技改课题，一个专业群共建一个产品研发中心"的"四个一"实战能力提升工程，促进校企深度融合，将工匠精神有效渗透教育教学的全过程。

对骨干教师进行"风格"培养，即实施名师培养工程，实施名师动态管理，为教师成长提供引领。为骨干教师升级到市属级（县级）学科带头人、市级学科带头人、市级名师和省级学科带头人积极创设条件；为骨干教师走近现实工匠大师，加强与他们的沟通联系，也为其了解产业行业需求、潜移默化接受大师感染、促进自我进步提供契机。同时要求通过课题研究、学术研讨、理论学习、名师论坛、现场指导等形式发挥传帮带作用，凝聚、引领其他教师成长，唤起优秀教师的集体发展自觉，实现教学、科研、培训一体化成长。

6.2.3 建设"双师型"教师队伍，加快推进职业教育现代化和高质量发展

培养"大国工匠"需要"工匠之师"，"双师型教师"队伍建设对于科教兴国战略、人才强国战略有着重大的意义，大力加强"双师型"教师队伍建设，既是职教师资队伍建设的特色和重点，也是社会和教育界的共同呼声。教育部2019年的《深化新时代职业教育"双师型"教师队伍建设改革实施方案》开篇强调了教师队伍是发展职业教育的第一资源，是支撑新时代国家职业教育改革的关键力量。建设高素质"双师型"教师队伍是加快推进职业教育现代化的基础性工作。实施职业院校教师素质提高计划，分级打造师德高尚、技艺精湛、育人水平高超的教学名师、专业带头人、青年骨干教师等高层次人才队伍。绍兴市人民政府督学邵老师在双师型队伍建设与名师培养的方面有很多成果经验值得借鉴。

构建"一链多径"教师发展系统，实现教师"双师"素质提升

名师是学校的财富，邵老师在某中职学校担任校长期间始终坚持"教师是学校发展的第一财富"的人才观，学校以省中职名校建设为契机，紧紧围绕学校发展，以"德才兼备、师德为先"为要求，从制度、评价、系统培养入手，打造名优教师队伍。学校出台了多项教师激励性制度、教师教学诊改制度，构建以章程为引领的制度体系，共整理校本教材申报标准、选修课开设清单、现代学徒制实施流程等制度清单137

份。坚持"双师"教师优先原则，重点向以下教师倾斜：专业发展、实训指导等教学基本建设需要的人才；中青年骨干教师和专业带头人培养对象；积极参与教学改革以及在教学、科研方面有突出业绩的教师。

学校以教师的职业成长发展规律为基础，搭建教师自我认同的阶梯，构建了分系列、分维度、分层次、分等级的教师发展性评价体系，引导教师自选发展目标，实现自我认同，进而达到"人人都有进步，人人都能出彩"的效果。

学校积极构建教师"一链多径"纵横发展系统，通过系统培养，筑好教师成长的梯队。"一链"指"链式"培养，即深化"青年教师→骨干教师→名优教师"的培养链，促进教师队伍的纵向发展；"多径"指多路径，即通过拓宽青年、骨干、名师三个层次教师的横向发展路径，提升整体素质。主要的方法有：

以"立人讲坛"为载体，深化实施青蓝工程，建好青年"双师"教师第一链，构建以问题为导向的研修机制，形成业务测试长效机制，开展风采展示活动，为青年教师提供了一个展现专业能力、体现个性风采的平台，逐步使青年教师站稳讲台、立稳车间、掌稳班级，实现向骨干"双师"教师的转变。

以"定制服务"为途径，加强实践能力培养，架好骨干"双师"教师第二链。一是积极探索学校、企业、高校协同培养教师的新路径，组织校本主题研修，以骨干教师为主体，以课例研究为抓手，以"优化课堂"为目标培养骨干教师的课堂教学与研究能力；通过协作学徒制，提升骨干教师的实践操作能力；依托校企合作平台，鼓励专业教师开展企业实践，为企业提供技术服务，进行职工培训等，提高教师的社会服务能力，从而引领骨干教师向"双师型"名师转变。

以"团队建设"为抓手，深化卓越教师行动，接好"双师型"名师队伍第三链。为教师搭建能够发挥潜能、实现价值的最佳舞台，根据教师在教学、德育、技能、创新、创业等方面的优势特长，遴选一批教学名师、德育名师、技能大师和创新创业大师，牵头开展名师工作室建设。通过个性化定制工作室的建设内容，在提升名师个人能力的同时，带动工作室教师"双师"素质的共同提升。建设特色工作室,通过特色教师团队建设,将志同道合的教师汇聚在一起,由名师领衔建立特色教师工作室,如:有技术研发兴趣的教师组建产学研工作室,有信息技术特长的教师建立"智慧+"信息技术工作室,在提升教师互助发展与创新意识的同时,激发教师的工作热情和才能发挥。迄今为止,学校已建立10多个名师工作室,涌现出全国优秀指导教师、全国技术能手、浙派名师等几十名优秀教师。

6.2.4 加强教育科研与实践相结合,以科研引领教师向名师迈进

在职业学校的教育教学中,教育科研是不可或缺的一部分,它可以引领教师向名师迈进。但是许多职业学校在为生存而奋斗、为生源而努力、为改善办学条件而忙碌,学校领导无暇顾及教育科研。职业学校的教育科研是学校各项工作中的弱势群体,职业学校的教育科研是各类学校教育科研中的薄弱环节。作为中职校长,贺老师对如何推动学校教育科研的发展,促进教师的教育科研感慨很多。

教科研引领教师向名师迈进

贺老师还是教科室主任时,他所在的学校被命名为市教育科研基地学校。一年后,教科所领导来校检查时,他们仅拿出未经分类、编辑、装订过的教师期末论文,作为备查的台账资料。复评组的人员都一个个皱起的眉头,表示不满。这就是当年职业学校教育科研的状态。

为了改变现状,他厚着脸皮、硬着头皮跟随复评组来到县实验小学,看看实验小学教师的读书摘记、活动记载、教育案例、论文汇编、课题申报方案、课题结题报告……一列列、一行行整齐地排列着,他感到惊讶、敬佩,他要向他们学习。他翻阅着他们的各类教育科研成果,

领悟教育科研书面成果的管理方法；他还列席、观摩实验小学教师课题研究讨论活动，感受他们开展课题研究活动的科研氛围。虽然，作为唯一的局外人，列席小学的科研活动，他还是有点无地自容。

为了推动学校的教育科研工作的进步，他模仿实验小学的做法，在学校进行推广。阅读后，他要求教师写读书卡片；听课后，要求教师写分析报告；班主任，被要求写班级管理案例……外生性制度的借用，如果没有内生性制度的配合，往往会表现出水土不服。实验小学教育科研管理制度强制"搬迁"到职业中学，教师会存在抵制心理。"进口"的教育科研管理制度勉勉强强地得到贯彻、执行，许多教师还是处于一种被动、应付。但其中也有小部分教师在学习、思考、探究、写作中，渐渐感觉到了教育科研的"味道"，收获了教育科研成果的奖励，他们成为了学校教育科研的骨干，这也为学校教育科研工作的"后来者居上"发挥了基础性作用。

教师是具有良好文化素养的人群，因此，教师组织更是一个"功利型＋规范型"的组织。物质激励是控制教师行为的"初始手段"，引发自觉是控制教师行为的"根本办法"，强制命令是控制教师行为的"最后防线"。对教师而言，奖励制度是调节教师行为的手段，是教师内心进取之火的"打火石"。教育科研是打开教师职业兴趣之门的钥匙，是解决教育疑难杂症的良药，是推进教育改革的先导。而激发教师教育科研的动机也要遵循马斯洛的需求层次理论，从物质激励起步，以获得尊重为中介，力求达到自我实现之境界。

引导教师走上教育研究之路是每一位校长的基本职责。担任校长后的贺老师调整了学校教育科研奖励制度，提高了教育科研成果的奖励标准、丰富了教育科研成果的奖励内容。从表面看，教师参与教育科研的热情提高了，但这是物质刺激下的功利性驱动。功利的驱动也诱发了教师在教育科研中"重成果、轻实践"，甚至有的教师还"弄虚作假"。为此，贺校长实施"论文答辩制"，既是帮助教师提高实践成果的概括和提炼能力，也是证实论文中揭示的规律是否源自教师的自我实践与探究，文本是否由教师亲笔撰写。通过十多年的努力，学校教师参与教育科研的人群不断扩大、教育科研与教育实践的相互结合不断密切、教育科研成果的质量不断提高。

6.2.5 开辟各种教师专业化发展舞台，在不知不觉中得到一些关键性成长

教育大计，教师为本，建设一支师德高尚、业务精湛、结构合理、充满活力的高素质专业化教师队伍，是教育改革、发展的根本大计和教育工作的永恒主题。教师的专业化成长是提高教育素质和教学效果的重要保证，教师的专业水平提高了，对教育、教学、科研工作都有很大的促进作用。教师的专业化发展是时代的需要，是社会发展的需要。怀揣理想，不断学习，勇于探究，我们终将可以成为名师，或者距离名师又近一步。教师的专业化发展，专业能力提升受到多方面因素的影响，如教师自身的因素、学校环境因素等。在学校层面上，如何引领名师的专业化发展，中职校长、浙江省中职语文教研大组理事会理事、浙江省中等职业教育改革发展示范校协作会副会长高老师有独特的见解。

破除思想壁障，未雨绸缪，常态推进教师专业化成长

高老师认为，教师专业化发展要破除思想壁障，以"陪伴式"带教和"浸没式"培训，使教师获得关键性成长。高老师引领教师专业化发展的做法是：常态推进、提供帮助、展示成果。任何发展，都是理念先行。校长就是要和教师一起不断转变观念，破除自己的思想壁障。首先是返璞归真的人才观。作家张炜在《看不见的文学》一文中曾说："从某种意义上讲，那种业余的文学，那种看不见的文学状态，才是最深沉的文学存在，有时候一个专业文学工作者倒有可能是离文学很远的。因为文学大多数时候并不表现为按部就班、有条不紊、分门别类，不是携带着各种方法的一种固定的软件程序，而是源于生命内部的深刻感动。真正的文学研

究者并不完全依赖一套现成的方法，而更多是将源于生命内部的感动和理解，将心想体悟作为工作的基础。"如果把原文中的"文学"全部替换成"教育"，道理还是成立的。

其次是科学的质量观。有名家认为讲课水平分四种：第一种是讲得不清楚，这是低层次的低水平；第二种是讲得太清楚，这只是低层次的高水平；第三种是讲课能有互动，是高层次的低水平；第四种是能通过讲课激发学生思维，让学生自愿在课外投入更多的时间与精力，这是高层次的高水平。不关注学生体悟和成长的教学，最终是失效的教学。

此外，还要有适度的危机感。有银行老总很早就说过：未来的竞争，不在银行业内，而在银行外，比如微信、余额宝。未来教育也是如此，在很大程度上，竞争不在教育内，而在教育外。数字化时代，改变了各行各业的业态，学校将是这场科技革命风暴席卷的最后一个角落。教师要认识到"技术"自身已经走出了辅助的角色，可能会在根本上改变教育结构。因此必须未雨绸缪。

高老师认为教师专业发展，具体到现实操作，应该包括：第一，教研、科研一体。首先做好本工作，然后更好地做好本职工作。第二，对教师提要求的前提是想清楚能提供的资源和便利。比如为推进"双师型"教师培养，学校大力聘请技术专家、能工巧匠进校园、上课表、进课堂，让老师先当一年助教，再完成学艺、独立任教，这种"陪伴式"的带教方式，让教师在不知不觉中得到一些关键性成长，十分有效，很受欢迎。再如境外合作课程教学，将所涉及的专业教师，按需求、有节奏地送到境外轮训，同时保持境外合作方按计划每学期有序来学校培训、辅导、听评课，这种"浸没式"培训，效果也十分突出，让教师在工作中不断实现新的价值。学校不间断搭建"舞台"，也开设不断把教师推向外面的赛台，通过分层次、有梯度的开课、赛课、交流，让越来越多的教师成为出色的主角。学校还持续通过课题研究和成果申报、特级教师评选等途径，让老师们不断跨越和提高。

6.3 对话名师的示范引领作用

一枝独秀不是春天，一棵树也成不了森林。作为教学名师，既是一种荣誉，更是一种责任。职教名师除了要充分发挥自己在本职工作中的重要作用外，更应该依托名师本身的优势，发挥对青年教师的辐射引领作用，以促进广大教师工作能力的提高，教学质量的提升。

6.3.1 工作室团队是发挥名师引领作用的有力武器

如何才能更好地发挥名师的作用？省特级教师、正高级教师娄老师认为：首先是带团队。名师要有自己的团队，要带着大家做项目，通过项目合作过程让大家了解做事方式，为人方式，因为在带团队中会碰到一些合作如何处理、人员职责如何分配、获得利益如何处理等事项，这些实际事项的处理能提高名师的影响力。其次是帮团队。团队参与人员的想法各异，哪些人需要帮助，哪些人又是混团队，负责人要清楚了解，对于那些团队中需要帮助的教师，名师要主动提供帮助，这也是名师提升影响力的很好方法。

名师工作室引领一批名师成长

娄老师的工作室成立于 2007 年，立足于中职数控专业，本着"合作、分享、提高"的工作室团队精神，吸纳全省本专业的骨干教师组成工作室学科带头人核心团队。工作室聘请了大学知名教授、省市教学名师、企业技能大师和能工巧匠作为工作室兼职导师，与学科带头人开展师徒结对工作，形成了"引领、助推、共同发展"的学科带头人培养途径；采用师带徒、跟岗学习、团队合作等形式，开展主题教研、集体备课、企业调研、专业课改、编写教材或专著等线上线下活动，通过课题、项目等申报、建设方面的针对性指导，促进职业教育骨干教师基于网络工作室二次成长，并依托网络充分发挥学科带头人在全省骨干教师培养、新一轮中职课改和专业建设方面的示范引领和辐射带动作用，该工作室被评为 Z 省首届"互联网＋名师"十佳工作室之一。经过十多年的发展，工作室现有成员超过 1500 人，工作室涌现了多位省特级教师、正高级中学教师、省中职名师、市名师、省教坛新秀。

省特级教师、正高级教师戴老师认为：要发挥名师的辐射引领带动作用，最有效的途径就是成立名师工作室，独"名"不是真正意义上的"名师"，只有带动老师们一起前行，才能更好地发挥名师影响力。

名师影响力在于带领老师们一起前行

戴老师的名师工作室成立之初只有来自市直的三个学校的 10 人成员。正愁如何让工作室老师快速成长，教育部中职语文课程标准研制启动，其出发点和落脚点就是中职学生语文学科核心素养的培育。戴老师在倪教授的指导下，开始带着工作室成员开展"基于中职学生职业关键能力的语文学科核心素养培育的研究与实践"的课题研究，开发中职学生语文核心素养读本、课例研究，开展基于学生语文核心素养提升的分级评价研究，10 位成员开始分工合作，老师们一边实践一边成长。

戴老师感觉到应该把名师工作室扩大，让更多的老师一起来参与研究，于是在 2017 年申请了浙江省中职语文名师网络工作室，而市直名师工作室成员成了学科带头人，与来自全省的优秀教师一起，分别成立学科带头人的二级团队，把研究往纵深推进。经过 5 年的实践探索，课题获得全国中职教材与课改课题一等奖，同时，2 本读本、2 本检测用书出版，15 套网络课程全面上线，而第一批工作室的成员自身也都成长为市名师、省教坛新秀、市学科带头人等。以点带面，戴老师的省名师网络工作室成员迅速发展逾万人。但她一直鞭策自己，不能就此止步，要有更开阔的视野与更高的追求，2019 年 3 月，工作室课题"中职学生核心素养'一纵四横'跨学科培育的实践研究"立项为省中职教育教学成果奖的孵化项目，一年中，工作室成员共同探索中职学校文化课与专业课跨界融合的路径与方法，推出文专融合的"双师课堂"及"企业课堂"全网直播课 30 多节，《中国教育报》《浙江教育报》等进行专版报道，并在中国职教学会 2019 年学术年会三教改革论坛上做主题报告。

6.3.2 以改革的精神开展课改是名师引领的重要载体

"选择性"课改在中职学校如火如荼地开展，旨在提供多样的选择课程帮助学生重树信心和激发兴趣，扭转当前中职学生被动、消极的学习现状，让学生体验成功，点燃希望。但是在具体改革过程中遇到了很多新问题，因此，该如何发挥特级教师的改革引领作用，更好地帮助教师适应"选择性"课改的要求，吃透课程改革的观念和精神，系统有效地解决教师教学中的现实和未来问题呢？浙江省旅游专业特级教师沈老师对如何引领课改有着大胆的设想和实践。

旅游新业态背景下的校本课程建设与特色资源开发

我国旅游产业规模不断扩大、结构逐步优化、能级迅速提升，衍生出了种类繁多的新型业态，诸如"分时度假""旅游营地""医疗旅游""研学旅行"等正逐渐成为构建整个"大旅游业"的新生力量和主力军。多数学生是抱着对旅游的浓厚兴趣和强烈愿望进入职业学校就读旅游专业的，他们迫切需要早一点了解旅游业态，接触旅游专业领域的知识。反观旅游职业教育，多数学校的重点还是停留在围绕旅游酒店、旅行社的部分领域组织专业教学，明显跟不上业态的变化。教学还是主要被考证、技能高考（单考单招）等要求所左右，学习的应试应考特征明显，功利性强，旅游专业课程学习的意趣被大大削弱。对大部分专业教师来说，上熟悉的课程，用熟悉的教材，参与熟悉的考证与考试，是最

"经济实惠"的,课程改革的很多阻力正来自教师队伍。因此,为适应旅游新业态对新时期旅游人才的需求,旅游职业教育必须有所作为,特别需要从内部或外部来推动变革,需要有一定能级的教师站出来,带领一个专业组、带领一批骨干教师一起前行。而在"全域旅游"背景下服务区域旅游产业发展,职业院校旅游专业开发具有地方特色的校本课程显得尤为必要。

为消除职业教育与产业发展的偏差,消融行业与学校的资源壁垒,沈老师将改课程与改课堂统一起来,将学生学习与员工培训紧密连接,尝试用一种全新的课堂教学方式颠覆传统的直线教学链,突破旅游的专业领域。于是他有了一个大胆的设想,尝试开设《业界行家说旅游》系列课程,决心将专业兴趣与专业自信重新植入中职学生的内心,让旅游专业教育除了技能操练之外,培养超学科的素养和旅游职业人的素养。目标是要让学生能在这样的课堂里享受一种独特而全新的学习体验,即学科有差异,知识无界限,让学习变成一种有意思和有意义的主题生活:原来的学习地点主要在教室,现在的学习在校内外任何场所;原来"课堂是教师和学生的双人舞台",现在"课堂是师生协同、校企共享的学习型社区"。

对新业态的产业发展最了解的就是"业界行家",他们能够带来校内教师所无法掌握的产业前沿信息和真实案例。热情与兴趣是学生学习的可持续助燃剂,因此,教师的任务是要让产业、职业的"诗和远方"融入最初的学习生活中去。"业界行家"的介入像一盏指路明灯。2016年9月,《业界行家说旅游》以选修课的形式正式面向中职一年级学生开课。沈老师试图以《业界行家说旅游》系列课程作为撬动学校选择性课改的支点。《业界行家说旅游》紧扣"业界""行家""说""旅游"等关键词,集成了模块课程、共享课堂、开放式研学和智慧管理的选择性课改,聚焦学生成长,明晰课程目标,把握业态变化,明确课程内容,选好业界行家组成课程专家,精心组织课堂,创新课程形式,巧妙设置作业,改革课程评价,同时通过专题资源发布、微课程开发等做好课程推广工作。

沈老师认为，校本课程的开发，一定要聚焦在"培养人""立德树人"，着眼旅游专业学生的核心素养培育，聚焦在旅游专业学生的职业化成长和多元化成才。要让学生在入学伊始就接触大量业界行家，在这些业界行家的引领下，帮助学生从多个角度、多种方位去了解旅游业态，特别是新业态的发展变化，从而更好地树立职业理想，规划职业人生。旅游新业态背景下，沈老师主持的校本课程内容处处体现旅游业态的变化和发展，体现"旅游＋"和"＋旅游"的特点，有展现传统旅游企业借助电子商务腾飞的案例，也有如巧克力制造企业附加旅游元素打造"甜蜜小镇"的案例。通过这些课程内容的设计和安排，让学生了解到学旅游大有前途、大有可为，绝不仅仅是"当导游""端盘子"而已。

选好参与课程的"业界行家"，是开发校本课程的关键，沈老师邀请了旅游行业、企业的管理者、旅游业界的高端技能技术型专家、旅游相关的文体各界代表人士、旅游专业的优秀毕业生等高端人士来指导、讲课。课堂永远是教学的主战场，沈老师精心组织多样的课堂形式，将课堂扩展到企业、寺院、景点等现场。课程采用 UMU 互动平台，手机签到，平台提问，即时互动，即时评价。并将现场教学记录视频，同步开发成"业界行家说旅游"读本与微课程。为让更多的学校、教师和学生受益，沈老师在教学的同时开发《业界行家说旅游》特色微课，在名师工作室网站上发布"业界行家说旅游"专题资源，开发《业界行家说旅游》校本教材。

通过该课程，沈老师"打破'直线式教学链'，改变旅游专业人才培养'窄化'现状"的愿望得到初步实现。为学校搭建了产教融合、校企合作的桥梁，加速了旅游业界与职业教育界的互动，让学生接触平时甚至就业后都接触不到的一些业界行家，更早地了解旅游业态的变化，更好地树立职业理想，规划职业生涯，实现职业化成长、多元化成才。

参 考 文 献

［1］别敦荣，韦莉娜，李家新．高校教师教学发展中心运行状况调查研究［J］．中国高教研究，2015（3）：41－47.

［2］才思．人生感悟：教师的境界［J］．成才之路，2014（20）：3.

［3］陈爱民．浅谈中等职业学校专业课教师的素养［J］．学园，2014（26）：168.

［4］陈从伟．中小学教师教育研究能力培养新探［J］．新课程研究（上旬刊），2019（3）：124－125.

［5］陈静．高职旅游教育校企合作动力机制研究［D］．大连：辽宁师范大学，2010.

［6］陈丽梅，陶志琼．论教师人生境界提升的意义与途径［J］．宁波大学学报（教育科学版），2007（2）：59－61.

［7］陈文红，李绒，张亮．浅议教学反思对促进教师成长的重要作用［J］．现代经济信息，2017（13）：419.

［8］陈向明．对教师实践性知识构成要素的探讨［J］．教育研究，2009，30（10）：66－73.

［9］谌华．高校辅导员师德与职业自信的辩证关系研究［J］．青春岁月，2019（33）：67.

［10］崔志钰．工匠精神视域下职教名师成长的路径探析［J］．中国职业技术教育，2019（17）：14－17.

［11］邓宏宝．工匠精神：职教名师必备素养与成长动力［J］．中国职业技术教育，2019（17）：10－13，17.

［12］邓宏宝．培育工匠精神，职业院校何为？［N］．中国教育报，2019－01－29（004）.

［13］樊小杰，张红霞．国家级教学名师的成因条件分析［J］．大学（研究与评价），2009（6）：44－49.

［14］方健华．名师专业成长的规律，影响因素与机制——基于名师成功人生的解读［J］．教育发展研究，2011（15-16）：71.

［15］方健华．中小学名师成长过程的特征分析——基于江苏名师成长案例的研究［J］．教育研究与实验，2011（4）：55-59.

［16］高晓文，于伟．教师情感劳动初探［J］．教育研究，2018（3）：98.

［17］龚俊波．学习，撬动教师成长的有力"杠杆"［J］．教育科学论坛，2019（32）：1.

［18］顾泠沅，王洁．以课例为载体引领教师发展［J］．人民教育，2003，（6）：24-34.

［19］国务院关于印发国家职业教育改革实施方案的通知［EB/OL］．http：//www. civte. edu. cn/zgzcw/xwzx/201902/02df4991e89f445e9e7b6df538d0301e. shtml.

［20］韩爽．我国名师工作室研究的回顾与省思［J］．东北师大学报（哲学社会科学版），2014（5）：196-200.

［21］韩爽．以教师专业发展为指向的名师工作室运行研究［D］．长春：东北师范大学，2015.

［22］何雨欣．论反思对青年教师成长的重要性［A］//中国教育发展战略学会教育教学创新专业委员会．2019全国教育教学创新与发展高端论坛论文集（卷三）．中国教育发展战略学会教育教学创新专业委员会：中国教育发展战略学会教育教学创新专业委员会，2019：3.

［23］胡秀锦．中职名师工作室培育模式探析——以上海中职"名师培育工作室"为例［J］．职业技术教育，2021，42（2）：37-41.

［24］黄珊．小学教师实践性知识共享现状及策略研究［D］．沈阳：沈阳师范大学，2019.

［25］加鹏飞．基于马斯洛需求层次论的中职教师激励研究［D］．保定：河北大学，2013.

［26］教育部办公厅关于开展"三全育人"综合改革试点工作的通知［EB/OL］．http：//www. moe. gov. cn/srcsite/A12/moe_1407/s253/201805/t20180528_337433. html.

［27］教育部．教育部教师工作司关于开展全国教书育人楷模推选工作的通知［EB/OL］．http：//www. moe. gov. cn/s78/A10/A10_gggs/A10_sjhj/201805/t 20180509_335485. html.

［28］人力资源和社会保障部　教育部关于深化中等职业学校教师职称制度改革的

指导意见［EB/OL］. http：//www. mohrss. gov. cn/zyjsrygls/ZYJSRYGLSzhengcewenjian/2019 09/t20190906_333070. html.

［29］教育部. 职校讲台上的"电商老人"——记海南职业技术学院教授李琳娜［EB/OL］. http：//www. moe. gov. cn/jyb _ xwfb/moe _ 2082/zl _ 2019n/2019 _ zl68/201909/ t20190916_399222. html.

［30］教育之江. 真情铸师魂，奉献谱华章："浙江省杰出教师"的那些故事［EB/OL］. https：//new. qq. com/omn/20190909/20190909A0MG2M00.

［31］金连平. 特级教师专业成长的适应期、关键期与突破期分析［J］. 教育学术月刊，2011（12）：62 – 64.

［32］李爱铭. 中小学专家型教师培养的政策支持体系研究——以上海"双名工程"为例［D］. 上海：上海师范大学，2016.

［33］李峰. 名师成长机制初探［J］. 学校党建与教育，2011（3）：46 – 47.

［34］李鸿. 青年教师教学创新能力提升动力机制创新研究［J］. 中国职业技术教育，2019（29）：83 – 86，96.

［35］李鸿，吴梅青. 青年教师教学创新能力提升动力机制研究［J］. 继续教育研究，2019（5）：42 – 47.

［36］李萍. 习近平关于职业教育重要论述的系统性研究［J］. 高等职业教育（天津职业大学学报），2021，30（1）：78 – 83.

［37］李群. 基于校企合作的"双师型"教师培养策略研究［D］. 济南：山东师范大学，2013.

［38］李义锋. 中职学校校本教材开发的策略探析［J］. 中国职业技术教育，2018（35）：94 – 96.

［39］李源田，崔延强. 论教师国家荣誉制度［J］. 教师教育研究，2013，25（6）：30 – 34.

［40］李智晔. 论信息技术与课程整合的基本问题［J］. 教育研究，2015，36（11）：91 – 97.

［41］林菁，王青莲. 促进幼儿园骨干教师专业发展的路径［J］. 学前教育研究，2015（12）：53 – 57.

［42］刘穿石. "名师工作室"的解读与理性反思［J］. 江苏教育研究，2010（30）：4 – 7.

［43］刘静静. 职业院校专业教师企业实践现状与对策研究［D］. 沈阳：沈阳师范

大学，2016.

[44] 卢伯春. 中小学体育名师的培养研究 [D]. 上海：上海师范大学，2013.

[45] 卢乃桂，陈峥. 赋权予教师：教师专业发展中的教师领导 [J]. 教师教育研究，2007（4）：1-5.

[46] 马香莲. "互联网+"时代教师专业发展的重新解构 [J]. 现代教育技术，2016，26（6）：41-46.

[47] 马宇民，刘炜杰. 关于名师工作室建设三个基本问题的思考——以职业学校名师工作室为例 [J]. 职教论坛，2017（15）：31-34.

[48] 宁波，张丽. 国内外教师实践性知识研究述评 [J]. 辽宁师范大学学报，2007（3）：66.

[49] 彭红科，彭虹斌. 面向教育现代化2035职业院校"双师型"教师队伍建设机制与路径 [J]. 成人教育，2020（2）：58-64.

[50] 全力. 名师工作室环境中的教师专业成长——一种专业共同体的视角 [J]. 当代教育科学，2009（13）：31-34.

[51] 任勇. 学学名师的修炼艺术 [J]. 新教师，2013（5）：4-5.

[52] 邵宝祥，等. 中小学教师继续教育基本模式的理论与实践 [M]. 北京：北京教育出版社，1999.

[53] 沈小碚，樊晓燕. 智慧教育背景下教师专业发展面临的挑战与机遇 [J]. 教师教育学报，2020，7（1）：33-39.

[54] 四川省教育厅. 四川省教育厅关于做好2019年全国优秀教师和全国优秀教育工作者评选表彰推荐工作的通知 [EB/OL]. http：//www. scedu. net/p/ 8/? StId = st_app_news_i_x637008774324326756.

[55] 宋晶. 新时代职业教育的"工匠精神"：诉求、价值与培育策略 [J]. 职教论坛，2019（6）：11-16.

[56] 宋亮. 特级教师评定在发展中变革 [J]. 教育，2017（44）：13-14.

[57] 孙建波. 论"职业教育名教师"的素质特征及养成 [J]. 职教论坛，2010（36）：30-33.

[58] 孙建波，孙健. 职教名师工作室建设及运行改进研究 [J]. 中国职业技术教育，2017（30）：105.

[59] 童富勇. 把握教师成长关键期：入职适应期 [N]. 浙江教育报，2018-09-06.

[60] 童富勇，程其云. 中小学名师专业成长的影响因素分析——基于浙江省221位

名师的调查 [J]. 教育发展研究, 2010, 30 (2): 64 – 68.

[61] 童艳芳, 张建荣. 专业学习共同体视角下职教名师工作室的运行机理与发展建议 [J]. 职业技术教育, 2021, 42 (11): 38 – 42.

[62] 汪锐. 正确认识"双师型"教师的内涵 [J]. 中国科教创新导刊, 2010 (25): 233.

[63] 王迪. 产业发展对职教名师成长与培养的作用研究 [J]. 现代职业教育, 2020 (31): 48 – 49.

[64] 王浩. 五年制高职"333"教学名师培养模式初探 [J]. 职教通讯, 2012 (14): 66 – 67.

[65] 王铁军, 方健华. 名师成功: 教师专业发展的多维解读 [J]. 课程·教材·教法, 2005 (12): 70 – 78.

[66] 王兴, 王丹霞. "1 + X 证书"制度的若干关键问题研究 [J]. 职业技术教育, 2019, 40 (12): 7 – 12.

[67] 王颖. 影响名师发展的非自身因素剖析 [J]. 天津市教科院学报, 2005 (5): 52 – 54.

[68] 魏晨明. 中小学名师成长研究综述 [J]. 教育科学论坛, 2015 (18): 80.

[69] 吴洪富. 高校教师教学发展中心的实践课题 [J]. 高等教育研究, 2014, 35 (3): 45 – 53.

[70] 吴同喜, 张泽强. 习近平职业教育论述内涵探析 [J]. 思想政治教育研究, 2018, 34 (5): 121 – 124.

[71] 吴一安. 优秀外语教师专业素质探究 [J]. 外语教学与研究, 2005 (3): 199 – 205, 241.

[72] 吴永军. 我国大陆地区教师专业化过程研究述评 [J]. 教育发展研究, 2007 (8): 43 – 47.

[73] 武兴华. "名师工作室"内涵建设三要素 [J]. 教学与管理, 2012 (2): 21 – 22.

[74] 肖林元. 区域提升名师工作室建设实效性研究——以南京地区名师工作室建设为例 [J]. 中国教育学刊, 2014 (10): 75 – 78.

[75] 谢萌. 幼儿园骨干教师培训中的教师反思研究 [D]. 上海: 华东师范大学, 2014.

[76] 信思金. 锤炼新时代人民教师高尚师德 [N]. 光明日报, 2019 – 10 – 16 (15).

[77] 徐斌艳. 名师培养基地专业特征研究——基于教师实践共同体的视角 [J]. 教育发展研究, 2010, 30 (24): 56 - 60.

[78] 徐新民, 缪爱明. 名师工作室的长效管理运行机制 [J]. 教育理论与实践, 2012 (26): 18 - 20.

[79] 许丽, 王迪. 产教融合为导向的职教名师培养机制研究 [J]. 创新创业理论研究与实践, 2020, 3 (16): 82 - 83.

[80] 严若谷. 再谈教师文化的愿景 [J]. 中国科学研究, 2017 (7): 1.

[81] 杨娜. 立德树人融入职业实践课程教学的探索 [J]. 现代职业教育, 2021 (17): 230 - 231.

[82] 杨寿固. 名师成长实现路径简论 [J]. 辽宁教育, 2013 (13): 40 - 41.

[83] 杨跃, 梁圣翊. 师范生学习素养: 内涵、结构与现状——基于省属师范院校本科师范生抽样调查的分析 [J]. 当代教师教育, 2019, 12 (3): 40 - 47.

[84] 姚贵平. 解读职业教育 "双师型" 教师 [J]. 中国职业技术教育, 2002 (6): 30 - 31.

[85] 叶澜, 白益民, 王枬, 等. 教师角色与教师发展新探 [M]. 北京: 教育科学出版社, 2015.

[86] 于喆, 曲铁华. 德国职前教师教育质量保障体系改革新举措——基于莱比锡大学的分析 [J]. 教育研究, 2015, 36 (7): 136 - 141, 158.

[87] 约翰·杜威. 民主主义与教育 [M]. 王承绪, 译. 北京: 人民教育出版社, 1990.

[88] 岳丽英. 职教名师成长路径探索 [J]. 当代职业教育, 2016 (3): 93 - 96.

[89] 曾艳, 张佳伟. 名师作为学习领导者的角色实践与困境——基于上海市名师工作室的案例研究 [J]. 教师教育研究, 2016, 28 (4): 92 - 98.

[90] 张桂春. 职业学校 "教学名师" 的特质 [J]. 教育科学, 2012 (6): 62 - 63.

[91] 张建. 名师基地培养模式之缘由、理念及路径 [J]. 教育研究, 2015, 36 (4): 86 - 93.

[92] 张文, 谭璐. 新时代职业教育工匠精神的新内涵、价值及培育对策 [J]. 教育与职业, 2020 (7): 73 - 80.

[93] 赵昌木. 论教师成长 [J]. 高等师范教育研究, 2002 (3): 11 - 15.

[94] 赵峰. 标准、成长、效果——职教名师评选引出的思考 [N]. 上海教育报, 2009 - 11 - 01.

［95］赵文平．论职业院校"双师型"教师专业发展的四种模式［J］．内蒙古财经学院学报（综合版），2012，10（3）：127－131．

［96］赵云峰．从职教名师的特质与成长看教师的培养［J］．新课程研究（中旬刊），2016（8）：23－24．

［97］浙江建设职业技术学院．关于我院王晨老师获全国优秀教师荣誉称号［EB/OL］．http：//www．zjjy．net/content．jsp？id＝ff8080816c3e9274016d279c9db102da．

［98］郑秀英，周志刚．"双师型"教师：职教教师专业化的发展目标［J］．中国职业技术教育，2010（27）：75－78．

［99］钟洪亮，张丽丽．实施反思性教学的策略研究［J］．现代教育科学，2008（6）：109．

［100］钟岩．中等职业学校教师激励机制问题研究［D］．长春：东北师范大学，2014．

［101］周建松．基于可持续发展的高职教育专业建设机制研究［J］．中国高教研究，2010（4）：84－87．

［102］周群．中小学优秀教师成长规律初探［J］．广西教育学院学报，2000（4）：15－20．

［103］朱繁．上海农业职业技术教育实训基地建设的研究［D］．杭州：浙江大学，2006．

［104］朱敏嫣．中小学名师评选及培养工作的实践与反思［D］．武汉：华中师范大学，2014．

后　记

　　《职教名师的修炼之路》历时两年，几经易稿终于成书和大家见面了。这本书的撰写过程中我们尽可能地反映出中等职业教育教师专业成长的规律与途径，在成长的各个阶段找到对应的人和案例，尽量写得生动有趣，避免出现教条式的说教。

　　如今已成书，我首先要感谢十多位浙江省特级教师和正高级教师的信任，让我看到浙江省有一批优秀的职教老师，在引领职业教育的改革与发展。当我向他们提出要写关于职教名师成长方面的书时，他们都很感兴趣，也乐意为我们出谋划策，在和名师的访谈过程中，他们坦诚如多年老友，将成长经验和体会娓娓道来，毫无保留地将自己的成长经验贡献出来。在此，特别感谢娄海滨名师工作室、戴智敏名师工作室、沈民权名师工作室及娄海滨、戴智敏、沈民权、黄亚东、江黎丽、杨丹、黄丽燕、杨爱花、王蓓芳、周旺、鲁亚华、贺陆军、孙佳、吴小妹、张文清、孟广斐、杨宗斌、陈志磊、孔翔国、谢卫民、傅雨露、张长友、应龙泉、王雪亘、邵国成、高志刚、江黎丽、王磊（排名不分先后）等众多正高级教师、特级教师、学科带头人和职教新星为本书提供了丰富的素材。

　　我也要感谢浙江省教育厅巡视员庄华洁博士，她是从事浙江省职业教育师资培养培训工作的专家型管理者，她有着丰富的经验、独到的思路，为浙江省职业教育师资培养培训、职教师资素质的提升，提出和实践了很多卓有成效的浙江方案。我每次与庄博士的交流都受益匪浅，当我邀请她为本书作序的时候，她欣然应允。也以此书纪念一起从事职业教育师资培养培训管理、研究的日子。

　　感谢王丽萍教授对本书提出的宝贵意见和建议，并感谢她为本书的出版做出的贡献。还要感谢我的博士生、嘉兴技师学院杜国标老师，他参与了写书的全过程，包括内容框架、职业教育名师采访、文章撰写、统稿等全过程。也要感谢我的研究助理和团队相关成员郭海东、陈宏、姜弼君等老师全程参与团队组织管理、文稿讨论修改、内容撰写。他们为成书贡献良多，可以说，如果没有他们的细心准备，整个写作工作不可能在这么短的时间内顺利完成。

还要感谢我们教育技术专业的硕士研究生李倩雯、刘苗、李丽萍、孔德伟、明一、沈春燕等同学，他们查阅了大量的文献资料并整理了大量的访谈原始录音，在此一并致谢。

最后，要感谢经济科学出版社的编校人员，他们为本书的编辑工作付出了巨大的心血。

邱飞岳

2021 年 12 月 18 日